낯선 곳에서의 자유, 힐링여행 아프리카

SOUL OF
AFRICA

낯선 곳에서의 자유, 힐링여행 아프리카

SOUL OF AFRICA

상상출판

PROLOGUE

영원의 땅, 아프리카
Passion of Love, Journey to the Hope.

나는 아프리카를 사랑한다. 야성의 자연, 검은 피부의 사람들, 헐렁한 삶. 그로 인해 내 삶은 자유로워졌다. 그 경이로운 땅에 존재하는 모든 원시성과 투박함, 거칠지만 매혹적인 자연과 그 안에 순응하며 다양한 모습으로 살아가고 있는 검은 피부의 그들을 사랑하게 되었다. 나에게 허락된 적지 않은 시간들을 그 광활하고 매혹적인 대륙 속에서 생명처럼 호흡할 수 있어서 행복했다.

They call it Africa.
We call it Home.

아프리카를 바라보는 외부인들의 곱지 않은 시선에 대한 아프리카 현지인들의 간절한 마음과 진심이 느껴지는 표현이다. 남아공에 둘러싸인 아프리카의 산악국가 레소토 국경을 넘으며 만난 감동적인 문장이다.

검은 대륙의 묘한 매력에 이끌려 10여 년 넘게 아프리카를 수십 차례나 다녀왔다. 매번 아프리카 대륙으로 향할 때마다 대중교통, 음식, 기후 등 열악한 환경과 조건 등으로 고통 받으면서도 그 땅을 그리워하는 나를 만나곤 한다. 열악한 환경 속에서도 늘 소망으로 가득 차 있었던 나를 돌아보며 아프리카가 전해준 용기와 희망의 시간들을 회상해 본다.

아프리카로 인하여 내 삶은 근본적으로 변화했다. 그래서 아프리카에 진 빚을 갚고 싶었다. 인류의 시원, 원시의 땅이 내게 건넨 그 무한한 영감과 순수의 눈빛을 기억하

며 아프리카에 좀 더 가까이 다가서고 싶다. 검은 대륙, 그 땅을 마주하며 두려움과 절망도 있었지만 그 야성의 땅이 내게 건넨 자유와 겸손, 희망의 메시지는 다른 대륙에서 느껴보기 힘든 값진 것이었다.

아프리카에 머문 시간들과 그 영원의 공간들이 내게 전해준 영감을 영원히 기억하고 싶다. 이 모든 것들은 아프리카가 내게 값없이 건넨 선물들이다. 겸손한 땅 아프리카가, 소박한 사람들의 땅 아프리카가 무지하고 죽어 있던 나의 존재를 다시금 깨어나게 했고, 사람은 한 평생 무엇으로 살아가야 하는가 하는 근원적인 질문에 대한 명쾌한 대답도 건네주었다.

지구상 그 어디에도 존재하지 않는 광대하고 경이로우며, 황량하고 투박하기까지 한 대자연의 울림과 때론 추한 모습도 서슴지 않고 보여주던 아프리카 그 대륙 속 평범한 인간들의 표정들에서 내 부족한 삶을 돌아보고, 깊은 성찰의 시간을 가질 수 있었다. 내 삶의 근본적인 변화를 가능케 한 땅이 바로 아프리카였기 때문이다.

아프리카는 여전히 주변국 간의 갈등, 내전, 경제 개발의 숙제와 민주화, 정치 안정의 난제를 안고 있다. 평화로워 보이는 삶의 이면에는 절망하고 고통 받고 있는 대다수 서민들의 삶이 있지만, 그 절망과 가난 때문에 다시 역동할 힘을 얻을 것이다.

영혼의 땅 아프리카를 통해, 생명의 땅 아프리카를 만나 영원의 시간을 회상해 본다. 대륙 곳곳에 숨겨진 대자연의 파노라마. 때론 인간의 손길이 닿아 더욱 빛나는 도시와 자연 속에서 미래에 펼쳐질 아프리카의 축복과 아프리카만의 힘을 느낄 수 있었다.

거칠지만 극적인 자연을 간직한, 두렵지만 검은 얼굴 이면에 순수한 인간미를 지닌, 여전히 희망으로 가득한 아프리카의 미래를 사랑하지 않을 수 없다. 보는 것은 믿는 것이다. 우리는 검은 대륙이라 칭하는 이 거대한 대륙을 와보지 않고, 느껴보지 못하고, 그 깊은 속살에 감동하지 않으면서 속단하고 평가하는 오류를 범하여 왔다.
아프리카를 미화할 생각은 없다. 그 거대한 대자연과 투박한 인간들의 삶 이면에 숨겨진 순수로 빛나는 아름다움을 보기 위해서는 기다림, 인내의 시간이 필요한 것임을 이제야 깨닫게 되었다. 그들이 건네준 너그러움, 미소, 그들의 기다림은 무지와 나약이 아닌 배려와 겸손이었음을 깨닫게 되었다.
아프리카인들의 있는 그대로의 삶을 사랑하고 맑은 영혼을 가진 사람들과 좀 더 가까워지는 계기가 될 소망한다. 이제 세상은 아프리카의 오랜 인내, 비움과 용서, 화해의 손길을 이해하게 되었다. 조금씩 아프리카가 가까워지고 있음을 느낀다. 이 땅을 통하여 때 묻지 않은 자연, 소탈한 일상, 하늘에 순응하는 낮은 자세의 강인한 인내를 배울 수 있었다.
길이 끝나는 곳에서 길이 되는 사람이 있다. 95세로 생을 마감한 아프리카의 별, 남아공의 아버지 넬슨 만델라는 "용서하는 자만이 상대를 나의 영원한 파트너로 만들 수 있다"고 했다. 그는 그의 영혼이 태어난 곳으로 다시 돌아갔지만, 그의 뜨거운 삶의 용기와 열정, 자유를 향한 믿음과 헌신은 지구상 모든 이들에게 희망의 길이 되고 있다.
아프리카 북단, 모로코를 시작으로 아프리카 대륙 최남단, 남아공까지 지난 10여 년 동안 길 위에서 깨달은 상념과 삶의 편린들을 통해 작은 소망을 품게 되었다. 나도 누군가에게 희망의 길이 되고 싶다는 것. 그 소망을 품고 고단한 역사의 현장, 질박한 인생들의 땅, 아프리카의 붉은 대지 위를 쉼 없이 종단하여 왔다.
추측과 상상으로만 마주하던 아프리카를 온몸으로, 온 가슴으로 마주할 순간이 다가왔다. 단지 여행의 대상으로서가 아니라, 소중한 삶의 무대로, 나의 가까운 친구로, 내 영혼의 배움의 터전으로 다시 바라보며 사랑하게 되는 감동의 순간이 다가온 것이다.

If you don't GO
You will never Know.

이 세상을 떠나며 우리가 가지고 갈 수 있는 유일한 것은 사람들과 함께 나눈 사랑의 추억과 감동의 기억뿐이다. 물질과 명예가 아닌, 오직 우리가 가슴으로 느껴온 인간과 대자연의 교감이며 그 속에서 우리 가슴에 맥박 치던 사랑과 감동의 흔적일 것이다. 그 희망을 기억한다면, 미래는 언제나 우리의 삶에 풍요의 바다가 될 것이다.

원시 자연과 온화한 사람들의 땅,
아프리카, 그 순수와 강인한 생명력을 그리워하며….

2014. 7. 1
사진작가, 함길수

CONTENTS

WEST AFRICA 영혼의 땅

PROLOGUE ··· 006

1st Chapter _ MOROCO 모로코 : 사하라 사막이 전해준 선물
1. 모로코의 심장, 마라케시 ··· 030
2. 자유로운 영혼들의 고향, 에사우이라 ··· 034
3. 천 년의 세월, 멈추어 버린 시간, 페스 ··· 044
4. 아프리카의 애수, 카사블랑카 ··· 050

2nd Chapter _ SENEGAL 세네갈 : 서아프리카 역사의 고향
1. 서아프리카 꿈의 도시, 다카르 ··· 058
2. 자유로운 영혼들의 고향, 생루이 ··· 066
3. 바다의 노래, 인간들의 노래, 응부르 ··· 074
4. 사하라의 뜨거운 바람, 니오콜로코바의 그림자, 탐바쿤다 ··· 080

3rd Chapter _ MAURITANIA 모리타니 : 베르베르인들의 전설의 땅
1. West 사하라의 관문, 바람의 도시 누악쇼트 ··· 088
2. 모리타니의 가장 아름다운 항구도시, 누아디부 ··· 094
3. 위대한 사하라의 모래바다, 두려운 이름 싱게티 ··· 100

4th Chapter _ MALI 말리 : 황금의 제국, 사하라 사막의 심장
1. 니제르 강의 선물, 평화로운 전원도시 바마코 ··· 106
2. 니제르 강의 숨겨진 비밀, 몹티 ··· 112
3. 서아프리카의 심장, 말리의 얼굴 젠네 ··· 120
4. 도곤족의 신화가 깃든 영혼의 땅, 반디아가라 ··· 126

5th Chapter _ IVORY COAST 코트디부아르 : 기네아 만에 부는 자유의 바람
1. 아프리카의 파리, 아비장 ··· 134
2. 아비장 동쪽의 올드타운, 그랑바삼 ··· 142

EAST AFRICA 인간의 땅

6th Chapter _ ETHIOPIA 에티오피아 : 바람도 머뭇거리는 땅
1. 아프리카의 혼, 에티오피아의 꽃, 아디스아바바 … 150
2. 커피의 제국, 예가체프 … 167

7th Chapter _ SUDAN 수단 : 40도 열사의 대지, 사헬 지구를 가다
1. 수단의 얼굴, 사하라의 심장, 하르툼 … 164
2. 화이트 나일, 수단 나일 강 … 170

8th Chapter _ KENYA 케냐 : 야성 그대로의 천국
1. 야생 그대로의 천국, 암보셀리 국립공원 … 176
2. 아프리카의 얼굴, 블랙 아프리카의 희망, 나이로비 … 182
3. 나이로비의 피안, 사파리 파크 호텔 … 190

9th Chapter _ TANZANIA 탄자니아 : 영혼도 쉬어가는, 아프리카의 깊은 휴식처
1. 인류의 시원, 원시동물의 낙원, 응고롱고로 … 196
2. 원시의 숨소리, 사파리 베이스 캠프, 아루샤 … 208
3. 아프리카의 심장, 빅토리아 호수, 므완자 … 216
4. 야생 코끼리의 천국, 타랑기레 국립공원 … 222

10th Chapter _ UGANDA 우간다 : 아프리카의 푸른 심장
1. 녹색의 정원도시, 캄팔라 … 232
2. 나일 강의 수원, 빅토리아 호수의 평화, 진자 … 238
3. 우간다의 국제도시, 엔테베 … 244

CONTENTS

SOUTH AFRICA 생명의 땅

11th Chapter _ SOUTH AFRICA 남아공 : 희망의 대지, 대자연의 평온한 쉼터
1. 남아공의 얼굴, 아프리카의 이정표, 요하네스버그 … 254
2. 자유와 낭만의 항구도시, 자연과 문화의 파라다이스, 케이프타운 … 262
3. 고도의 향기를 품은 항구도시, 포트엘리자베스 … 272
4. 용맹한 줄루족의 고향, 에쇼웨 … 278
5. 아프리카 와인의 고향, 빅토리아풍의 전원 도시, 스텔렌보스 … 284

12th Chapter _ ZIMBABWE 짐바브웨 : 태초의 소리, 자연의 음성이 머물다
아프리카의 생명수원, 빅토리아 폭포 … 290

13th Chapter _ BOTSWANA 보츠와나 : 아프리카의 자존심, 원시의 파라다이스
생명의 땅, 오카방고 델타 … 296

14th Chapter _ RESOTO 레소토 : 하늘아래 첫 동네, 순백의 땅을 가다
1. 긍지의 도시, 레소토의 심장, 마세루 … 304
2. Gate of Paradise, 말레아레아 … 310
3. 아프리카의 지붕, 드라켄즈버그, 사니패스를 가다 … 318

15th Chapter _ SWAZILAND 스와질란드 : 초록의 향연, 고대 왕국의 비밀
1. 휴식 같은 평화의 고도, 음바바네 … 326
2. 평화로운 천국, 야성의 땅, 음릴와네 야생보호구역 … 332
3. 왕립 수렵지, 흘라네 국립공원 … 340

16th Chapter _ MOZAMBIQUE 모잠비크 : 자유의 물결, 푸른 바다의 초대
모잠비크만의 자유, 마푸투 … 348

17th Chapter _ MADAGASCAR 마다가스카르 : 태초의 순수와 원시 자연의 고향
1. 모잠비크 해안, 바오밥나무의 동산, 모론다바 … 354
2. 진한 커피 향 같은 아프리카의 동화마을, 안타나나리보 … 360

EPILOGUE … 368

자기 자신의 주인이 아닌 사람은
그 누구도 자유인이 아니다
-요한 크리스토프

당신 가슴속에 당신 운명의 별이 있다
-요한 크리스토프

어느 누구든 그의 지식은
자기 경험의 한계를 넘을 수 없다
— 존 로크

WEST AFRICA

MOROCCO
MARRAKESH
ESSAOUIRA
FES
CASABLANCA

SENEGAL
DAKAR
SAINT-LOUIS
MBOUR
TAMBACOUNDA

MAURITANIA
NOUAKCHOTT
NOUADHIBOU
CHINGUETTI

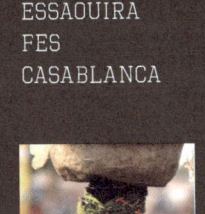

MALI
BAMAKO
MOPTI
DJENNE
BANDIAGARA

IVORY COAST
ABIDJAN
GRAND-BASSAM

1ST MOROCCO
MARRAKESH

매혹의 도시, 열광의 도가니
제마엘프나의 유혹

마라케시와 마주하는 순간, 감각이 있는 사람이라면 누구나 이 고도와 사랑에 빠진다. 낯선 여행자는 마력적인 기운을 뿜어대는 붉은 도시의 첫인상에 고요히 흡수되고 만다. 거대한 군중에 압도되어 질식할 것 같지만, 오히려 군중의 힘에 의해 이 도시를 떠날 수 없게 만든다. 이것이 마라케시의 비밀이자 매력이다.

모로코의 뜨거운 심장, 마라케시

　카사블랑카를 출발한 기차가 거대한 평원을 지나 마라케시 중앙역에 도착한다. 도회적이고 모던한 기차 역에 놀라고, 마라케시 중앙 광장 제마엘프나에 당도하면 또 한 번 놀라게 된다. 상상할 수 있는 모든 인간의 행위가 존재하며, 지구상 모든 상품이 판매되는 곳. 천년 전의 비밀스런 가구에서부터 백일 전에 탄생한 노란 가죽 신발 바부쉬까지. 우리가 상상하고 꿈꾸는 모든 물건들이 손짓하고 우리가 기억하는 모든 인종이 모여 드는 곳, 모로코의 심장, 마라케시다.

　어도비 양식의 건물들로 도시는 온통 적갈색 물결이다. 오직 하나로 통일된 색채, 일관된 형태의 도시 주택들을 마주보며 북아프리카의 건축양식을 이해하게 된다. 반듯하게 정돈된 신시가지를 지나자 과연 이곳이 모로코인가 의구심을 품게 된다. 그러나 곧 천년의 세월, 메디나 성곽이 드러나고, 마차의 행렬이 이어지는 메디나의 심장으로 들어선다.

　택시, 버스, 오토바이, 그리고 꽃마차의 행렬까지. 매혹적인 꽃마차를 쫓아가 마라케시의 심장, 제마엘프나 광장에 선다. 모로코에서 가장 역동적인 도시. 이른 새벽부터 늦은 밤까지 쉼 없이 움직이는 인간 군상들의 행렬과 우스꽝스럽지만 봐줄 만한 진기하고 다양한 길거리 쇼들, 온갖 모양의 상품들과 독

특한 음식들의 경연이 펼쳐지는 곳이 제마엘프나 광장이다.

　사람 구경하러 이 먼 아프리카에 온 것은 아닌데 이곳에 오면 누구나 사람 구경에 빠져들고 만다. 전 세계에서 몰려든 지구촌 식구들이 각기 다른 서로의 모습을 보여주고, 기꺼이 서로를 마주하러 오는 곳. 모로코의 심장인 사하라 사막으로 통하는 길목이며, 카사블랑카의 낭만과 페스의 역사가 흘러든다. 토속 아프리카와 로맨틱한 유럽의 밀애, 무채색의 아시아와 화려한 중동의 혼합, 온갖 열정이 모여든다.

　옥상에 올라 고개를 남쪽으로 돌리면 4,000m 설봉의 아틀라스 산맥이 마라케시를 물끄러미 바라보고 있다. 가장 행복한 여행은 눈과 마음으로 보는 것. 이 미로와 같은 거대한 도시를 모두 둘러볼 수 있다는 생각은 착각에 불과하다. 이곳에 살고 있는 사람도 이 도시를 모두 알진 못한다. 천년 세월의 신비로 둘러쳐진 두꺼운 비밀의 벽, 여행자는 그 비밀의 벽 앞에 무릎을 꿇고 만다. 그저 발길 닿는 대로 갈 수 있는 곳까지만, 예상치 못한 인연까지 닿고 가는 곳, 비밀의 성벽 마라케시다.

소음으로 웅성거리는 제마엘프나 광장을 지나 북쪽 무아신 (Mouassine) 지역의 골목길을 향해 천년 세월 속을 걷는다. 광장을 벗어나면 거대한 시장통의 작은 골목들이 묘한 얼굴로 다가온다. 골목길 상점 앞에 다가서면 호객행위와 온갖 유혹으로 갈 길은 더뎌진다. 모두 다 볼 수 없기에 하나라도 자세히 살펴보고 싶은 곳. 향수를 자극하는 골목길 모퉁이엔 멋진 남정네들이 또 다른 천년 세계로 인도한다. 골목길 지하세계는 보물창고다.

천년 세월을 견뎌온 온갖 진기한 골동품과 보물들이 빈티지 애호가를 기다리고 있다. 장식품, 놋쇠장식, 항아리, 고가구, 오래되어 빛나는 문짝, 세월의 흔적 고스란히 묻어나는 가죽가방까지 모든 것이 상품이 되고 추억이 되는 곳. 아무리 어슬렁거리며 한가하게 둘러보아도 골목길 산책은 지루하지 않다.

목적지는 없다. 길을 잃으면 다시 돌아서서 걷는다. 체념과 희망이 공존하며 비밀스러운 공간이 슬며시 우리를 반겨주고, 머물러 있는 시간만큼 오랜 추억을 선물하는 마라케시의 숨겨진 비밀, 바로 골목길이다. 먼동이 트는 이른 새벽부터 사람의 인적이 끊겨가는 늦은 밤까지 제마엘프나의 시작과 끝은 역시나 인간이 중심이다.

그 충동적이고 소란스런 거대한 광장은 사람들이 출몰하고, 밀물처럼 출렁이다가 썰물처럼 사라진다. 먹고 마시고 떠들고 소란을 피우다가 모두 자신만의 은신처로 피신하는 도시. 이유 없는 소비와 비생산적인 소음이 공존하며, 익명과 비밀이 보장되는 곳. 마치 바람처럼 다가와 먼지처럼 사라지는 소비와 욕망으로 대변되는 인간시장의 전형을 만나게 된다.

마차를 타고 도시를 벗어나면 또 다른 골목길 세상이 펼쳐진다. 왕궁의 터를 중심으로 카스바를 지나면 골목길 아이들의 정다운 함성이 들려온다. 젤라바를 두른 할아버지와 동네 강아지도 어슬렁거리며 마차를 뒤쫓는다. 왕정 시대를 거슬러 올라가며 천년의 시절을 회상해 보지만 그 까마득한 옛날이나 오늘은 크게 다름이 없어 보인다. 아무리 파고든다 해도 문명의 흔적은 보이지 않는다. 마라케시의 숨은 힘이 경건하게 느

껴진다.

잠시 휴식이 필요하면 제마엘프나 광장 주변의 발코니 카페에 올라본다. 어디서든 광장을 조망할 수 있다. 박하민트차를 마시며, 잠시 소란을 피해 고요와 마주해 보자. 멀리 깨알같이 모여든 광장의 사람들이 그리움으로 다가온다. 과일 포장마차와 달팽이 포장마차도 하얀 연기를 모락모락 피워내며, 제마엘프나의 기묘한 분위기에 신비한 장관을 더한다.

문명의 세계가 그리워지면 밥 아그노 거리를 거닐며 마라케시의 쇼핑 라이프를 즐겨볼 수도 있다. 파리의 샹젤리제까지는 아니어도, 마라케시의 명동이라고 부를 수 있다. 소규모 극장과 호텔, 레스토랑, 부티크 등 다양한 비즈니스가 총 집결한 마라케시의 작은 쇼핑가에서 모로코 멋쟁이들의 감각도 눈여겨볼 수 있어 좋다. 이 국적 불명의 도시에서 도무지 식별할 수 없는 다양한 인간 군상들의 행렬을 지켜보면 잠시 이방인의 고단함과 외로움도 잊을 수 있을 것이다.

오고 가는 군중들 사이로 유유히 지나는 마차와 노란 프띠 택시 행렬. 높은 곳에서 세상을 물끄러미 바라보는 이 기분. 그 순간, 여행자는 행복하다. 지구상 가장 편안하며 감각적인 광장의 진수를 맛보게 될 테니까 말이다. 검붉은 모습으로 변해가는 하늘 아래, 쿠투비아 모스크 아래로 파르스름한 빛깔이 번져 온다. 마라케시의 또 다른 세상이 펼쳐지는 시각이다.

야자수와 모스크의 미너렛이 오버랩되며 마라케시의 찬란한 푸르름이 번져간다. 잊을 수 없는 밤, 영원히 잊혀지지 않을 제마엘프나는 빛과 소음의 생성에서 시작해 소멸하며 끝난다. 세계인의 광장, 포용과 화합의 도시 마라케시. 모로코의 얼굴이 마라케시라면 마라케시의 혼은 제마엘프나 광장을 가득 메운 세계 각처에서 흘러들어 온 거대한 혼돈의 무리, 바로 그 뜨거운 인간들이다. 🌳

여행정보

✈ **찾아가는 길**

모로코는 지구상에서 가장 매혹적인 나라이다. 바다와 산, 카스바와 사막, 인간과 세월의 흔적, 군중과 인간들의 소음이 그곳에 있다. 에어프랑스와 터키항공이 파리와 이스탄불을 거쳐 카사블랑카로 인도한다. 마라케시는 카사블랑카에서 기차나 버스, 비행기로 쉽게 접근이 가능하다. 기차에서 바라보는 북대서양의 광활하고 막막한 사막도 매혹적이다. 런던, 마드리드에서도 저가 항공으로 쉽게 접근이 가능하다. 제마엘프나 광장과 센트럴 쑥, 카스바와 모스크 등 며칠을 돌러보아도 지루하지 않은 도시다. 다데스 고지(Dades Gorge), 토드라 고지(Todra Gorge), 에르그 셰비(Erg Chebbi) 사막 투어는 마라케시에서 출발하는 근교 여행의 필수 코스다.

1ST MOROCCO
ESSAOUIRA

자유로운 영혼들의 고향,
모로코 힐링타운

갈매기 끼룩끼룩 날고, 진한 비린내 지천에 엉겨 붙은 모로코 어촌 풍경이 가슴을 후벼 판다.
바다와 높은 하늘, 비린 냄새와 알싸한 공기마저 아련한 추억으로 다가오는 항구.
먼 과거의 성지처럼 모로코 전통 메디나 안뜰을 거닐다 보면 타임머신을 타고
오백 년쯤은 회귀한 듯한 느낌을 지울 수 없는 곳.
검은 대륙, 대서양 언저리 아득한 회색빛이 일렁이는 추억의 무대.

대서양의 희망 정거장, 에사우이라

진정한 여행 마니아들에겐 마음의 고향이 있다. 아프리카 북서부 대서양, 아담한 추억의 항구도시 에사우이라. 그곳에 가보면 안다. 사람들이 왜 그곳을 그리워하는지. 버스가 에사우이라로 진입하는 순간, 거대한 대서양에 아담하게 들러붙은 항구의 격정이 느껴질 것이다. 오랜 역사를 품은 세월의 흔적, 아련한 느낌의 골목길과 비린내 나는 포구의 풍경들. 드넓은 바다를 품에 안은 성벽도시. 에사우이라는 온전히 새로운 과거다.

소문만 무성한 도시가 있고, 소문 이상의 가치를 보여주는 도시도 있다. 추억을 꿈꾸며 신기성을 향유하려는 여행이란 묘한 것이다. 우리는 새로운 여행지에서 특별한 추억, 새로운 느낌을 기대한다. 그것이 바로 여행이 주는 선물이다. 카사블랑카를 떠나며 과연 에사우이라에 가야 하는지 고민에 빠졌었다. 그러나 마라케시에 도착한 후 하루 만에 그곳을 포기할 수 없음을 알게 되었다.

웅성거리는 후미진 버스 터미널을 빠져나와 바다로 향한다. 성곽을 지나 구시가지의 성문을 들어서는 순간 묘한 기운이 엄습한다. 그토록 찾아 헤매던 내 영혼의 고향 같은 느낌. 고향을 떠나 여행길을 떠돌아 다녀본 자는 안다. 어느 곳이 진정 고향 같은 곳인지를. 이곳을 발견하고 성곽 기둥에 숨어 있던 나는 그만 눈을 감아버렸다. 오래된 성곽, 부산한 시장 통로, 좁은 골목길의 풍경과 오래되어 낡은 것들의 진가가 가슴으로 느껴졌으니 말이다.

에사우이라는 질긴 역사의 흔적과 항구로서의 강한 생명력을 인정받아 2001년 세계문화유산으로 지정되었다. 모로코라는 나라 자체가 세계문화유산이 되어도 손색없는 곳이지만, 에사우이라의 메디나와 철옹성 같이 높은 성벽들, 퇴색되어 진한 향수를 자극하는 요새와 생명력 넘치는 항구는 그 동적이며 오묘한 분위기만으로도 이미 세계문화유산이다.

이곳을 거쳐 간 유명 예술가들이 떠오른다. 모로코 최고의 휴양도시 에사우이라는 지미 헨드릭스의 영혼의 은신처였다.

그의 진한 감성이 묻어 있는 음악들은 이 허름한 바닷가의 잔향이 고스란히 배어 있다. 모로코 어디에서나 볼 수 있는 공예품들도 이곳에서라면 더욱더 돋보인다. 골목길의 작은 공예품들, 그 감각이 예사롭지 않다. 세계 팝 뮤직으로도 유명한 이곳은 매년 6월쯤이면 세계 음악 축제가 펼쳐진다. 대서양을 마주한 모로코 특유의 향기와 낭만적인 모습에 반해 모두가 행복에 취할 것이다.

대서양의 깊은 바다와 많은 어획량의 항구도시로 유명하지만 집채만 한 파도와 거대한 해안 비치의 보드라움은 서퍼들의 마음까지 사로잡았다. 물론 북부의 작은 도시, 아실라와 함께 아름다운 해변 도시로도 유명세를 치르고 있으며, 모로코 해안 중에서도 특색 있는 곳이라 유럽인들에게 특히 인기 만점이다.

비릿한 바다, 갈매기 넘실대는 에사우이라 항구를 향해 걷는다. 누구나 직감적으로 알 수 있을 것이다. 에사우이라의 심장에 들어선 듯한 바로 그 순간을. 밥 두칼라(Bab Doukkala,

두칼라 문이라는 뜻)로 들어서면 아치형 문 앞에서 멈칫하게 된다. 21세기가 아닌 수백 년 전 세월의 흔적으로 돌아간 것 같은 묘한 느낌이 밀려오기 때문이다.

메디나 안쪽을 향해 한발 한발 발을 내딛는다. 독특한 건축물과 묘한 거리 풍경에 압도된다. 오랜 상점들과 도로 위 행상들, 보헤미안 컬러들과 모로칸의 묘한 눈동자, 에사우이라의 깊은 세월 속으로 들어간다. 메디나를 관통하면 물레이 하산(Moulay Hassan) 광장이 나타난다. 파란 하늘 아래 갈매기 날아가고, 저 멀리 에사우이라 항구가 보이기 시작한다.

바다가 보이니 가슴도 확 트인다. 온몸에 밀려오는 비린내와 해풍을 맞으며 바다에 선다. 방파제와 성벽 아래 어부들의 부산한 손놀림과 경매 시장의 소란한 소리가 항구의 활기를 더한다. 한가히 드나드는 배, 유유히 하늘을 선회하는 거대한 갈매기들, 온통 파란색으로 치장한 부둣가 어선들, 이 모두가 에사우이라의 얼굴이다. 이곳에 서면 왜 예술가들의 발걸음이 끊이질 않는지 고개를 끄덕이게 될 것이다.

대서양을 마주하고 선다. 거대한 파도 일렁이는 바다와 먹

이를 찾아 하늘을 수놓는 갈매기의 비상을 보고 있노라면, 이곳이야말로 고독한 방랑자들이 맘 편히 휴식을 취할 수 있는 영혼의 고향 같다. 항구의 부산함은 시끄럽지만 정겹다. 이곳저곳 기웃거리며 뱃사람과도 눈인사를 나누고, 그물 고치는 어부와 친구가 된다. 항구로 들어오는 만선의 자태는 포근하기만 하다.

'Essaouira'는 영어식 표기지만 이 도시의 이름을 부르거나 외울 때 조금 난감하다. 에싸우이라, 에싸웨라 등 다양하게 불리는 이곳은 흔히 'essa-weera'로 불린다. 에사우이라는 모가도르란 옛 이름을 가지고 있다. 북아프리카인들이 사용하는 베르베르어에서 유래한 말로 안전한 항구라는 뜻이다. 거센 대서양의 파도와 바람을 막아낸 항구였기에 예로부터 전략적 요충지였을 것이다.

항구의 묘한 매력에 더불어 에사우이라의 낭만은 깊고 높은 성벽의 골목 깊숙한 곳에 있다. 메디나 안쪽의 좁고 높은 골목길은 아련하다. 오랜 세월의 흔적과 함께 삶의 향수를 자극하는 곳이다. 골목길은 작은 상점들과 시장으로 이루어져 있어

WEST AFRICA | 모로코 · 에사우이라

MOROCCO

가죽제품, 은세공제품, 향신료, 목공예품 등이 구매 욕구를 자극시킨다. 보는 것 자체만으로 행복한 선물과 다름없는 에사우이라의 골목길. 그곳에서라면 길을 잃어도 좋다.

에사우이라, 그 이름의 이면에는 예술인들의 열병이 있었다. 영화계에 한 획을 그었던 〈시민 케인〉의 감독 오손 웰스가 남은 일생을 이곳의 바닷가에서 살았고, 전설의 기타리스트 지미 헨드릭스와 밥 말리가 한동안 머물다 갔다. 〈글래디에이터〉의 리들리 스콧 감독도 이곳에 둥지를 틀었으며, 프랑스인들은 별장처럼 이곳에 집을 짓기 시작했다. 수많은 예술가들이 이곳을 사랑한 이유는 대서양의 아스라한 물빛과 오래된 추억과도 같은 이국적인 풍경 때문일 것이다.

대서양 그리운 바다, 히피들의 고향. 하릴없이 이 골목 저 골목 배회해도 좋은 여행자의 천국. 따사로운 태양 아래 눈부신 바다와 멋진 카페들이 다양한 얼굴로 분장하고 있기에 어디를 둘러보아도 그 느낌과 공기가 사뭇 다른 이곳을 그 누가 사랑하지 않을 수 있으랴. 에사우이라, 그 빛바랜 골목길 사이를 거닐면 누구나 자유의 소중한 가치를 만나게 될 것이다.

여행정보

찾아가는 길

아프리카 북단, 대서양의 낭만 포구 에사우이라로 가는 길은 다양하다. 유럽의 파리나, 중동의 카타르 등을 경유하여 모로코의 카사블랑카로 갈 수 있다. 에어모로코 국내선 비행기를 통해 에사우이라 모가도르 공항에 닿을 수 있으며 카사블랑카, 마라케시에서 버스가 자주 출발한다. 이름난 관광지는 아니지만 독특한 풍광과 숨겨진 매력 때문에 예술가들과 마니아들의 발걸음이 잦다. 대서양의 너른 가슴에 매료될 것이며 독특한 모로코풍의 호텔에서 여유와 낭만도 찾게 될 것이다. 어선들이 부산히 오가는 포구와 생선 경매장, 골목길 쇼핑, 비치에서의 자유로운 시간들은 영원히 잊을 수 없는 추억으로 남을 것이다.

특산품, 아르간 오일

화장품의 주원료이자 고소한 참기름과 올리브기름을 혼합한 듯한 아르간 오일은 이곳의 특산품이다. 주로 생선 요리와 함께 먹는데, 제조 방법이 재미있다. 염소가 아르가니아 나무 위에 올라가 열매를 따 먹은 배설물에서 아르가니아 씨앗을 추출해 기름을 만드는 것이다.

1ST MOROCCO
FES

천년 세월의 공간
멈추어 버린 시간의 추억

하늘에서도 그 미로를 볼 수 없고, 숱한 골목길을 거닐면서도 미로의 진면목을 모두 살펴볼 수 없는 곳, 이것이 천년 고도 페스의 매력이다. 오랜 시간의 기다림, 그 깊은 세월 속에 스며든 종교와 예술, 학문과 장인의 숨결이 느껴지는 곳, 골목길 곳곳에 침묵의 시간과 세월의 향기가 고스란히 퍼져간다.

골목길, 그 오랜 시간의 향기 속에 스며들다

  페스의 운명적인 만남은 작고 협소한 골목길 산책에서부터 시작이다. 밥 부즐루드(Bab Bou Jeloud), 블루문이라 불리는 메디나 입구에 당도하면 오랜 세월의 육중한 기운에 잠시 기가 질리기도 할 것이다. 환한 대낮이든 어두컴컴한 밤이든 비좁은 골목길을 헤집고 보금자리를 찾는 일은 흥미롭기도 하지만 보통은 두려운 일이다. 하지만 전통 리야드에 보금자리를 마련하고 나면 곧바로 페스의 비밀, 오래되고 낡은 시간의 두꺼운 지층들을 만나보고 싶어 안달이 날 것이다.
  오랜 세월을 몸에 두른 듯한 매캐한 냄새는 페스의 어두운 골목길 사방으로 퍼져 있다. 좁은 골목길 모퉁이를 돌아서다 멈추어 선다. 다시 제 길을 찾아 돌아올 수 있을까 자꾸만 뒤를 돌아보게 된다. 확신도 서지 않은 채 호기심에 나서게 되는 곳. 그 어떤 두려움이나 혼란도 호기심을 잠재울 수는 없다. 14세기에 조성된 수많은 미로들은 수백 년 전 옛 얼굴을 고스란히 간직하고 있다. 여행자들의 발걸음이 잦은 두 길을 제외하고도 무려 9,000개가 넘는 골목이 미로를 형성하고 있는 곳. 미로의 도시, 페스에서 지도란 쓸모없는 존재일지도 모른다.

좀처럼 발걸음을 떼기 어려운 곳이지만 두려워 말고 길을 나서보자. 페스의 메디나 안 골목길에서 길을 잃고 헤매는 것은 이방인의 권리이자 축복이다. 페스에서는 세월의 공간, 그 깊이 안에 머무름이 감동이 되는 곳이다. 며칠간의 짧은 여행에서 하루의 일과는 그저 골목길을 걷는 것. 정해진 루트도 없고, 예상 소요 시간도 없다. 마음이 내키는 대로, 발길이 닿는 대로 걷고 또 걸을 뿐이다.

이 복잡하고, 난감한 여행지에서도 오래도록 기억되는 두 갈래의 길이 있다. 탈라 케비라(Talaa Kebira)가 그 하나이며, 탈라 세기라(Talaa Seghira)가 또 다른 하나다. 나름 일직선으로 뻗은 듯한 골목길이지만 잠시 한눈을 팔면 곧 길을 잃고 만다. 베테랑 여행자가 아니라면 골목길에서 마주치는 현지 가이드의 지혜를 구해보자. 굳이 찾지 않더라도 이미 여행자를 쫓아다니며 가이드를 자청하고 있을 테니 말이다.

마음을 비우고, 숙소의 주소만 기억한 채 길을 나서보자. 느슨한 마음으로 좁고 구불구불한 골목을 따라 걷다 보면 지붕 덮인 시장, 가죽 상점, 오래된 사원과 이슬람 학교, 소규모 테너리와 간이음식점, 대장간과 전통 리야드 게스트 하우스, 그리고 찻집들을 만나게 될 것이다. 물건들과 쓰레기를 실어 나르는 골목 운송 수단인 순한 노새들과 마주치면 당황스럽다가도 이내 익숙해진다. 더하여 몰이꾼의 고함 소리와 호객꾼들의 속삭임까지 골목은 온갖 소음으로 북새통이다.

고깔모자의 검은 젤라바를 입은 남정네들이 하릴없이 오고 가고, 지나치는 여행자들에게 온갖 상냥한 인사를 건네며 자기 상점을 방문해 달라는 적극적인 구애도 밉지 않다. 골목길 사이엔 아이들의 소란스런 공놀이가 한창이고, 시장 골목길에서 풍겨 나오는 온갖 냄새와 소음이 오감을 자극한다. 인간이 창조한 공간 중에 이토록 생생한 삶의 기운을 내뿜는 곳이 또 있을까?

미로의 도시 페스는 모로코에서 카사블랑카와 라바트에 이어 세 번째로 큰 도시다. 페스보울레마네 지방(Fes-Boulemane Region)의 주도인 페스는 세 구역으로 나뉜다. '오래된 페스'를 뜻하는 '페스 엘 발리', '새로운 페스'의 '페스 엘 제이디드', 프랑스 식민 통치 시절에 건설된 신시가지 '빌라 누벨'이 그것이다. 이 복잡다단한 페스의 오묘한 얼굴을 한눈에 볼 수 있는 곳이 있으니, 바로 메디나 북쪽 언덕 위에 자리한 마을 공동묘지이다.

메디나의 남서쪽 밥 부즐루드에서 시작해 보 이나니아(Bou Inania) 신학교, 네자린 광장(Place Nejjarine)을 지나 세계에서 가장 오래된 대학(859년 개교)인 카라우인 모스크(Kairaouine Mosque)를 둘러보고 나면 페스의 오랜 건축물은 거의 둘러본 셈이다. 마지막으로 북동쪽의 소피텔 팔레 자마이(Sofitel Palais Jamai)까지 오랜 세월의 미로 속을 고요히 걸어본다.

천년 넘는 세월을 거쳐 탄생한 고도 페스에서 스쳐 지나칠 수 없는 존재는 바로 그 공간에 머물고 있는 사람들이다. 상인들과 주민들의 일상 속에서 그들의 애환과 도시의 역사마저 느낄 수 있기 때문이다. 전통 숙소 리야드, 시장, 골목길의 노새, 골목길 상점들이 유혹하는 페스의 가죽 제품들을 만나고 나면 마지막으로 꼭 거쳐 가는 곳이 있다. 오늘날 페스를 존재하게 한 가죽의 탄생지 테너리, 수백 년의 가업을 이어온 전통의 테너리를 간과할 수 없다.

골목길을 걷고 있으면 젊은 사람들이 "테너리, 테너리"를 속삭이며 접근해 온다. 그들이 데려가는 곳은 대부분 가죽 용품 가게의 옥상이다. 모로코 전통 신발, 바부쉬나 가죽 가방을 살 생각이 있다면 대범하게 따라 올라가도 좋다. 페스는 수천 년 전부터 가죽을 생산해 온 곳이기 때문이다. 세계 최고 품질로 꼽히는 페스의 가죽은 털을 벗기는 일에서 무두질과 염색까지 중세시대와 비슷한 방식으로 작업이 이루어지고 있다.

테너리를 옥상에서 바라보다 무두장이들을 가까이서 직접 만나보고 싶어졌다. 좁은 계단을 내려와 테너리로 들어섰다. 가죽 염색 장면을 가까이서 목격하려면 매캐하고 역한 냄새를 각오해야 한다. 비둘기 똥이나 소의 오줌, 재와 같은 천연재료를 염료로 쓰는 만큼 작업장의 독한 냄새는 상상 이상이다. 물레가 돌아가는 곳에서 가죽을 세척하고, 염료에 담가두었던 가죽을 노새에 얹어 이동시키며 고된 노동을 말없이 이어가는 테너리는 고단한 삶의 생생한 현장이다.

스쳐 지나가는 노새와 노인들, 골목길 장사꾼들의 외침, 오랜 세월의 냄새와 어우러져 페스 특유의 긴장감과 추억을 간직한 천년 미로 페스. 어둠이 내려앉는 시각, 리야드 옥상에 올라 고도의 숨결, 메디나의 켜켜이 쌓인 세월의 흔적들을 바라본다. 아련하게 밀려오는 시간과 사람들의 향기. 페스는 모로코의 역사다. 삶을 노래하고 세월을 간직해 온 천년 고도 페스는 먼 시간들의 아련한 추억이며 가까운 시간들의 은은한 향기다. 🌳

여행정보

✈ 찾아가는 길

모로코 심장에 자리한 천년 고도 페스로 가는 길은 다양하다. 에어프랑스나 카타르항공을 타고 파리, 카타르 등을 경유하여 모로코의 카사블랑카로 갈 수 있다. 에어모로코 국내선 비행기로 페스 공항에 닿을 수 있으며 카사블랑카, 마라케시에선 버스도 자주 출발한다. 카사블랑카와 마라케시, 라바트 등지에서 열차를 이용하여 페스로 들어가도 좋다.

📘 페스 가이드

모로코 최고의 관광지답게 메디나 안과 밖에 다양한 숙소들이 있다. 저렴한 게스트 하우스에서부터 고급 리야드까지 다양하다. 자신의 취향에 맞는 호텔과 가격대를 선택하여 최소한 2~3일은 묵어보자. 페스 메디나 안에서의 리야드는 250디르함에서 600디르함의 숙소가 인기다. 프랑스 예술가가 운영하는 밥 부즐르드 초입의 깨끗한 Hara Guest House도 추천할 만하다.

🛍 모로코 전통 기념품 구입

페스는 가죽 제품의 천국이다. 모로코 내에서도 가죽 제품이라면 페스에서 구입해야 최고의 품질, 최상의 가격대로 구할 수 있다. 골목길 테너리와 가죽 상점들을 두루 다니면서 마음에 드는 아이템의 가격대를 알아보자. 제품은 대부분 비슷하므로 이 도시를 떠나기 전 한 상점을 선택하여 바부쉬, 젤라바, 가죽 가방, 그릇, 향료 등 한꺼번에 구입하여 포장해 달라고 하면 꼼꼼하게 챙겨준다.

1ST MOROCCO
CASABLANCA

대서양을 품은 애수의 고향
로맨틱한 사랑의 무대

그 이름만으로도 가슴 설레는 도시가 있다. 모로코인보다 유럽, 미국인들에 의해 더 많이 회자되는 도시, 카사블랑카. 1942년 개봉한 영화〈카사블랑카〉속 두 연인의 러브스토리는 명대사와 함께 우리의 추억 속에 간직되어 있다. 주인공 릭, 험프리 보가트가 운영하던 카페 '아메리칸'에 나지막이 흐르던 영화음악 'As Times goes by'를 흥얼거리며 카사블랑카와 사랑에 빠진다.

아프리카와 유럽의 접점, 카사블랑카

바다를 품은 도시, 카사블랑카. 모로코를 떠올리면 카사블랑카를 가장 먼저 연상할지도 모른다. 도심의 메디나와 구시가지를 기억하기 전 대서양 해안가에 자리한 하산 2세 사원(Hassan 2 Mosque)을 연상시키는 것은 카사블랑카의 상징성 때문일 것이다. 신비로운 바다, 애수의 공기, 밤이 찾아오면 모든 이들이 어디론가 떠날 것 같은 우수와 낭만이 서려 있는 곳, 바로 카사블랑카다.

'카사블랑카'라는 단어에는 왠지 모를 낭만과 애잔함이 깃들어 있다. 카사블랑카를 방문하지 않은 사람들에게조차 그렇다. 아프리카 대륙에 속해 있으면서도 지중해를 통해 유럽과 맞닿아 있는 모로코는 유럽색이 짙은 국가이다. 특히 모로코 제2의 도시인 카사블랑카는 그 유명한 영화 〈카사블랑카〉로 인해 아프리카보다는 남부 유럽의 이미지가 더 강한 것도 사실이다.

모로코의 지리적 특성으로 인해 카사블랑카를 여행하는 사람들은 아프리카보다 유럽을 통해 유입되는 경우가 대부분이다. 북아프리카에 널리 퍼져 있는 이슬람 문화 역시 카사블랑카에 지대한 영향을 끼쳤다. 3,000년이 넘게 외세에 시달린 세월들은 오히려 문화적 풍요로움으로 비쳐지고 있다. 로마, 비잔틴, 이슬람, 스페인

시대를 아우르는 혼합된 모습을 단순한 낭만으로 기억하기엔 깊은 슬픔도 존재한다.

유럽인가 하면 황량한 사막과 오아시스가 펼쳐지고, 미로 같은 골목길을 스쳐 지나노라면 그 좁은 골목 사이로 화려하고 웅장한 이슬람 사원이 얼굴을 내밀기도 한다. 다양하면서 어느 하나 독특하지 않은 곳이 없다. 중심가의 가톨릭 성당은 이슬람 국가인 모로코에 세워졌다는 자체만으로도 놀랍다. 영화가 선사한 낭만이라는 단어보다 각각의 무늬와 형태가 모여 하나의 이미지를 형성하고 있는 카사블랑카가 더욱더 사랑스럽다.

대서양 연안의 카사블랑카는 모로코 최대 도시다. 북쪽에 수도 라바트가 있지만 관공서나 기업체 등이 몰려 있는 행정 중심인 카사블랑카는 모로코의 얼굴이자 가장 상징적인 이미지일 것이다. 누구나 모하메드 5세 국제공항을 통해 모로코에 첫발을 디디기 때문이다. 물론 마라케시의 내륙 도시도 거대한 상징성을 띠고 있지만 여전히 모로코의 얼굴은 카사블랑카이며, 모든 것의 시작과 끝이 존재하는 대표 도시이자 경제 허브다.

야자수가 늘어선 시가지 해안 도로를 달린다. 바닷가로 나서면 끝없는 대서양이 눈앞에 펼쳐진다. 대부분의 건물들이 카사블랑카(하얀 집)라는 도시 이름처럼 흰빛을 띠고 있어 태양이 고스란히 비치면 온 천지는 오렌지빛으로 물든다. 아프리카 최대의 항구로 꼽히는 카사블랑카 항구는 컨테이너를 실은 대형 화물선과 여객선, 어부들의 고깃배 등이 한데 어우러져 역동적인 바다를 장식하고 있다.

대서양에서 갓 잡아 올린 해산물을 진열한 어시장에는 영화 속 낭만보다 더 활기찬 생명력이 느껴진다. 마라케시나 페스, 아실라, 에사우이라 같은 낭만적인 도시 분위기는 아니지만 카사블랑카만의 현대적인 색채가 도드라진 특유의 면모가 여행자의 발걸음을 사로잡는다. 도시의 소란스러움과 함께 종착역의 이미지를 간직한 카사블랑카는 '여행'이란 단어와 잘 어울리는 도시다.

거대한 성벽으로 둘러싸인 메디나(아랍어로 '도시'라는 뜻)에 들어서면 혼잡한 건물들에 눈이 어지럽다. 수세기에 걸쳐 여러 민족의 침략으로 생명과 재산의 위협을 받아온 사람들이 메디나 안에 자신들만이 아는 미로와 통행로를 만들어 냈고 이러한 도심 속의 골목들은 이제 문화유산으로 그 빛을 발하고 있다. 오랜 역사의 메디나가 카사블랑카의 중심지 성벽 안에 자리 잡아 향기로운 추억을 퍼 올리고 있다.

메디나 어디서든 한눈에 보이는 거대하고 웅장한 규모의 건물이 있다. 바로 카사블랑카 제1의 관광명소 하산 2세 사원이다. 높이가 200m나 되는 거대한 기둥 사원이 우뚝 솟아 있어 도시 어디를 가든 눈에 띈다. 하산 2세 사원은 카사블랑카 서쪽 해변을 막아 만든 간척지 위에 지어져 실내외에 각각 2만 명과 8만 명, 모두 10만 명이 동시에 예배를 볼 수 있는 대규모 사원이다.

사원이라기보다 고급스런 궁전 같다. 거대한 기둥과 화려한 건물 외벽, 실내 곳곳은 섬세하게 조각되어 있으며 모로코 전통 문양으로 화려함을 뽐내고 있다. 코란의 "신의 옥좌는 물 위에 지어졌다"는 구절을 따라 해안가 절벽에 지어졌기 때문에 사원에서 바로 대서양의 시원한 바람과 석양을 맞이할 수 있다. 태양이 대서양 건너편으로 지는 순간, 모스크 벽면 주위로 반짝반짝 빛나는 신비로운 모습은 은은한 자태로 감동을 선사한다.

MOROCCO

모로코의 카사블랑카는 영화 속 카사블랑카의 분위기와는 많이 다르다. 하지만 트렌치코트 깃을 세운 험프리 보가트의 우수 어린 모습을 추억하는 사람들을 위해 무하메드 5세 광장 앞 하얏트 호텔 1층에는 바 카사블랑카가 영화 속 주요 촬영장소인 '릭스 카페 아메리칸'을 그대로 재현해 놓았다. 연중무휴로 운영되는 이 카페는 당시 영화 포스터, 주연 배우들의 사진들이 1960년대 복고풍 분위기를 한층 돋워 주어 추억의 무대로 손색이 없다.

비가 내리면 더욱 낭만적인 공간으로 변해가는 카사블랑카. 화창한 날보다 흐린 날씨 속에서 트렌치코트 깃을 세우고 골목길 속으로 유유히 사라져 가고 싶은 매혹의 도시. 유명 영화의 배경지라는 타이틀에 더해 다문화가 어우러진 이색적인 풍경이 매력 넘친다. 그 이름을 가슴에 품고 낭만을 꿈꾸며 카사블랑카로 떠났던 여행자는 신비로운 매력을 한껏 안고 현실로 돌아올 것이다. 🌳

여행정보

✈ 찾아가는 길

인천에서 카사블랑카로 가는 직항은 없다. 카타르의 도하나 파리, 마드리드를 경유하여 터키의 이스탄불과 알제리의 알제를 거쳐 카사블랑카로 입국할 수 있다. 유럽에서 배로 진입한다면 하루 7~8회 운항하는 스페인 타리파항과 모로코 탕헤르를 잇는 쾌속선을 이용하는 것이 좋다. 카사블랑카에서 탕헤르까지는 자동차로 4~5시간 걸린다.

📘 여행하기 가장 좋은 시기

한국의 겨울인 11월부터 3월까지는 카사블랑카도 겨울이다. 밤에는 쌀쌀하므로 두꺼운 옷이나 침낭이 필요하다. 4월부터 10월까지의 온화한 기후대에 여행하는 것이 좋다. 도심에 신형 전차가 개통되어 도심 이동도 편리해졌다. 모로코 주요도시로 가는 기차와 버스가 도시 중심부에서 연결되므로, 이 도시를 베이스 삼아 마라케시, 페스 등지로 일정을 잡아 보자.

2ND SENEGAL DAKAR

왜곡된 인간 역사의 고향,
서아프리카 꿈의 도시

다부진 몸매의 흑인 청년들과 매혹적인 흑인 미녀들이 거리를 활보하는 곳.
서아프리카의 관문이자, 파리 다카르 랠리로 명성이 자자했던 곳.
한때 전설적인 노예무역의 중심지였던 고레 섬이 슬픈 표정으로 대서양을
응시하고 있는 곳이다. 잔인한 인간 드라마의 역사가 시작된 다카르.
하지만 서아프리카의 경제 중추로 도시는 활기차고 역동적이다.

슬픈 노예 역사를 지우고, 서아프리카의 경제 허브로 부상하다

"과연 이곳이 우리가 상상하던 아프리카인가?" 세네갈의 수도라는 자부심 이외에 파리 다카르 랠리로 그 명성이 자자했던 다카르는 도심 중심지로 들어서면, 현대화된 이미지에 놀라게 된다. 세네갈과 코트디부아르는 아프리카의 파리라 불릴 정도다. 도심의 번화한 모습이나 활기찬 풍경 덕분에 아프리카라기보다 유럽의 한 모퉁이에 와 있는 듯한 착각마저 인다.

공항 트랩을 빠져나와 시내로 접어들면 수도 다카르는 바다와 얼굴 맞대고 살아가고 있는 도시라는 느낌이 강하다. 다카르 시내 중심인 독립 광장에서 잠시만 벗어나면 동서남북 어디로든 바다가 펼쳐진다. 이삼십 년 된 낡은 건물들이 도심의 중앙무대를 가로막고 서 있지만 빌딩을 헤치고 골목길을 빠져나오면 감청색 대서양의 푸른 바다는 지중해를 연상시킨다. 다카르의 매력은 언제든 바다로 달려갈 수 있다는 것이다.

세네갈이라는 이름은 우리에게 익숙하다. 물론 세심하게

관찰하지 않으면 아프리카 어디쯤 위치한 나라인지 알지 못할 수도 있다. 하지만 다카르는 자동차 마니아라면 누구나 머릿속에 자리한 이름이다. 파리에서부터 두렵고 거대한 모래사막 사하라를 질주하여 달려온 지프 차량들의 행렬이 모리타니와 세네갈 내륙을 지나 마지막 피날레를 장식하던 곳이기 때문이다. 매년 1월 축제와 파티로 흥청거리던 도시는 이제 고요하다. 서아프리카 북단을 달려오던 차량들의 레이스가 남미 칠레와 아르헨티나로 이동한 탓이다.

다카르는 포르투갈에 의해 유럽에 최초로 알려진 서아프리카의 관문이다. 아프리카 대륙의 서쪽 끝 단, 거대한 바오밥나무 군락지가 끝없이 이어지는 해발 100m 이하의 평야가 드넓게 펼쳐지는 곳. 세네갈 강과 감비아 강이 서쪽으로 흘러들어 대서양을 향해 달려간다. 사하라 이남의 나라로 향하는 수많은 비행기들이 다카르 국제공항을 경유하기 때문에 블랙 아프리카의 현관 역할을 하는 곳이다.

유럽을 출발한 비행기가 아프리카로 향하면 새하얗게 빛나는 사하라 사막 상공을 지나게 된다. 모리타니의 국경이 되고 있는 세네갈 강을 지나면서 토지의 색깔이 변하고 초록이 나타나면 곧 착륙이다. 서아프리카의 중심 도시답게 인접국에서 유학 온 학생들과 다양한 국제기구들의 사무소가 집결되어 다분히 국제적인 분위기를 풍겨 내는 곳. 서아프리카의 통화 세파 프랑의 화폐를 찍어 내는 중앙은행이 존재하기에 자금의 흐름도 풍부한 편이다.

WEST AFRICA | 세네갈 · 다카르

사실 다카르는 관광지라기보다 서아프리카 인접국으로 이동하는 베이스캠프 성향이 짙다. 특별한 볼거리의 관광지보다 행정기관과 국제기구들이 다카르 도심을 장악하고 있기에 200년 전 슬픈 노예 역사의 현장, 고레 섬과 마뉴엘 곶, 서쪽 바다에 면한 민예촌과 어부 마을을 제외하면 눈을 자극하는 큰 볼거리는 없는 편이다.

독립 광장을 벗어나 가장 먼저 찾아갈 곳은 고레 섬이다. 하루에도 십여 차례 크루즈 연락선은 고레 섬 앞바다로 향한다. 하얀 물보라를 일으키며 다카르를 떠난 배는 30여 분 만에 다카르 동쪽 3km 지점 앞바다에 있는 길이 900m, 폭 300m의 전설 같은 섬에 도착한다. 누구나 알고 있듯이 이 작은 섬은 서아프리카 노예무역의 중심지였다. 기니 만 기슭과 내륙으로부터 이송되어 온 노예는 아메리카 대륙으로 팔려 나갔다. 고레 섬은 그 슬픈 역사의 현장이다.

고레 섬 안쪽으로 발을 디디면 왠지 모를 우수와 차분한 분위기가 풍겨난다. 잔인한 인간 드라마의 역사와 가슴 아픈 비극의 흔적이 눈앞에 펼쳐지기 때문이다. 선착장의 맑고 투명한 바닷물의 찰랑거림은 눈물처럼 느껴진다. 빛바랜 성벽을 어루만지며 골목길을 걷다 보면 역사의 슬픈 전설들은 가감 없이 드러난다. 노예의 집, 사역장, 역사박물관 등 다카르 역사의 흔적을 하나둘 더듬어 걷는다.

해양박물관을 지나 성벽을 향해 좁은 골목길을 걸으면 아스라이 보이는 다카르의 빌딩 숲이 팔랑거리는 빨래와 오버랩되어 묘한 기운이 일렁인다. 수백 년 역사의 현장답게 골목길 갤러리에는 슬픈 추억이 담긴 유화들이 장식되어 있으며 성벽 포대 위, 이끼 낀 돌들이 오랜 역사의 흔적을 말해주고 있다. 포대 위에 앉은 여행자들은 고레 섬 역사에 얽힌 이야기를 회상하며 아프리카의 슬픈 현실을 직시하게 된다.

고레 섬은 15세기 포르투갈 사람에 의해 발견되어 1633년 영국령이 되었으나 다음해 네덜란드령이 되고 1677년 프랑스에 의해 점령되었다. 수많은 전쟁이 끊이지 않은 이유는 전략적으로 중요한 위치이기도 하지만, 노예를 아메리카 대륙으로 실어 나르던 노예선의 입장에서는 대서양 항해의 최후의 정박지였던 까닭이다. 노예무역의 전성기였던 1786년에는 2,000여 명의 노예가 바다를 건너 쓰라린 삶을 시작했다.

WEST AFRICA | 세네갈 · 다카르

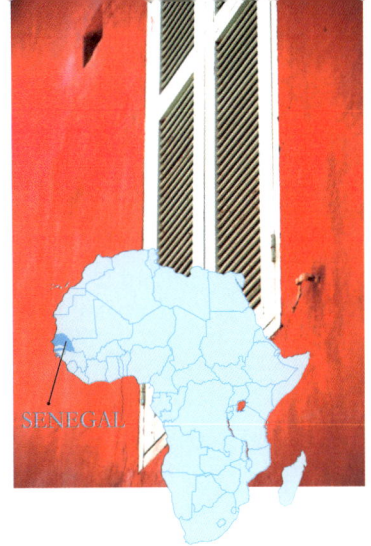

말없이 걷게 되는 곳. 세월의 오랜 흔적이 비껴간 노예의 집, 감옥 등 쇠락한 건물들과 슬픈 역사의 흔적들을 어루만지며 걷다보면 마음도 숙연해진다. 태양은 뜨겁게 빛나고 있건만 슬픈 역사와 오랜 세월의 흔적들은 좁디좁은 감옥의 작은 문밖에서 서성거린다. 두 명씩 족쇄를 채워 감금 시켜놓고 노역과 굶주림으로 고통의 시간을 보내야 했을 흑인들의 슬픔과 고통의 시간들은 빛바랜 사진처럼 잊혀져 간다.

시내를 벗어나 해안 도로를 따라 달린다. 세이크 안타조프 다카르 대학을 지나면서 거대하게 펼쳐지는 대서양 앞바다에 슬픈 가슴을 털어낸다. 다시 드넓은 바다로 인해 가슴은 부풀어 오른다. 웅장한 라 디비니티 모스크와 마멜레스 등대를 지나면 해안 단구 끝자락에 포인트 데스 알마디스(Pointe Des Almadies)의 푸른 언덕이 손짓한다. 전망 포인트 아래로 좌측엔 대서양의 푸른 바다가, 우측은 광활하게 펼쳐진 수도 다카르의 역동적인 도심이 파노라마처럼 펼쳐진다.

고독한 바람처럼 바다와 대륙의 질긴 역사를 품고 살아온 세네갈의 슬픈 그림자 다카르. 경쾌한 얼굴과 함께 우수와 고독, 애잔한 추억의 향기를 동시에 담고 있는 도시. 아스라이 보이는 하얀 집들이 옹기종기 모여 앉은 다카르의 주택가를 바라보면서 흑인들의 열정과 사랑의 노고가 평화로 안착되기를 소망한다. 다카르는 오늘도 말하고 있다. 바다 같이 거대한 용서와 포용만이 굴곡의 삶을 치유한다고.

여행정보

✈ 찾아가는 길

서아프리카의 관문인 세네갈의 수도 다카르는 파리와 리스본, 독일 등지에서 수많은 비행기가 오고 간다. 서아프리카 아비장, 바마코, 카사블랑카 등 주요 도시에서의 비행기도 하루 여러 차례 출발한다. 한국에서 직항은 없으며 터키항공이 이스탄불을 거쳐 다카르로 연결해 준다. 모로코, 모리타니, 말리 등지에서 육로로 입국이 가능하다. 7명이 탑승하는 셉트 플레이스 택시는 도심 외곽 가레 루트리에 폼뻬에로에서 생루이, 누악쇼트, 감비아, 바마코 등지로 매일 수차례 출발하고 도착한다.

📖 여행하기 가장 좋은 시기

다카르는 인접국 말리와 모리타니에 비해 폭염은 없는 편이다. 1월 기온이 18도에서 25도 정도이며 7, 8월 한여름에도 30도를 웃도는 날은 그리 많지 않다. 일 년 내내 여행하기에 쾌적한 도시다. 하지만 탐바쿤다, 니오콜로코바 등 동부 세네갈로 여행을 간다면 40도에 가까워지는 폭염에 주의해야 한다.

📷 다카르의 얼굴, 고래 섬

수도 다카르는 행정도시의 기능과 국제도시로서의 허브 역할을 담당하고 있기에 나이트 라이프와 바다낚시, 주변 도시로의 여행을 계획하는 베이스캠프의 기능이 짙다. 오전, 오후 중 시간을 선택하여 만나질 고레 섬으로의 역사 여행을 떠나보자. 역사적인 건물, 독특한 볼거리로 사진 찍기 좋은 공간이다. 밤이 되면 독립 광장 주변 클럽과 펍에서 맥주 한 잔 마시며 서아프리카 젊은 이들과 호흡해 보는 것도 좋은 추억이 될 것이다.

065

2ND SENEGAL
SAINT-LOUIS

자유로운 영혼들의 고향,
역사의 슬픈 그림자

낡고 허름한 좁은 골목 사이로 우수에 찬 흑인들이 거닐던 공간.
세네갈 강의 힘찬 강줄기가 대서양으로 흘러드는 만곡부에 위치한 고도 생루이.
슬픈 그림자 드리운 어두운 삶의 단면이 가슴을 울리지만 삶이란 또 그런 것이라 위로할 수 있는 곳.
세네갈을 생각하면 다카르가 떠오르지만 역사와 낭만이 가득한 북부 제2의 도시,
슬프도록 아름다운 생루이를 잊지 못하리라.

식민시대의 슬픈 역사와 추억의 고도, 생루이

　복잡하고 혼란스러운 소르(Sor) 지구를 거침없이 달린다. 세네갈 강을 가로질러 페데르브 다리를 건너면서 생루이의 얼굴이자 강 위에 떠 있는 작은 섬에 다가선다. 강을 건너자마자 우체국 광장 앞 생루이의 중심, 호텔 드 라 포스테(Hotel de la Poste)가 낯선 여행자를 반긴다. 〈어린 왕자〉의 저자 생텍쥐페리가 묵었던 호텔이기도 하다. 생루이 여행은 이 작은 섬 위의 복잡하고 소란스런 광장에서부터 시작된다.

　생루이는 대륙과 연결된 본토인 소르 지구와 생루이의 중심인 세네갈 강에 떠 있는 작은 섬, 그리고 랑고 드 바르발리라고 하는 모래톱에 위치한 응다르 투트의 세 지역으로 구성되어 있다. 세 지역은 모두 다리로 연결되어 있고, 이 세 지역을 통틀어 생루이라 부른다. 각 구역별로 도시의 다양한 역할과 기능을 분담하고

있다. 그중 여행자에게 가장 매혹적인 얼굴로 다가오는 곳이 중앙의 네모반듯한 작은 섬이다.

생루이는 쿠바의 아바나, 미국의 뉴올리언스, 탄자니아의 잔지바르 섬이 혼합된 듯 오랜 추억과 깊은 울림, 삶의 낭만을 떠올리게 한다. 낡고 오랜 프랑스 식민지 시대의 자취가 고스란히 남겨진 2층 건물들, 레게 머리를 한 뮤지션들이 거리를 활보한다. 자유로운 영혼들이 음악과 예술을 위해 사랑하고 머무는 곳. 유서 깊은 호텔 라 메종 로즈의 테라스 카페에 앉아 오랜 도시를 물끄러미 내려다보면 역사와 추억의 그림자들이 낡은 도시 위로 스멀스멀 피어오른다.

모리타니와 세네갈을 가르는 국경선인 세네갈 강은 세네갈 제2의 도시 생루이의 얼굴이다. 사막이 끝없이 이어지다 갑자기 출현한 초록의 대지에 눈을 의심하게 되는 곳이다. 강변 무성한 갈대숲과 초록의 대지가 눈과 마음을 평온하게 해 준다. 바다와 강이 마주하는 그곳에서 여행자는 위로를 받게 된다. 프랑스 루이 14세를 기념하여 이름 지어진 이 도시는 응다르 투트(Ndar Tout)라는 별칭도 가지고 있다.

남북으로 바둑판 같은 도로가 길게 이어진 도시. 17세기 후반 상업의 중심지였음을 증명이라도 하듯 골목마다 역사적인 건축물들의 기품 있는 자태와 깊은 문화의 향기가 고스란히 배어 있다. 서아프리카 최초의 문화 도시는 역사적 전란으로 인해 전부 파괴되기도 했었다. 그러나 다시 재건되어 오늘날 세네갈의 전통과 역사를 증명하며 문화의 중심, 낭만의 고도, 추억의 도시로 사랑받고 있다.

세네갈 총독이었던 페데르브는 생루이를 세네갈의 수도로 정한 인물이다. 그의 이름은 페데르브 광장 등 도시 곳곳에서 발견된다. 두 다리로 연결된 섬의 중앙부에 총독 관저가 있고, 페데르브 광장은 생루이의 얼굴처럼 등장한다. 화려하고 요란한 모양으로 치장된 수십 년 된 인도산 버스들이 매연을 내뿜으며 거리를 질주한다. 이 도시는 회색 건물과 하얀 집들 사이로 자유와 뜨거운 열정은 물론 기품 있는 낭만도 흐른다.

 느긋해지고 마음도 차분해지는 도시. 거리를 걷고 있으면 누군가 환한 미소로 다가와 친근하게 말을 건넨다. 마냥 골목을 걸어도 어디선가 기분 좋게 강바람이 불어오는 낭만의 고도. 생루이 섬 최북단을 향해 세네갈 강을 따라 걷는다. 서쪽 강변으로 걷다 보면 모래톱 위로 낡은 어선들이 휴식을 취하고, 마차를 끄는 말과 마부들이 한가로운 한때를 보내고 있다. 강 건너 응다르 투트 지역의 하얀 건물들이 그리움으로 손짓하는 차분하고 평화로운 동네다.

 200여 년 가까운 세월을 견뎌낸 이 섬에는 성당과 모스크, 총독 관저, 에어 메일을 수송하기 위해 파일럿들이 머무르던 호텔 드 라 포스테 등이 눈길을 끈다. 전통 있는 건물들 사이를 거닐며 도심이 품어 온 역사와 삶의 향기, 세월의 풍상을 되짚어 보게 되는 곳이다. 오래 되었지만 느낌이 좋은, 남루해졌지만 여전히 그리운, 무너지고 부서졌지만 그 자체로 아름다운 역사의 흔적 모두가 생루이의 생생한 추억이 된다.

 골목길을 걷다 보면 몇 번이나 다시 마주치게 되는 사람들이 있다. 거리의 모퉁이를 지키는 과일 가게 할머니, 거리의 뮤지션, 식료품 가게의 주인, 갤러리의 점잖은 프랑스 중년 신사, 그리고 골목길의 아이들까지. 오후가 되면 학교를 마친 학생들의 재잘거리는 목소리가 울려 퍼지고, 생기발랄한 소녀들의 맑은 미소에 행복해 지기도 한다.

 200년이란 시간이 흘렀지만 커다란 변화가 감지되지 않는다. 당시 서아프리카에서 문화가 가장 발달한 전통과 역사의 도시였지만 사람들은 옛 문화의 향기 속에서 생루이의 역사를 근근이 이어갈 뿐이다. 육감적인 몸매로 거리를 활보하는 여인들, 레게 머리와 치렁치렁한 은팔찌를 두른 청년들의 자유로운 방황, 하루하루 일상을 살아가는 고달프고 분주한 서민들의 온기만이 고스란히 느껴지는 곳이다.

　생루이는 식민지 시대의 수도였지만 오늘날에는 세네갈 역사의 흔적으로 인고의 세월을 증명하고 있다. 페데르브 다리 위를 끝없이 오가는 사람들, 이른 아침부터 늦은 저녁까지 쉴 새 없이 오고 가는 미니버스의 요란스런 분주함. 항구로서의 지리적 조건을 갖추고 있는 다카르에게 수도의 자리를 내어 주었지만 세네갈 강 하구의 오랜 문화와 전통, 고도의 자존심을 지키며 역사의 향기와 삶의 여운을 끝없이 뿜어내고 있다.

　골목 사이로 태양의 열기가 식어갈 무렵, 삼삼오오 모여 앉아 차를 마시며 하루의 일과를 정리한다. 바쁠 것도 없고, 넘쳐나는 생의 애착이 사람들로 하여금 동네잔치와 축제를 벌이게 만든다. 어둑해진 골목길 사이사이로 사람들의 작은 행동과 생의 움직임은 생루이의 노래가 되고, 시가 된다. 아쉬운 마음으로 하루를 보내며 뜨겁게 마주하는 밤, 인간 무리에서 배어 나오는 삶의 진득한 그리움의 시간들. 생루이는 세네갈의 오랜 사랑이며 추억이다. 🌳

여행정보

✈ 찾아가는 길

인구 15만의 생루이는 프랑스 식민지풍의 고도로 서아프리카에서도 유일하게 여행자의 발걸음이 가벼운 도시다. 그저 느긋하게 거닐며 느끼는 도시. 생루이는 모리타니 국경 도시 루소(Rosso)에서 승합 택시를 타고 2시간 거리에 있다. 세네갈의 수도 다카르에서도 버스나 택시로 4시간이면 도착하는 도시다. 요금은 5,000세파프랑. 국내선 항공기로 다카르에서도 쉽게 연결된다. 터키항공이 이스탄불을 거쳐 세네갈의 다카르로 연결하고 있다. 오래 머물면서 강바람과 식민 도시의 낭만, 세네갈의 여유로움과 운치를 즐기려는 사람들에게 적합한 도시다.

◼ 여행하기 가장 좋은 시기

일 년 내내 비교적 온화한 날씨를 자랑한다. 12월부터 5월까지는 18도부터 27도를 오르내리며 쾌적한 날씨를 보인다. 무더운 날씨는 6월부터 8월까지. 33도를 오르내리기도 하지만 소나기가 내리거나 장마철이 지나가는 이때는 오히려 비로 인해 시원해지기도 한다. 비가 오나, 태양이 내리쬐나 고도 생루이는 그 자체로 낭만적이고 유쾌하다.

2ND SENEGAL
MBOUR

바다의 슬픈 노래, 육지의 기쁜 노래

화려한 색상으로 치장된 어선들이 바다를 지키고 서 있다.
거친 바닷가 서민들의 삶의 애환이 노래가 되고 풍경이 되는 곳. 고깃배들이 잡아오는 생선들로
일상을 채우고 생계를 꾸려가는 어촌 사람들의 풍경이 고스란히 전해지는 곳.
세네갈 남부 어촌 마을 웅부르는 가난하고 열악한 환경이지만
소박한 어촌의 뜨거운 삶의 현장이 아름답게 펼쳐진다.

세네갈 응부르의 바다, 그 삶의 노래를 듣는다

다카르에 가면 고기잡이하는 어촌 마을의 풍경이 흔한 일상처럼 펼쳐져 있을 줄 알았다. 그러나 오늘날 다카르는 대도시로 변모해 있고, 그나마 존재하던 작은 어촌 마을의 위상도 줄어들었다. 도심 외곽 터미널에서 승합 택시를 타고 남쪽으로 향한다. 응부르(Mbour)라 불리는 다카르 이남의 가장 큰 어장이 있는 어촌 마을이다. 이른 새벽 다카르를 출발한 택시가 약 2시간 만에 80km 거리를 달려 응부르 외곽 버스 터미널에 닿았다.

기대하던 바다는 보이지 않았다. 다시 그곳 버스 터미널에서 '테페스'라고 불리는 해안 마을로 가야 한단다. 사람들은 마차를 타거나, 승합 택시를 타고 어촌 마을로 향한다. 저 멀리서 연기가 가물가물 피어오른다. 어린 소년들이 청어를 훈제하는 낯선 풍경이다. 바다에서 갓 잡아 올린 물고기를 모래사장 위에서 훈제하여 주린 배를 달래는 풍경이 눈에 들어온다. 가난한 어촌 마을의 일상이 바닷가 모래사장 위로 아련하게

펼쳐진다.
　200m 길이의 피시 마켓이 바닷가 비치 위로 펼쳐져 있다. 이른 아침 갓 잡아 올린 다양한 생선들이 해안가에서 흥정을 통해 거래된다. 컬러풀한 물통 하나씩을 들고 서서 새로운 배가 들어오길 기다리며 삼삼오오 모여 앉아 있는 아낙네들의 풍경. 그 틈바구니 속으로 어린 아이들이 뱃머리에서 흘러내린 물고기를 하나둘 주워 담고 있다. 다시 바다를 가르고 먼 바다로 나서는 힘찬 뱃고동 소리가 들린다. 어부들의 뜨거운 심장소리처럼 느껴진다.
　피시 마켓이 길게 이어진 야트막한 언덕에 올라 멀리 응부르 앞바다를 바라본다. 새로 준공한 선박의 화려한 모습, 낡고 오래된 선박들이 백사장에 방치된 풍경들, 그 사이로 분주히 오가는 어부들과 아낙네들의 부산한 움직임은 어촌 마을의 진풍경이다. 기다리고 기다리는 사람들, 밀려오고 밀려가는 고기잡이배들, 생선 가격을 흥정하며 거래를 일삼는 도매상인들. 이른 아침 응부르 앞바다에서 마주한 생생한 삶의 현장이

아프리카의 슬픈 노래 같다.

    이른 새벽부터 시작된 어시장의 활력은 아침 9시가 되자 조금씩 그 열기가 수그러든다. 이미 모든 경매가 끝나가고 아낙네들은 필요한 만큼의 생선을 플라스틱 통에 담아 집으로 돌아가거나 모래사장 위에 펼쳐 놓고 장사를 한다. 생선을 직접 다듬어 주는 바지런한 어부도 있다. 그 틈에서 아이들은 떨어진 물고기를 주워 한쪽에서는 불을 피우고, 한쪽에서는 생선을 석쇠에 굽는다. 훈제 고기를 '케차'라고 하는데 오후에는 도시 전체가 연기에 휩싸이기도 한다. 이런 생선 훈제하는 곳을 '야보이'라고 한다. 그 모습을 따라 아이들이 바닷가 모래사장 위에서 흉내를 내고 있는 것이다. 웃통을 훌렁 벗은 어린 소년들이 굶주린 배를 채우기도 하고, 이른 아침의 놀이처럼 생선을 굽는 장면은 응부르 앞바다의 일상이 되어버린 풍경이다.

    먼 바다를 바라보며 뜨거운 활력을 기대하는 사람들. 응부르 앞바다는 어부들의 삶의 터전이자 아낙네들의 생활의 터전이다. 생선은 가난한 이곳 어촌 마을의 가장 큰 주식이기도 하므로 물고기로 배를 채우고,

물고기로 생계를 이어간다. 이곳 앞바다에서 모든 생활이 시작되고 일상이 마무리되는 것이다.

다시 내일을 기약하며 먼 바다로 출항하는 배들. 어선들 사이로 아낙네들의 수다가 펼쳐지고 노란색, 주황색, 초록색, 군청색의 화려한 숄을 두른 여인들이 앞바다를 점령하고 앉아 입항하는 배들을 여전히 기다리고 있다. 여인들의 틈바구니에 끼어 그녀들의 수다를 들으며 장터를 마감하는 경매사들과 생선 박스를 도시로 날라대는 어부들의 마지막 분주함으로 어촌의 아침은 활기차다.

마을과 연결된 어촌 입구에는 다양한 상품과 생필품들을 팔고 있는 가판대들이 줄지어 이어져 있다. 도무지 상품이라고 인정할 수 없어 보이는 낡고, 빛바랜 물건들도 가판대 한자리를 차지하고 앉아 손님을 기다린다. 타이어, 고무줄, 중고 신발, 양은 양동이, 오래된 청바지, 땅콩 봉지들. 그들의 일상에서 필요한 물품들이 손님을 기다리고 있다. 구차하고 가난해 보이는 삶이지만 그것이 그들의 삶이고, 그들의 최선의 모습인 것을 어찌하랴.

어촌을 벗어나 터미널로 향한다. 모두 승합 택시를 타기 위해 줄을 선다. 요금은 단돈 100원. 누구나 응부르 도심을 향하고 있기에 주저 없이 줄지어 서 있는 택시에 오른다. 타운을 거쳐 터미널에 다다른다. 오고 가는 셉트 플레이스 택시 사이로 호객행위도 요란하다. 시골 마을을 한번 둘러본다. 어촌 마을을 배경으로 생활을 영위하는 응부르 타운은 한가롭고 평온하다. 거리에는 미장원, 슈퍼, 간이음식점 등 일상의 필요를 채워주는 상점들이 시야를 가득 채운다.

바다를 터전으로 생활하는 세네갈 어촌 마을 사람들의 진지하고 고단한 일상이 떠오른다. 드넓은 바다에서 하늘이 허락한 물고기에 생을 의지한 채, 하루하루 삶을 맞이하는 어촌 마을의 일상들이 잔잔한 여운을 남긴다. 청어, 고등어, 가오리, 다랑어, 뱀장어 등 하늘이 허락한 선물로 생을 이어가는 사람들이 숨 쉬고 노래하는 곳, 응부르 어촌 마을은 하늘의 선물에 의존해 바다의 잔치를 누리는 항구도시다. 🌳

여행정보

✈️ **찾아가는 길**

세네갈에서 거친 파도와 싸우는 어촌의 풍경을 만나보기 위해서라면 반드시 응부르를 찾아야 한다. 버스는 없으며 셉트 플레이스 택시(7인승 승합차량)로 2시간가량 소요된다. 다시 마차를 타거나 택시를 타고 테페스 어시장으로 가야 바다와 마주하게 된다. 거리에서 흔제 고기를 사먹거나 바다를 배경으로 출항하는 어선들의 거친 풍경을 볼 수 있다. 종종 경찰이 다니면서 검문을 하거나 촬영을 금지하는 경우도 있으니 조심해야 한다.

2ND SENEGAL
TAMBACOUNDA

사하라의 뜨거운 바람, 니오콜로코바의 그림자

뜨거운 태양을 품은 열풍이 불어온다. 대지는 이글거리고 거대한 바오밥나무마저 휘청거리는 불모의 땅, 탐바쿤다. 다카르에서 450km 지점에 위치한 오리엔탈 주의 주도, 탐바쿤다는 파리 다카르 랠리의 마지막 얼굴이었다. 다카르를 출발, 인접국 말리 국경을 향하기 전 니오콜로코바 국립공원 입구에서 마주치는 탐바쿤다는 뜨거운 열풍의 도시이다.

WEST AFRICA | 세네갈 · 탐바쿤다

서부 사하라의 크로스 로드, 세네갈의 악명 높은 열풍 도시

세네갈을 새벽 6시에 출발한 셉트 플레이스 택시(7인승 승합차량)는 오후 6시가 다 되어서야 탐바쿤다 시장 근처의 버스 터미널에 도착했다. 정차와 휴식을 번갈아 가며 450km를 10시간 이상 달려야만 만나게 되는 도시. 여행 도중에 흔히 일어나는 차량 고장은 도로 위의 일상처럼 아무렇지도 않으며 승객 모두 차량 고장에 담담한 반응이다. 세네갈 남부 니오콜로코바 국립공원으로 향하거나 기니, 기니 비사우, 감비아로 가는 사람들이 이곳에 모여든다.

굽이져 길게 이어진 철길 너머로 뜨겁게 달아오르던 붉은 태양은 대지의 열기를 잠재우며 아스라이 사라져 간다. 터미널에 도착한 여행자들은 수레 마차나 오토바이, 혹은 택시를 타고 숙소를 찾아 다시 탐바쿤다 도심의 골목길 속으로 사라진다. 온통 흙길로 이어진 골목골목은 미세 먼지로 가득하다. 차량들은 포장도로에서보다 더 부드럽게 달린다. 골목길을 돌아 호텔 니지에 도착한 시간은 7시가 다 되어서였다.

탐바쿤다는 세네갈에서도 가장 더운 도시로 악명 높다. 사하라로부터 부는 열풍 때문에 건조기가 끝나는 4월과 5월에는 40도를 넘는 날이 허다하다. 주변 숲들은 모두 말라버리고, 맨 땅이 드러나기 쉽다. 6월부터 비가 조금씩 내리면서 세상은 푸르게 뒤덮여 간다. 8월이 되면 탐바쿤다 주변의 모든 초목들은 푸른색 옷으로 갈아입고, 눈부시게 아름다운 초록 낙원을 이룬다. 대지를 달구는 뜨거운 태양은 선물이기도 하고, 치명적

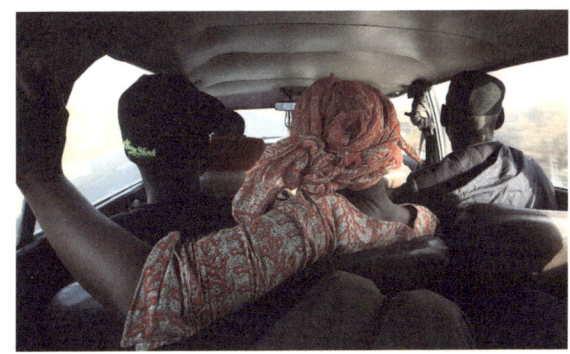

083

인 삶의 위협이 되기도 한다.

탐바쿤다의 도시 구조는 심플하다. 다카르로부터 말리 국경을 향해 달려오던 메인 도로는 뎀바 디오프 도로(Demba Diop Blvd.)를 달려 경찰서 사거리에서 우측으로 남하하면 케두구나 니오콜로코바로 향하는 남부 종단 도로와 마주한다. 다카르를 출발한 열차 역시 목적지 말리의 바마코를 향해 뎀바 디오프 도로를 통과하여 도심을 가른다. 주민들이 옹기종기 모여 사는 역 주변과 경찰서 주변이 탐바쿤다의 도심이며, 일상의 풍경들과 마주친다.

북에서 남으로 길게 이어진 도시의 모습을 가진 탐바쿤다는 북에서 남으로 길게 달리는 레오폴드 셍고르(Leopold Senghor) 대로를 중심으로 바둑판 모양으로 구성되었다. 먼지와 모래로 이글거리는 사막 위의 도시. 소위 정션 타운(Junction Town)으로 불리는 곳으로 탐바쿤다의 경찰서 사거리를 기점으로 남쪽으로 향하면 케두구와 기니, 기니비사우로 향하고, 오던 길을 따라 동으로 달리면 2시간 만에 말리 국경에 닿는다.

사람들로 북적거리고, 언제나 활기찬 분위기를 느낄 수 있는 곳은 역 앞 시장이다. 탐바쿤다에 두 개의 시장이 있지만 하나는 택시 승차장 인근의 소규모 시장이다. 다카르에서 달려온 손님들이 차에서 내려 장을 보고 집으로 향하기도 하며 여행자들에게는 먹거리를 찾는 공간이기도 하다. 각양각색의 화려한 옷으로 치장한 아낙네들이 좌판을 깔고 앉아 손수 재배한 채소를 팔거나 가판대 점포에서는 다카르에서 공수해

WEST AFRICA | 세네갈 · 탐바쿤다

온 생필품들로 즐비하다.

　영화관은 우리가 흔히 상상하는 시스템이 갖추어진 극장이 아니라 드라이빙 시어터처럼 지붕이 없고, 별빛을 바라보며 서부극을 보거나 로맨스 영화에 탐닉한다. 대도시 다카르와 생루이를 찾아 가기에는 너무 멀고 동부 말리 국경으로부터 불어오는 뜨거운 태양을 피해, 주로 밤에 활동하는 사람들이 많은 것은 이상한 일도 아니다. 탐바쿤다 주민들의 사랑은 이곳에서 시작되고, 여행자의 낭만은 이곳에서 막을 내린다.

　라테라이트, 붉은 흙으로 길게 이어진 도로가 끝없이 펼쳐지는 곳. 케두구로 향하는 도로는 니오콜로코바를 거쳐 끝없이 남하한다. 2시간 가까이 달리면 시멘티를 지나 세네갈 남부 최대의 국립공원 니오콜로코바에 도착한다. 길 양쪽으로는 사바나와 바오밥나무 군락이 펼쳐지고 이따금씩 영양과의 동물들과 원숭이, 멧돼지들이 도로 위를 배회한다. 주변 마을에는 젊은 아낙네들이 빨래를 하거나 불을 지펴 식단을 준비하는 소박한 시골 풍경이 펼쳐진다.

　한때 파리 다카르 랠리로 명성을 날리던 시절, 탐바쿤다는 국립공원의 입구이기도 했지만 다카르의 결승점으로 들어가기에 앞서 최후의 밤을 보냈던 곳이다. 도심의 주요 호텔들은 랠리 선수와 촬영팀들, 화려한 스티커를 붙인 차량들로 만원이 되곤 했다. 미세한 흙먼지 일으키며 굉음을 내고 달리는 랠리 차량들의 고향과도 같은 곳, 매년 1월 축제의 장으로 난리 법석을 떨던 이곳은 이제 고요한 시골 마을로 전락하여 평화롭기만 하다.

　잠시 한적하게 머물다 가기에 평화로운 도시. 순박한 사람들의 터전 탐바쿤다는 문명과의 격리로 인해 오히려 때 묻지 않은 순수가 머무는 곳이며 어린 소년과 소녀들의 골목길 재잘거림이 그리운 곳이다. 깊고 깊은 사하라 대자연의 심장 속에 탐바쿤다는 세네갈의 허파 역할을 담당하며 주변 도시를 살려내고 있다. 이름도 독특한 탐바쿤다의 마력, 그것은 스쳐 지나가는 도시에서 느껴지는 헐렁하고 느긋한 너그러움일 것이다. 🌳

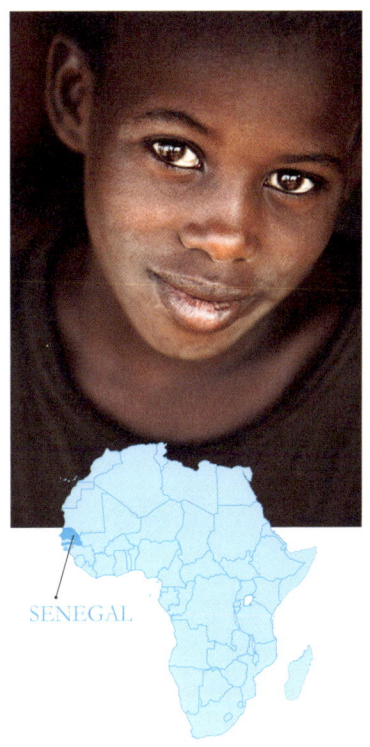

여행정보

✈ **찾아가는 길**

세네갈의 수도, 다카르 외곽 가레 루트리에에서 이른 새벽 5시부터 하루 다섯 차례 이상 셉트 플레이스 택시가 출발한다. 요금은 5,000세프프랑. 워낙 무더운 대지를 가르며 달리기 때문에 마음의 준비가 단단히 필요하다. 에어컨은 없으며 창문도 잘 열리지 않는 차량이 태반이다. 좁고 밀폐된 택시 안에서의 다양한 인내 훈련이 필요할 정도다. 종종 차량 고장이 일어나 2~3시간 이상은 도로 위에서 기다려야 하는 일이 잦으므로, 놀라지 말고 차분히 대처하자. 호텔은 고급, 중급 호텔들이 남부로 향하는 도로 주변에 몇 개 위치하고 있다. 주변 니오콜로코바로의 여행 혹은 사파리는 가격이 상당히 고가이므로, 여러 명이 함께 참가하는 것이 유리하며 혼자 참여할 경우 신중한 판단이 필요하다.

바람의 도시, 사하라 사막의 Gate Way

바람이 분다. 거친 모래바람이 사막 도시를 휘감는다. 사하라 사막의 서쪽 끝, 모래사막 위로 신비로운 도시가 탄생했다. 수천 년 이어진 오랜 역사를 간직한 나라, 모리타니의 수도 누악쇼트다. 모래 바람 일렁이는 모심 속으로 사막의 배, 낙타들이 오가며 바람에 휘날리는 흰 옷을 걸치고 파란 터번을 두른 남정네들이 거리를 활보하는 곳, 누악쇼트는 세계에서 가장 이색적인 도시다.

2013

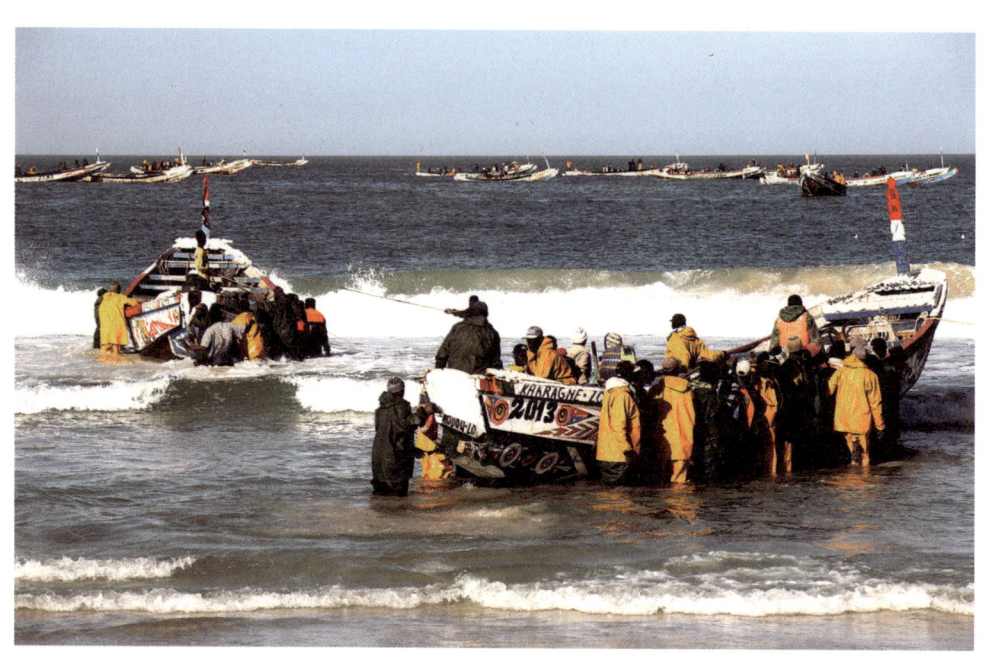

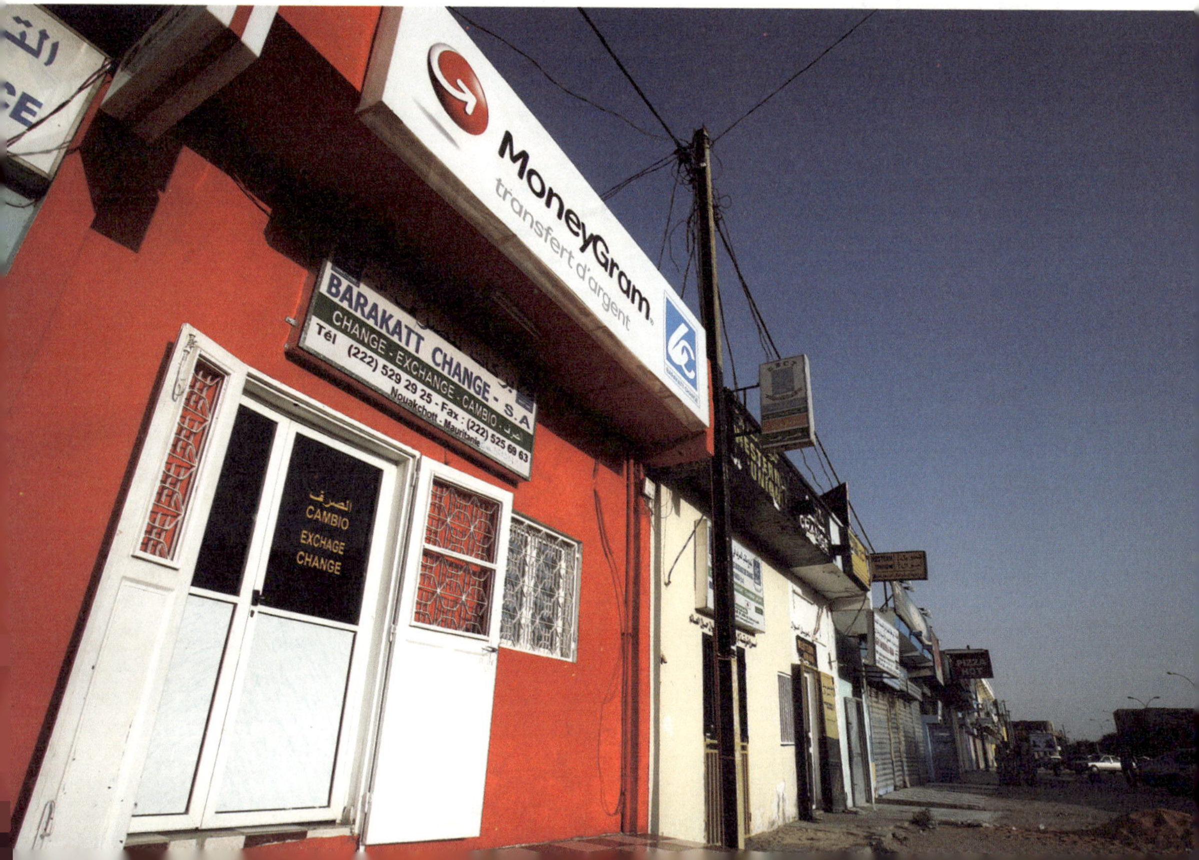
MoneyGram.
transfert d'argent
BARAKATT CHANGE - S.A
CHANGE - EXCHANGE - CAMBIO
Tél (222) 529 29 25 - Fax : (222) 525 69 63
Nouakchott - Mauritanie
الصرف
CAMBIO
EXCHANGE
CHANGE

대서양과 사하라 사막을 품에 안은 바람의 도시

사하라 사막의 서쪽 관문, 바람의 도시 누악쇼트를 상징하는 표현이다. 도시는 실제 사막처럼 황량하다. 모래사막 위로 건물이 지어지고, 도시가 형성되었다. 우후죽순 세워진 건물들 사이 도로는 아스팔트와 모래로 뒤엉켜 있다. 그 위를 독일산 중고 벤츠 차량들이 즐비하게 거리를 오고 가는 곳. 팔목에 금팔찌를 치렁치렁 두르고 오렌지색 실크로 온몸을 감싼 채 빌딩숲 사이를 유유히 걸어 다니는 여인들. 누악쇼트는 바람의 도시다.

파도치는 바다를 배경으로 유유히 걸어가는 사막의 배, 낙타와 30년 넘은 낡은 벤츠 차량과 최신 세단이 절묘하게 어울리는 도로. 거대한 이슬람 모스크와 최신 현대식 빌딩들이 조화롭게 어우러진 도시. 전통과 진보가 도심 어느 곳에서나 흐르는 물처럼 자연스레 교차한다. 도시를 동서로 관통하는 압둘 나세르(Abdul Nasser)의 교차로는 사막과 바다의 접점이기도 하다.

바다까지 겨우 4km도 채 안 되는 이 도로까지 사막이 밀어닥친다. 아스팔트 위로 모래들이 어지러이 흔들린다. 바람이 불기라도 하면 도로는 온통 새하얗게 변해 버린다. 바람의 도시, 사하라의 서쪽 관문이라 불리는 이유도 바로 이 때문이다. 하지만 시가지 중심에는 전자 제품 전문점, 주유소, 환전소, 항공사 대리점, 레스토랑, 호텔 등 도심의 주요 기능들이 동맥처럼 유유히 흘러가고 있다.

누악쇼트는 1920년대 초반, 카라반 루트에서 멀리 벗어난 이 땅에 프랑스의 주둔지가 설치되고 나서부터 도시의 건물들이 하나둘 지어졌다. 사람들이 몰려들기 시작하면서 시골의 작은 마을에 불과하던 크사르 지구로부터 도시가 형성되기 시작했다. 북부 제2의 도시 누아디부와 함께 모리타니의 행정 중심 도시였던 누악쇼트는 지방에서부터 텐트와 바라크 오두막집이 거대한 슬럼가를 형성하면서 점점 규모를 키워갔다.

프랑스가 식민지화의 손길을 포기한 이후 누악쇼트는 모리타니 제1의 도시가 되었다. 독립 후 경제 중심지로 확고히 자리를 잡은 누악쇼트는 유럽의 모험심 가득한 젊은이들에게 모로코에서부터 사하라 이남의 세네갈, 말리 등 서아프리카로 건너가는 중간 기착지 같은 도시 기능을 담당하고 있다. 서사하라에서 남하하면, 제2의 도시 누아디부가 모리타니의 얼굴이지만 비행기로 입국하면 누악쇼트가 모리타니의 얼굴이 된다.

도심의 주축인 압둘 나세르 대로를 따라 공항으로 이어지는 길옆에는 거대한 미너렛을 머리에 인 그랜드

모스크가 도심 한복판을 장악하고 있다. 동서남북 사방 장방형으로 바둑판처럼 구획된 도시에는 북쪽에 버스 터미널과 서민들의 생활터전 그랜드 마르셰(Grand Marche)가 자리하고 있다. 남쪽으로 은행, 영화관, 우체국, 모스크, 각국 대사관 등 행정 중심 기능이 자리하고 있다. 여행사와 항공사들도 이 도로를 중심으로 자리하고 있다.

이 도시를 처음 찾은 사람은 혼란스러운 도시 풍경에 어리둥절하다. 낡은 자동차, 거친 모래바람, 검고 경직된 얼굴에 터번을 두른 사람들이 무심하게 지나가는 풍경들. 낯선 도시의 불안감에 휩싸인 여행자는 골목길조차 드나들기 두렵다. 게다가 자존심 강한 모리타니 사람들은 무뚝뚝해서 불친절해 보인다. 그러나 그 이유는 말이 통하지 않아서 빚어지는 촌극이다. 어려운 불어지만 몇 마디라도 나누게 된다면 그들은 금방 미소를 보이며 마음의 문을 열곤 한다.

도심에서 서쪽으로 5km 떨어진 비치나 어시장으로 가지 않는 이상 시내는 걸어 다니기에도 충분하다. 도심에 주요 기능이 밀집해 있고, 생필품 시장, 관공서, 호텔, 게스트 하우스 등도 걸어서 충분히 찾을 수 있다. 다만 세네갈의 루소, 동북부 사하라의 전진 기지 싱게티나 아타르로 이동하기 위해서는 도심 외곽에 위치한 장거리 버스 터미널로 택시를 타고 나가야 한다.

그랜드 모스크를 출발지로 하여 북쪽으로 발걸음을 옮긴다. 도로 중앙 분리대 사이로 야자수가 촘촘히 박혀 있지만, 모래바람과 해풍으로 가로수 생육은 어렵기만 하다. 무더운 해양성 기후 탓에 햇살은 뜨겁지만 그늘 아래만 있어도 선선하다. 무슨 일로 그리 바쁜지 오가는 사람들의 표정은 심각하고 분주하기만 하다. 지나친 검문검색과 무뚝뚝하고 자존심 강하기로 소문난 모리타니 사람들 탓에 여행지로서 적합하지 않은 도시로 기억되기도 할 것이다.

하지만 매혹적인 사막과 서아프리카의 거대한 바다가 도시를 감싸고 있기에 사막 여행의 전초 기지 역할과 전 세계에서 몰려든 생선 무역상들의 베이스캠프가 되고 있다. 누악쇼트가 경제 중심지라면, 동북부 아타르는 거대한 사하라 사막으로 향하는 전진 기지다. 도심 북쪽 가라지 아타르(Garage Atar)에서 출발하는 승합 택시를 타고 10시간 가까이 달려가야 사하라 사막의 메인 전초 기지인 싱게티로 연결하는 택시를 만날 수 있다.

유럽과 미국, 일본 등지에서 사막을 꿈꾸며 달려온 여행자들은 누악쇼트에서 하루 이틀 휴식을 취한 후, 사하라 사막으로의 긴 카라반 여정을 떠나기도 한다. 북부 해안도시 누아디부에서 세계 최장의 열차를 타고 슘까지 가는 장장 15시간의 야간 기차 여정에 도박을 거는 사람도 있지만, 대부분은 안전하고 제법 정돈된 누악쇼트에서 승합 택시로 싱게티까지 달려간다. 바람의 도시 누악쇼트에서 대양 같은, 사하라로 가려면 반드시 거쳐야 하는 도시다.

모래바람 일렁이는 도심에 지쳐갈 때 서부 해안가 포트 데 페치(Port de Peche), 생선 항구로 달려가 보자. 외줄로 이어진 도로를 10여 분 달려가면 저 멀리 거칠게 일렁이는 하얀 포말이 바다에 가까이 왔음을 알린다. 해양 경찰의 검문을 거쳐 어시장을 들어서면 밀려드는 파도와 싸우는 어선들의 출항이 아름다운 풍경으로 다가온다.

겹겹이 밀려드는 거센 파도 때문에 배를 밀고 대양으로 나서려는 어부들의 모습은 눈물겹다. 거대한 어시장에는 잡아 온 고기들이 상인을 기다리고 있고, 새로이 출항하는 수십 척의 고깃배들은 힘찬 전진을 하며 장관을 이룬다.

누악쇼트는 내륙의 모래 바다 사하라 사막의 비밀과 싸우고, 거친 대서양의 두려움과 싸운다. 모래와 바다와의 투쟁으로 생을 이어가는 위대한 사람들의 고향이다.

용맹한 사막의 전사 투아레그와 거친 바다와 맞서 싸우는 어부들의 숨소리가 역동적으로 들려오는 곳. 바람이 쓸고 간 도시의 대로 위에 모래들이 춤을 추는 곳. 터번과 낡은 벤츠, 모래 바람과 외로운 낙타는 천년 넘게 이어온 역사의 고도를 보여준다. 누악쇼트는 지구상에 존재하는 도시 중 가장 이색적인 도시 중 하나일 것이다. 🌳

여행정보

✈️ **찾아가는 길**

아프리카 최북단 모로코에서 버스를 타고 달려오면 2박 3일이 걸린다. 탄탄, 레이윤, 다크라와 모리타니 제2의 도시 누아디부를 거쳐 누악쇼트에 도착한다. 모로코 라바트에서 비자를 준비해야만 국경을 넘을 수 있다. 파리, 리스본, 프랑크푸르트 등지에서 누악쇼트행 비행기가 출발한다. 한국에서의 직항은 없으며, 터키항공으로 이스탄불을 거쳐 누악쇼트로 입국이 가능하다. 남쪽 세네갈 다카르에서 비행기나 버스로 누악쇼트에 갈 수 있다.

📘 **여행하기 가장 좋은 시기**

12월과 1월이 가장 적합하다. 그러나 이 시기에는 유럽에서부터 차를 몰고 사막으로 피한을 오는 모험가들과 젊은 여행자들이 많다. 이들은 주로 모리타니의 사막 여행을 계획하거나, 세네갈의 바다를 목표로 남하한다. 대부분 20도에서 33도를 오르내리며 쾌적한 날씨를 보인다. 비도 많이 오지 않으므로 일 년 내내 방문이 가능하다. 누악쇼트를 기점으로 사하라 사막의 진짜 기지 아타르와 싱게티로 평생 잊을 수 없는 카라반 여행을 시도해 보자.

3RD MAURITANIA
NOUADHIBOU

캡 블랑 반도의 오아시스,
레브리에 만 제1의 어장

서사하라의 거친 대지와 사막을 달려온 사람들에게 희망이 되는 곳. 누아디부는 1923년 프랑스 항공 우편의 중계지로 툴루즈, 카사블랑카를 경유하여 아득한 사하라를 지나 다카르까지 가는 우편물의 중계지로 조성된 도시였다. 캡 블랑(Cap Blanc) 반도 안쪽 레브리에 만에 위치한 누아디부는 사막 속의 오아시스로서 대서양 제1의 어장이며 모리타니 하늘의 대표 관문이다.

모리타니의 가장 아름다운 항구도시, 누아디부

모로코에서 접근하면 모리타니 사막의 첫 번째 얼굴이 누아디부다. 서사하라의 거칠고 고단한 여정에 지친 여행자가 쉼을 누릴 수 있는 곳이다. 국토의 대부분이 사하라 사막과 건조지대인 까닭에 도시는 온통 뿌연 먼지와 모래바람으로 시야를 가리기도 한다. 도시에 진입하는 순간부터 경찰 검문과 군인들의 제지로 불안과 공포가 엄습하기도 하지만, 도심으로 들어서면 일상의 소박한 사람들 속에서 이내 마음의 평온을 찾는다.

누아디부는 한 국가의 제2의 도시라고 믿어지지 않는 풍경들이 펼쳐진다. 도로, 치안, 호텔, 교통 시설 등이 여행자를 당혹스럽게 한다. 도심의 곳곳에서 도로 공사가 한창인 누아디부는 시내버스가 존재하지 않으며, 모두 구형 벤츠 택시로 합승을 하며 도심 이곳저곳을 이동한다. 첫인상이 모든 것을 좌우한다면 누아디부의 여정은 고난을 예고하고 있다. 콘크리트로 얼기설기 지은 마을 풍경이 사막 속에 탄생한 고단한 도시임을 증명하고 있다.

사하라 사막이 대부분을 차지하는 누아디부는 연간 강우량이 200mm 미만인 사막기후다. 500mm 미만인 남부의 사헬기후를 감안하면 누아디부는 모리타니 내에서도 환경이 극도로 열악한 편이다. 특히 열풍 하마탄의 영향으로 모래바람이 온 도시를 휘젓고 시야를 확보하는 일 또한 어려움을 겪는다. 모로코 서사하라의 최남단 국경을 빠져나와 도심으로 진입하는 데에도 2시간이나 소요된다. 끝없이 이어진 황량한 사막의 나라. 출발부터 두려움이 몰려온다.

도심의 중심은 남북으로 길게 뻗은 메디안 도로(Median Blvd.)와 마리팀 도로(Maritime Blvd.) 주변으로 자리하고 있다. 두 메인 도로를 중심으로 국가의 주요 대사관과 영사관, 은행, 호텔들이 포진하고 있으며, 갈레리 마흐포드 거리(Rue de la Galerie Mahfoud)와 대모스크(Friday Mosque) 사이에 누아디부에서 가장 큰 장터인 그랜드 마르셰(Grand Marche)가 혼란스럽게 등장한다. 누아디부 여행의 시작은 바로 이곳이다. 캡 블랑과 해변 마을 칸사도(Cansado)로 가는 승합 택시도 이곳에서 출발한다.

골목길 곳곳에는 아이들이 모여 놀이 삼매경에 빠져 있다. 비스듬한 언덕 골목길을 오르면 대로가 나타나고 택시들이 쌩쌩 달린다. 종종 당나귀가 끄는 달구지들이 거리를 어슬렁거리며 오고 가기도 한다. 뜨거운 태양 아래 거리를 걷는 일조차 고통스러운 시간이 흘러간다. 사람들은 장터와 상점 아래 생겨난 그늘에 앉는다. 차를 마시거나 뜨거운 태양을 피해 휴식을 취하며 무료한 시간을 보내기도 한다. 누아디부의 한낮의 시간은 그렇게 흘러간다.

모리타니에서 가장 아름답다고 소문난 도시 칸사도로 향한다. 시내 한복판 골목길에서 승합 택시를 잡아타고, 도심의 남북을 가르는 메디안 도로를 따라 남쪽으로 달린다. 도시 끝자락에 컨테이너들이 즐비하게 집하된 포트 데 페치 모던(Port de Peche Moderne)을 지나치고, 황량하게 펼쳐진 도로를 8km 더 달리면, 아름다운 도시 칸사도가 얼굴을 드러낸다. 고통스런 사막 위에서는 시원하고 드넓은 바다를 마주보고 서 있는 것만으로도 아름답게 그려진다.

가장 아름답다는 도시 칸사도는 무엇이 아름다운 것일까? 바다를 바라보고 2층으로 조성된 하얀 연립 주택들이 가지런히 조성되어 있다. 사막의 땅, 모리타니에선 가장 쾌적하고 의미 있는 오션 뷰를 간직한 덕에 최고로 아름다운 도시로 평가받고 있는 것이다. 여전히 뜨거운 바람과 이글거리는 태양의 영향으로 거리는 한산하다. 각지고 밀폐된 콘크리트 학교 안에서는 나무 판 위에 쓰인 코란을 외우는 아이들의 수업이 한창이다. 낯설지만 사랑스러운 풍경이다.

아름다운 뷰를 배경으로 고급스런 호텔이 자리하고 있다. 여행지로 적합한 도시가 아닌 까닭에 호텔은 주로 생선을 거래하는 국제 바이어들의 전유물이다. 주요 수출품인 철광석을 수출하는 항구로 해외 바이어들과 국경을 오가며 비즈니스를 하는 바이어들의 전용 숙소가 되었다. 또한 바로 이곳이 100량 이상의 열차가 연결되어 달리는 지구상 가장 긴 열차가 출발하는 곳이다.

세계에서 가장 긴 열차는 진정한 모험가라면 한 번 정도 도전해 볼 만한 모험의 대상이다. 누아디부에서 동쪽 슘까지 달리는 이 열차는 승객이 탈 수 있는 두 량을 제외하면 모두 석탄과 철광석을 싣고 달리는 화물열차다. 모험 여행에 목마른 유럽과 일본의 청춘들이 가끔 이 열차에 올라타는데, 도난과 폭염으로 소문이 무성하다.

오후 3시경 출발하여 새벽 3시경에 슘에 도착하게 되는 이 열차는 승객이 탈 수 있는 객차가 아닌 화물칸에 올라타면 무료다. 돈이 없어 화물칸에 타는 현지인들이 많은 까닭에 낭만 열차가 되기도 하지만 그 위험성을 말하여 무엇하랴? 우선 한낮 40도를 웃도는 사막 지대를 시속 30km도 안 되는 속도로 달린다. 게다가 모래바람이 끝없이 불어오지만 바람을 피할 방책은 아무 것도 없다. 7시 무렵 어둠이 내리면 현지인이 갑자기 소매치기로 돌변하기도 한다니, 막막하다.

세계 최장의 화물열차에 앉아, 혹은 철광석 가득 실은 광물 위에 앉아 한 편의 드라마와도 같은 여정을 즐기고자 한다면

최고의 경험이 될 것은 분명하다. 사하라 사막의 경이롭고도 두려운 이름, 싱게티로 가고자 한다면 이 열차를 이용하여 슘까지 가는 것도 하나의 방법이다. 새벽 3시경에 도착한 열차를 뒤로하고, 이른 아침 싱게티의 전초 기지 아타르로 향하는 택시를 탄 후 3시간가량을 더 달리면 도착한다.

모래바람을 온몸으로 맞이하고, 뜨거운 태양과 하루 종일 씨름하게 되는 곳. 거리의 무표정한 사람들의 검은 얼굴에 두려움마저 느끼게 되는 곳. 장터에서 마주치는 아이들의 순수한 미소 이외에는 희망이란 없어 보인다. 그러니 사막의 그 뜨거운 열기가 생의 에너지가 되고, 사람들과 마음을 터놓고 이야기를 나누다 보면 이내 친구가 되는 곳이다. 오히려 그 무표정한 얼굴에서 그들의 진심을 읽을 수 있으며, 열악한 환경에서 인내하며 살아가는 검은 얼굴 이면에 숨겨진 순수를 만나는 기쁨은 누아디부가 건네는 선물이 될 것이다.

여행정보

✈ 찾아가는 길

육로 여행자들이 가장 쉽게 접근할 수 있는 방법은 주로 시사하라 국경을 통과하여 국경 택시나, 버스로 누아디부로 도착하는 것이다. 비행기로 접근하는 방법은 프랑스, 독일 등지에서 수도 누악쇼트로 입국하여 매일 하루에 두 편 출발하는 버스 혹은 비행기로 갈아타고 누아디부로 갈 수 있다. 바다에 접해 있어 시원할 것이라는 예상은 여지없이 깨어진다. 버스에도 에어컨이 없는 경우가 허다하니 타기 전에 확인을 하고 단단한 각오도 필요하다. 현재 1유로는 360우기야. 사설 환전소가 조금 좋은 조건의 환율을 제시한다. 누아디부~누악쇼트 구간의 버스 요금은 에어컨이 없는 경우 5,000우기야, 7인승의 부시 택시는 4,000우기야 선이다.

🏳 여행하기 가장 좋은 시기

연평균 기온이 20도에서 34도를 오르내린다. 특히 무더위가 심한 여름철에는 비가 조금 내리기도 하지만 그리 많은 양은 아니다. 여행하기 가장 적합한 12월과 1월에는 한낮 최고 온도가 30도 정도여서 견딜 만하다. 40도를 오르내리는 3월과 4월의 더위는 피하는 것이 좋다. 그늘에 들어가면 더위는 그다지 심각하지 않다. 모래 폭풍이 일상인 사막의 아련한 낭만이 추억이 되기도 하는 곳이다.

3RD MAURITANIA
CHINGUETTI

영혼의 오아시스,
위대한 사하라의 모래바다

황토 고원 위에 금빛 물결 출렁이듯 펼쳐진 모리타니의 오아시스,
고요한 사하라의 두려운 이름 싱게티(Chinguetti).
누악쇼트에서 북동쪽으로 이틀을 달려가야 하는 사막 위 바람의 도시다.
서사하라와 아프리카의 영혼 말리를 곁에 둔 모리타니의 심장이자 사하라의 진짜 얼굴이다.

사하라 사막의 출입구, 거대한 모래바다 싱게티

터번을 두르고 한 장의 천으로 몸을 감싼 채 모래바람 일렁이는 도시를 거닌다. 바람의 도시 싱게티는 세계에서 가장 이색적인 도시 중 하나다. 사막의 도시 싱게티로 가기 위해서는 누악쇼트 북단, 3km 지점에 위치한 가라지 아타르(Garage Atar)에서 승합 택시를 타고 436km 거리를 8시간 동안 달린다. 아타르에서도 동쪽으로 120km, 아트 모자라의 좁고 험한 계곡을 간신히 탈출하면 모래 언덕 속에 고요한 오아시스가 출현한다.

황토 먼지를 일으키며 달리기를 2시간, 테루지 평원을 지나자 거대한 사막지대가 눈앞에 나타난다. 대추야자가 군락을 이룬 오아시스가 출현하면서 끝없는 사하라 사막의 모래 물결들이 장관을 펼쳐낸다. 사하라 사막의 서쪽 문, 서부 사하라의 베이스캠프다. 누구나 한 번쯤 꿈꾸지만 아무나 올 수 없는 곳. 무더위, 불편한 교통, 열악한 도로 사정, 정보의 부재, 사막의 킬러 전갈 등 이 모든 이유로 인해 다가서기조차 두려운 곳이다.

사막의 하루는 단조롭고 평온하다. 바람 소리에 눈을 뜨고, 새벽 한기에 몸을 움츠린다. 그렇게 하루가 오고 또 하루가 간다. 한낮 뜨거운 태양에 절망하고, 광활한 고독에 숨 막히는 곳, 두려운 이름 싱게티. 그 거대한 모래바다의 물결과 사하라 사막 그 깊은 고독 속에서 걷고 또 걸었다. 대양 같은 사막 위를 걷는다는 것은 살아 있다는 존재의 확인이며 일상에 감사해야 할 명백한 증거다.

사하라의 고대 카라반 도시 중 가장 매력적인 고도가 싱게티다. 싱게티 오아시스는 8세기경에 개척된 이슬람 7대 성지 중의 하나였다. 마주치는 순간, 성지에 온 듯한 느낌을 지울 수 없다. 싱게티는 분명하고도 뚜렷한 역사적인 고도와 신비한 분위기가 진하게 풍겨온다. 거대한 모래바다의 출렁임 속에 푸른 하늘을 배경으로 고대로부터 전해 내려온 무어인들의 모스크가 사막, 그 신비의 세계로 초대한다.

사막 속 미궁 같은 고도, 올드 타운 싱게티는 13세기 창건한 모스크가 현존하고 있다. 도심 초입의 밝고 환한 뉴 타운을 지나면서 야자수가 줄지어 자라고 있는 넓고 거대한 와디(Wadi)가 펼쳐진다. 그곳을 지나야 역사적인 고도가 신비의 베일을 벗는다. 올드 타운에는 과거 12개의 모스크와 25개의 코란 학교가 있었으며 사

막 능선에 서서 물끄러미 바라보면 2만여 명의 사람들이 살고 있던 그 시절 명성과 영화를 짐작할 수 있다.

이곳에는 베르베르계의 이슬람 왕국, 무라비트 왕조를 일으킨 장본인들이 살고 있었다. 싱게티가 아주 오랜 옛날부터 교역 센터의 역할을 담당하고 있을 무렵, 이 지방을 중심으로 유목생활을 하던 사람들이 11세기경 모로코의 마라케시로 도읍을 옮겼다. 그들이 바로 지중해 너머 스페인의 안달루시아 남부를 수중에 넣은 호전적이며 용맹한 베르베르계 사람들인 것이다.

그 전설적인 도시를 품에 안고 사하라의 모래바다 싱게티 동편에는 모리타니 최대 모래 둔덕 에르그 와레인(Erg Warane)이 존재한다. 길은 없으며, 길을 알 수도 없는 곳. 망망대사(茫茫大沙), 모래물결 위로 사하라 사막이 유혹의 손길을 보내고 있다. 순례의 시작은 싱게티의 올드 타운이지만 진정한 사하라 사막 대탐험은 메하리(Meharees, 단봉낙타를 타고 가는 원정여행)를 만나 일정을 선택하고 계약하는 일부터 시작이다.

싱게티 타운을 벗어나자 모래 언덕을 중심으로 텐트를 치고 군락을 이루어 사는 유목민들의 일상이 스쳐 지나간다. 낡고 오래된 사륜 구동 지프를 타고, 싱게티를 벗어나는 것이 사하라 사막투어의 시작이다. 첫날밤을 맞을 라 부르스(La Bruse)로 1시간가량 달린다. 3박 4일을 싱게티 사막에서 동고동락할 함메드의 집에 도착하자 어린 아이들이 염소들과 뛰어 놀다 달려와 반가운 눈인사를 건넨다. 저 멀리 카라반을 나설 낙타들은 한가로이 사막을 배회하고 있다.

라 부르스에서 1박을 한 후, 베르베르인 함메드, 아들 보아드와 함께 1박 2일 카라반을 떠난다. 이웃사촌 베케르와 네 명이 한 팀이 되어 먼 사막으로의 카라반이 시작되었다. 현재 싱게티에는 낙타 카라반으로 생계를 유지하는 사람들이 줄어들었다. 예전 파리 다카르로 명성이 자자했던 시절에는 매년 사람들이 몰려왔지만 이제는 남미로 옮겨졌기 때문에 파리 다카르 랠리의 명성이 수그러들었다. 그에 따라 사막을 찾는 사람들도 현격하게 줄어 여행자를 찾기가 예전처럼 쉽지 않다.

물결치듯 출렁이는 사막. 싱게티 사막은 마치 바다와 같다.

거대한 고독과 숨 막히는 고요를 찾아온 사하라 바다는 말없이 출렁이고만 있다. 사막을 걷고 있었지만 대양을 헤엄쳐 나아가는 것 같았다. 매일 낙타 두 마리와 걷고 또 걷는다. 존재도 없는 고요 속에 생명은 외로이 꿈틀거리고 있다. 대양 같은 사막 위에서 생명을 만나는 일은 경이로움이다. 비는 오지 않고, 폭염에 휩싸이는 사하라에서 생명이 탄생하고, 생존하며, 견뎌내는 일은 그 자체로 엄숙하다.

사하라는 생명, 그리고 존재를 확인하는 공간이다. 뜨거운 사하라에서 오아시스를 만나면 눈물짓고 기뻐하며 쉼을 누린다. 바람이 춤을 추고, 모래도 함께 춤을 추는 곳. 어제의 지형과 오늘의 지형이 확연히 달라지는 곳. 사하라에는 동일한 형체는 없고 오직 변화만이 존재한다. 오늘 변화하고, 내일 또 변화한다. 사하라는 매일 꿈틀거리기에 오늘 극명하게 살아 숨 쉬고 있다.

인내를 깨닫게 되고, 말없이 걸어야 하는 곳. 삶이 허무하여도 마지막 목적지까지 가야만 비로소 존재의 의미를 깨닫게 된다. 사막을 걷는 과정 속엔 절망과 고통이 존재한다. 하지만 말없이 고통을 견뎌낸 이후에야 사막에 온 이유를 깨닫는다. 누구나 한 번쯤은 사막에 가야 한다. 그 사막이 존재의 이유와 살아갈 의미를 전해줄 것이다. 거대한 침묵, 고요한 바람 소리에 귀를 기울이다 보면 마음의 이정표를 찾게 될 것이다.

고독과 대화하고, 침묵과 동침한다. 아무것도 없는 땅이지만 모든 것이 존재한다. 또한 모든 것이 죽은 땅이지만 모든 것이 살아 꿈틀거리는 곳. 생명의 소리 없이도 생명이 살아 숨 쉬는 그곳. 사하라의 바람소리를 들으며 눈물을 닦는다. 사하라의 밤, 쏟아지는 별을 헤며 내 존재와 마주한다. 아무것도 없는 그곳에서 모든 것을 느끼게 되는 신비. 절대 고독은 절대 생명이다. 홀로 있다는 것은 모든 것과 호흡한다는 것이다.

아프리카의 심장 사하라에 있었지만 나는 매일 내 영혼의 심장 속을 거닐고 있었다. 삶이란 내 영혼과의 내화, 내 안의 신을 향한 기도이다. 모리타니 사하라 사막 위를 걷는 것은 결국 내 영혼의 오아시스, 눈물처럼 순결한 그 샘물 위를 걷는 것이다.

여행정보

✈ 찾아가는 길

독일이나 프랑스를 거쳐 모리타니의 수도 누악쇼트로 가거나 이스탄불에서 터키항공으로 누악쇼트로 들어갈 수 있다. 이웃나라 모로코에서 버스를 타고 국경을 넘는 여행자도 많다. 카사블랑카에서 아가디르, 다클라와 모리타니 북단 누아디부, 누악쇼트를 거쳐 싱게티로 갈 수도 있다. 모리타니에서 버스는 정해진 시각이 없다. 정원이 차면 출발하고 교통사고가 없거나 차량이 고장 나지 않는다 해도 예상 시간을 훨씬 넘긴다. 누악쇼트에서 싱게티로 가려면 누악쇼트 북단 가라지 아타르에서 몇 개의 회사가 운영하는 승합 택시를 이용하면 된다. 요금은 5,000우기야, 8시간 정도 소요된다. 아타르에서의 1박도 추천할 만하다. 숙소는 저렴한 게스트 하우스와 호텔이 몇 개 있다. 아타르에서 싱게티로는 매일 오전 8시경 승합 택시가 한 번 출발하므로 예약을 하거나 시간 체크를 잘 해야 한다. 큰 볼거리가 있는 도시는 아니지만 하루쯤 어슬렁거리며 머물러도 좋은 곳이다.

🏜 싱게티에서의 카라반

싱게티의 뉴 타운에 숙소를 확보하자. 게스트 하우스 1박에 1,500~3,000우기야 정도다. 뉴 타운의 작은 호텔 Auberge Zarga가 가장 먼저 눈에 띈다. 숙소는 그냥 흙집에 간단한 침대 하나다. 사막투어를 위해 메하리를 부르게 되는데, 1일에 7,000우기야를 예상하면 된다. 텐드왈레(Tendewalle), 르 겔라(Legueilla)는 2박 3일의 일정. 타노체트(Tanouchert), 와데네(Ouadane)는 4박 5일의 일정이 필요하다. 170km나 떨어진 티지키아(Tidjikja)로 2주간의 사막투어도 가능하다.

평화로운 전원도시, 니제르 강의 선물

니제르 강의 고요한 흐름을 따라 치열한 삶의 풍경들도 바람처럼 흘러간다. 아프리카 내륙국 말리의 수도 바마코다. 진정한 아프리카의 모습을 잃어가고 있는 21세기, 그러나 서아프리카에서 가장 아프리카다운 모습은 말리에 존재한다. 니제르 강을 따라 가오(Gao), 젠네(Gennne), 몹티(Mopti), 반디아가라(Bandiagara) 등 아프리카의 가장 리얼한 모습을 만나려면 바마코로 가야 한다.

초록의 대지 위로 신선한 아침을 여는 말리 전원도시

　바마코는 만딩고어로 '악어의 늪지'라는 뜻이다. 니제르 강이 구불구불 이어지는 강가에 어부의 마을이 생겨났다. 북쪽 사막으로부터 오는 소금과 남쪽 삼림지대에서 올라온 콜라나무로 인해 상거래가 시작되면서 19세기 말, 600명이던 인구는 100년도 채 지나지 않은 오늘, 100만 명의 대도시로 변모했다.
　상업의 중심지로 번영하고, 말리의 수도가 되었지만 바마코에 대도시 냄새 따위는 없다. 거대한 아프리카의 심장 속에 전원도시 같은 소박하고 편안한 마을 분위기가 매력적이다. 도심의 스카이라인을 장악하는 거대한 빌딩숲도 없으며, 중심대로 코울리코로(Koulikoro)를 따라 연이어 이어진 철로로 서민들의 일상생활과 소박한 삶의 풍경들이 그림처럼 펼쳐지는 곳이다.
　바마코의 아침은 싱그러운 채소밭에서부터 시작된다. 젊은 농부는 채소 텃밭 위로 하염없이 물을 길어 나른다. 신선한 아침의 시작이다. 철길을 따라 아이들은 삼삼오오 무리 지어 학교를 가고, 아낙네들은 설거지를 한다. 닭, 오리들이 길 옆에서 노닐며 염소와 말들은 풀을 뜯는 평화로운 풍경. 한 나라의 수도라고는 상상하기 힘든 정겨운 전원의 풍경으로 아침이 열린다.
　바마코 시가지를 둘러보면 산과 바위로 둘러싸인 분지로 되어 있다. 도시 남쪽으로 니제르 강이 구불구불 흐르고 강가에는 어부들의 마을이 이어져 있다. 물론 도시의 기능으로 관공서, 호텔, 대사관 등 주요 건물들이 요소요소에 위치해 있지만, 강을 따라 이어진 마을들에는 바람이 불면 붉은 모래 먼지가 흩날리고 길거리에는 채소 장수의 부지런한 손놀림과 꼬치구이의 고기 굽는 냄새가 코끝을 자극한다.
　바마코의 발상지였던 니제르 강가 니아렐라(Niarela) 지구는 마치 바둑판 모양으로 구획 정리가 잘 되어 있다. 철길을 건너 미시라(Missira), 히포드로모(Hippodrome) 지역도 바둑판 모양의 전원도시로 구획이 나뉘어져 있는데, 이것을 카레라고 부른다. 하나의 흙벽으로 둘러싸인 공동체인 것이다. 카레 안에서는 각각의 집이 존재하지만 집은 밤이슬을 피하기 위한 수단이며, 100여 명에 가까운 사람들이 별이 쏟아지는 하늘 아래 커다란 뜰 안에서 함께 생활하는 곳이다.

코울리코로 대로변에는 호텔, 상점, 카페, 레스토랑 등 현대식 편의시설들이 자리 잡고 있지만, 여전히 철길 옆으로는 서민들의 원시적인 삶이 생생하게 펼쳐진다. 흙벽돌집으로 이어진 철길 옆 주택가는 아낙네들의 일상이 낯설지 않고, 군데군데 가축 시장이 있어 말과 염소의 거래가 이루어지는 곳이다. 거리의 카페에서 뒤로 한 발만 더 들어가면 탁자에 둘러 앉아 차를 마시거나 꼬치구이를 먹는 서민들의 일상이 정겹게 흘러간다.

도심 북쪽 가장 높은 곳인 포완제에서 바라보이는 그랜드 모스크를 중심으로 북쪽에 있는 공화국 광장에는 바마코 교외로 가는 버스들이 줄을 서서 기다리고 있어 인산인해를 이룬다. 도시의 중심 기능을 가진 그랜드 모스크 서쪽으로는 공예품 시장과 목공예, 가죽제품, 금, 은 세공품 등 말리의 전통과 멋을 엿볼 수 있는 전통 시장이 있어 하루 종일 인파로 북적거린다.

40도를 웃도는 뜨거운 열기와 참을 수 없는 소란함으로 인해 그 심장이라 할 수 있는 그랜드 마르셰

109

(Grand Marche)는 다가가기 어려운 곳이다. 세네갈의 다카르나, 북부 도시 케스 방면으로부터 달려온 기차가 정차하는 바마코 역과 그랜드 모스크 사이가 바마코의 센터 중의 센터다. 상상을 초월하는 군중들과 소란함으로 여행자는 그 깊은 장터 속으로 들어설 엄두조차 내지 못한다.

무엇이든 존재하는 그랜드 마르셰. 일상용품과 민예품, 공산품에 이르기까지 다양한 물건들이 손님을 기다리고 있다. 그 흔한 망고와 파파야는 물론, 수입된 사과와 청포도 등 과일과 채소의 천국이다. 화려한 말리 여인들의 숄과 옷감들을 염색하여 팔고 있는가 하면, 40년 가까이 된 자동차와 오토바이 등의 부품 상점, 온갖 잡화점들이 늘어서 있어 발 디딜 틈도 없다.

숨 막힐 듯 매력적인 그랜드 마르셰를 둘러보는 요령은 그저 인간 물결의 흐름에 따라 휩쓸리는 것이다. 전후좌우도 분간할 수 없는 인파 속에 잠시 멈춰 서서 행상의 시원한 주스 한잔 마셔보고, 길거리 파파야도 맛을 본다. 구운 바나나도 입에 넣어 보고, 돌아가는 길엔 노란 망고 한 무더기를 사 들고 숙소로 향해 보자. 뜨거운 열기 속에 달콤하게 익은 망고는 바마코 여행 중 가장 기억에 남는 과일이 될 테니까 말이다.

장터를 빠져나와 몹티 방면으로 향하는 모디보 케이타(Modibo Keita) 도로를 따라 남하하면 순교자의 다리(Pont des Martyrs)가 남북으로 니제르 강을 가로지른다. 니제르 강 위에 서자 비로소 바마코의 시가지가 한눈에 들어온다. 유유히 흐르는 강줄기를 따라 옹기종기 모여 있는 마을이 끝없이 이어지고, 도심의 먼지가 하늘 위로 피어오른다. 바마코에는 몇몇 호텔을 제외하면 고층 건물이 없다. 식민지 시대의 낡고 오랜 건물들이 오히려 정겨운 풍경을 연출하며 낮고 겸손한 도시의 모습은 바마코의 장점이자 매력이다.

욕심 없이 살아가는 사람들의 땅. 무더위와 열악한 환경에도 굴하지 않고 니제르 강을 따라 가축을 키우고, 텃밭에서는 녹색의 채소를 일구며 소박한 삶을 살아간다. 보라, 연두, 파란 터번을 두르고 거리를 활보하며 낡은 자동차를 타고 가다가 고장이 나더라도 미소를 지으며 고된 삶을 수긍하는 사람들. 열악한 삶의 터전이지만 아프리카에서 가장 아프리카다운 모습을 간직한 바마코는 순수와 열정으로 삶을 수긍하는 천사들의 도시다.

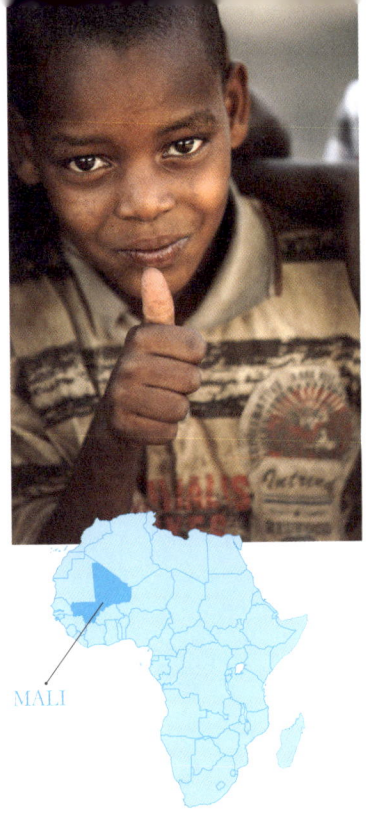

MALI

여행정보

✈ 찾아가는 길

서아프리카 내륙 한가운데 자리한 수도 바마코는 세네갈의 수도 다카르나 부르키나파소의 와가두구, 코트디부아르의 아비장 등 대도시로부터 긴 여정 끝에 도착하게 되는 곳이다. 진정한 아프리카를 만나려면, 바마코로 가야 한다. 젠네, 몹티, 반디아가라, 통북투 등 서아프리카의 진면목을 찾아가기 위해 거치는 베이스캠프 같은 곳이다. 독일과 프랑스에서 바마코로 가는 직항이 있으며, 터키항공이 이스탄불을 거쳐 바마코로 연결해 준다. 바마코는 서아프리카와 사하라 이남의 수많은 도시들의 중심축 같은 존재다.

여행하기 가장 좋은 시기

3월과 4월에는 40도까지 기온이 오른다. 7월과 8월은 기온이 다소 떨어지기는 하지만 장마가 시작되고 우기여서 여행하기에 조금 불편할 수도 있다. 여행하기 가장 적합한 시기는 18도에서 30도 사이를 오가는 12월에서 2월 사이다. 한낮의 무더위만 피하면 한여름의 바마코도 버틸 만하다. 채소와 과일을 많이 섭취하며 뜨거운 태양을 즐겨보자.

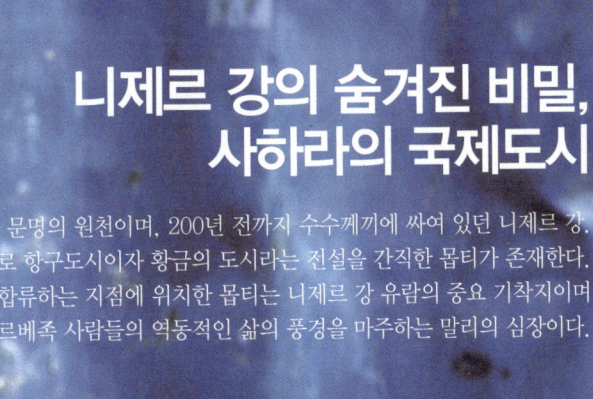

니제르 강의 숨겨진 비밀,
사하라의 국제도시

서아프리카 문명의 원천이며, 200년 전까지 수수께끼에 싸여 있던 니제르 강.
그 도도한 흐름 곁으로 항구도시이자 황금의 도시라는 전설을 간직한 몹티가 존재한다.
지류인 바니 강과 합류하는 지점에 위치한 몹티는 니제르 강 유람의 중요 기착지이며
교역도시인 동시에 푸르베족 사람들의 역동적인 삶의 풍경을 마주하는 말리의 심장이다.

평화로운 삶의 풍경, 바니 강가의 활기찬 일상

　1796년 스코틀랜드의 탐험가 망고 파크가 숲과 늪지대로 뒤덮인 니제르 강가를 헤쳐 나아가다가 사자의 습격을 받고, 악어와 하마를 마주치기도 했던 곳. 말리의 수도 바마코 인근 코울리코로를 출발한 배는 세구, 몹티, 통북투를 거쳐 가오까지의 1,300km의 여정을 이어간다. 중간 기착지로, 거대한 물줄기 니제르 강의 지류인 바니 강의 합류 지점에 위치한 몹티는 웅대한 니제르 강이 수 km나 건너다보이는 광활하고 푸근한 도시로 생명력이 느껴진다.

　구시가지와 신시가지로 구분되어 형성된 도시 몹티는 바마코와 가오로 가는 주요 간선도로의 중간 지점에 위치한 동서 남북 수상 및 육상 교통의 요충지다. 도시는 언제나 활기차고 수많은 사람들로 북적거린다. 그것은 인근 부르키나파소, 가나, 니제르, 심지어 저 멀리 세네갈 사람들까지 몹티에서 짠 기하학 무늬의 셔츠와 점토로 만든 오지 물 항아리, 통북투 이북에서 운반되어 온 암염, 돗자리, 바구니 등을 구매하러 찾아 들

기 때문이다. 강줄기가 이어진 항구 안쪽의 경사진 강안에서는 돗자리를 팔거나 암염을 실어 나르는 분주한 인부들의 하역 작업이 한창이다. 무수한 피로그가 물건을 실어 나르거나 손님을 싣고 강 건너로 오고 간다. 몹티 활력의 시작과 끝은 항구다. 인파로 들끓는 항구 주변에는 암염과 곡물은 물론 사방 각지에서 온 물품들이 강가 진열대 위로 빼곡히 들어차 있다. 당나귀와 리어카는 이 물품들을 싣고 골목길 이곳저곳의 창고나 상점으로 부지런히 달려간다.

부산하기만 한 항구 전망대에 가만히 선다. 유유히 흐르는 니제르 강과 바니 강을 바라보면 여행자의 가슴엔 알 수 없는 감정이 밀려온다. 삶의 희로애락이 숨결처럼 스며드는 항구에 앉아 고된 노동으로 하루하루를 살아가는 고달픈 노동자와 서민들의 삶을 마주하는 순간은 먹먹하기만 하다. 오고 가는 사람들과 눈인사도 나누고, 구석에 앉아 잠깐 짬을 내어 식사를 하는 상인들의 초췌한 풍경을 바라보면 가슴엔 슬프고도 잔잔한 파문이 인다.

말리 제2의 도시로, 니제르 강의 고향 같은 도시. 휴식과 낭만, 추억과 향수를 기꺼이 선사하는 매력적인 고도가 몹티다. 강가에 서면 역한 냄새가 코를 찌르지만 절절한 삶의 흔적들이자 고난의 역사가 밴 생의 최전선이기에 가슴은 기꺼이 그 풍경을 맞이한다. 끼리끼리 모여 담소를 나누는 상인들은 함께 차를 마시자며 손짓한다. 음식점 여인네 또한 부지런한 손놀림을 잠시 쉰 채 여행하는 나그네에게 따스한 밥 한 그릇을 내어 준다.

WEST AFRICA | 말리 · 몹티

항구 옆 뉴 타운에는 바마코, 젠네, 가오로부터 오는 손님들을 싣고 내리는 터미널이 있다. 항시 북적대는 곳이며 그 골목 뒤편으로는 전통 공예품 시장이 자리하고 있어 좁은 골목 샛길도 인파로 들끓는다. 이곳이 바로 몹티의 허파와 같은 곳이다. 올드 타운으로 가는 삼거리와 항구를 끼고 있어 하루 종일 인파로 넘쳐나며, 끝없는 거래와 시비, 소통과 이동, 소란과 삶의 이야기가 넘쳐나는 몹티의 생생한 삶의 현장이다.

한낮의 태양이 따갑게 내리쬐는 오후. 독립 대로 강가에서 강 건너 마을로 연결하는 피로그에 몸을 싣는다. 늙은 사공이 노를 저으며 강을 가른다. 조용히 마음의 시름을 달래보는 바니 강가의 여유는 가장 원시적이어서 아름답다. 아스라이 펼쳐지는 누추한 강변 마을의 일상을 바라보자 가슴이 먹먹하다. 하지만 가장 아프리카다운 풍광은 오히려 온전한 기쁨과 원시의 자유, 진정한 쉼을 누리게 하니 참으로 아이러니한 일이 아닌가?

아이들은 삼삼오오 피로그 주변에 모여 물놀이를 하거나 염소를 몰고 뛰어 논다. 말 그대로 원시의 세계다. 아이들은 처음 보는 외국인에게 다가와 수줍은 듯 손을 잡고 악수를 청한다. 아이들과 함께 뛰어 놀며 바니 강가에서 묘한 평화를 느껴본다.

뉴 타운으로 다시 돌아오자 열 살쯤 된 아이들이 가이드를 자처하며 팔을 잡아끈다. 못 이기는 척 그 아이들과 올드 타운 구경에 나선다. 몹티를 빠져나와 남쪽 젠네로 향하는 길가에는 파란 수초가 넘실거리는 늪지가 광활하게 펼쳐져 있다. 늪지를 지나자마자 흙벽돌의 전통 가옥들이 바둑판 모양으로 형성된 올드 타운이 펼쳐진다. 올드 타운을 관통하는 독립 대로 양쪽으로 똑같이 생긴 주택들이 다닥다닥 붙어 토담집을 형성하고 있다.

타운 초입에는 그랜드 모스크가 근엄하게 마을을 지키고 서 있다. 비좁은 골목길 사이로 서민들의 일상을 마주하며 눈인사도 나눈다. 골목을 돌며 마주치는 아이들은 줄을 지어 따라 다니고, 여자아이는 수줍은 미소를 건네다가 대문 뒤로 몰래 숨곤 한다. 완전히 흙으로만 지어진 올드 타운은 몹티 주민들의 오랜 삶의 터전이며, 200년 역사를 이끌어 온 몹티의 숨은 원동력이다. 일상이 머물고, 사랑과 추억 또한 머무는 곳이다.

뉴 타운으로 돌아오는 길가의 장터는 그냥 지나칠 수 없다. 수박이며 멜론, 사과, 토마토 등 채소와 과일들이 수북하다. 큼지막한 수박을 하나 쪼개어 아이들과 나눈다. 500원짜리 수박 두 통이면 모두 행복하다. 숙소로 돌아가는 길엔 파파야와 멜론, 토마토와 오이를 한 봉지에 담아 들고 나선다. 탐험가 망고 파크가 이 지방을 여행한 지 200여 년, 세월은 유유히 흘러 문명은 변화했지만 도시의 모습과 전통은 옛날의 그것 그대로다.

뉴 타운 강가 주택 옥상에 올라본다. 니제르 강이 한눈에 내려다보이는 테라스에 앉아 강 건너 붉게 물들어 가는 노을을 바라본다. 여전히 선박들은 바니 강을 가르고, 상인들의 요란한 소리와 항구의 번잡한 일상들이 여행자의 가슴에 물들어 간다. 나룻배 위에서는 투망을 던지고, 물고기를 잡아 훈제구이를 하느라 강가를 따라 연기가 모락모락 피어오른다. 아프리카의 비루한 일상이 눈물처럼 번져 오는 곳, 고향의 아련한 추억처럼 마치 어린 시절 포근한 고향을 연상시키는 몹티는 아프리카의 속살처럼 보드랍다. 나그네 마음은 오래도록 흔들린다. 🌳

MALI

여행정보

✈ 찾아가는 길

몹티는 말리의 상업 중심지다. 인근의 젠네와 가오, 시카소, 통북투에서 수없이 버스들이 오고 간다. 바마코와 시카소로 가는 버스는 오전과 오후, 매일 두 편씩 있다. 바마코로부터 비행기도 있지만 일정을 확인해야 한다. 파리와 프랑크푸르트, 이스탄불, 리스본에서도 비행편이 있다. 바마코에서 하루나 이틀 시간을 보낸 뒤, 니제르 강을 타고 유람 여행을 해도 좋다. 시간이 여의치 않은 사람들은 버스를 타고 몹티로 향해보자.

📘 여행하기 가장 좋은 시기

아프리카 3대 대하 중의 하나인 니제르 강은 12월과 1월 사이에 수량이 많아 배로 여행하기에 적합한 시기다. 사막 한복판의 도시인 까닭에 강의 물줄기는 시시각각 변화한다. 5월과 6월은 한낮의 기온이 40도까지 오른다. 12월과 2월 사이가 쾌적하다. 7월과 8월은 우기라 비가 많이 오지만, 서늘하고 푸른 나무들이 눈을 즐겁게 한다.

서아프리카의 심장, 말리의 얼굴 젠네

기하학 무늬의 화려한 옷을 입고 입술에는 검은색을 바른 푸르베족 아낙네들의 천국.
니제르 강과 바니 강을 연락선으로 건너는 마차들의 행렬. 진흙을 이겨 만든 거대한 모스크의 출현.
말리의 심장 바마코에서도 북쪽으로 10시간 가까이 달려가야 하는 14세기 말리 왕국의
교역 중심지 젠네의 얼굴이다. 수백 년 토속적인 일상을 고스란히 간직한 말리의 보물,
젠네 장터의 진풍경은 경이로운 추억이 된다.

니제르 강에 부른 바람, 사하라의 오아시스

"나의 모든 음악은 니제르 강에서 나옵니다. 강의 정신 없이는 나는 벙어리에 귀머거리일 뿐이죠."

말리를 떠올리면 영혼을 뒤흔드는 멜로디가 자연스레 떠오른다. 아프리카 전통 음악과 미국 남부의 블루스를 가미한 아프리카 블루스 음악의 대가 알리 파르카 투레. 그는 자신이 창조한 말리 록으로 미국 그래미상을 두 번이나 수상하였고, 영국 BBC는 위대한 영혼과 관대한 영혼을 잃었다는 말로 그의 죽음을 애도했다.

그는 언제나 공연을 마치면 고향으로 돌아갔다. 고기를 잡고, 가축을 키우던 젠네와 통북투의 푸근한 품, 니제르 강이다. 바마코에서 니제르 강을 따라 북쪽으로 3일 정도 배를 타고 가다 보면 니제르 강변에는 인류 문화유산으로 명성이 자자한 거대한 모스크가 보인다. 젠네를 찾아가는 방법은 니제르 강을 따라 배를 타고

WEST AFRICA | 말리 · 젠네

오르거나 바마코, 몹티에서 버스를 타고 카르푸 젠네(젠네 삼거리)를 거쳐 들어가면 된다.

수도 바마코나 인근 수상 교통의 요충지 몹티에서도 직행으로 갈 수 있는 방법이 많지 않기에 모든 여행자는 카르푸 젠네를 거쳐 간다. 40년 가까이 된 뿌조 픽업트럭의 짐칸에 집채만 한 짐들을 쌓아 올린 후 손님들이 하나둘 탑승하기 시작한다. 비좁은 픽업트럭의 짐칸에 16명이 빈틈없이 끼어 앉았다. 드디어 출발이다. 젠네로 향하는 길은 멀고도 고단하였지만 아프리카의 심장, 말리에서 젠네를 보지 못하면 모든 것을 놓치는 것이나 다름없다.

젠네는 니제르 강과 그 지류인 바니 강 사이에 있는 모래톱 위에 세워진 도시다. 니제르 강의 수로 운반에 의해 몹티와 함께 교역도시로 번성해 왔다. 북쪽 통북투가 사하라 사막의 횡단 교역도시였다면 남부 사바나, 열대 우림 지역 농경민들의 농산물 교역지로 번영해 온 곳이 젠네다. 바니 강을 따라 배들이 오르내리는 젠네를 더욱 유명하게 만든 것은 소금과 금의 교역 때문이다.

14세기 말리 왕국의 만사 부사 대왕시대, 소금과 금의 교역으로 전성기를 누리던 이후 이제는 매주 먼데이 마켓이 열리고 있다. 젠네의 온 동네와 그랜드 모스크 광장 앞은 말리 서민들의 소통과 축제의 장소로 변모했다. 평일과 월요일의 풍경은 천지 차이다. 한산하던 그랜드 모스크 앞 너른 광장은 일요일 오후부터 주변 각지에서 찾아 든 상인들의 출현으로 텐트를 치거나 좌판을 펼치면서 정겨운 시골 장터 분위기로 활기차다.

월요일 이른 아침, 떠들썩한 그랜드 모스크 앞은 온통 화려한 옷으로 단장한 부인들의 정겨운 수다로 시작된다. 마치 동네잔치를 벌이기라도 하는 양 온갖 먹거리를 머리에 이거나 등에 지고 나온다. 팔 물건들을 늘어놓고는 어깨를 기대고 등을 맞대어 앉아 웃음꽃을 피우는 장소가 된다. 엄마의 등에 업혀 곤히 잠든 아기는 장터의 소음을 자장가 삼아 쌔근거린다.

기둥을 세우고, 천막을 치면서 하나둘 자리를 잡아간다. 버스와 트럭, 마차나 당나귀 같은 온갖 운송 수단을 이용하여 당도한 물건들은 좌판 위로 펼쳐진다. 옷가지, 신발, 비누, 견과류, 수탉, 오렌지, 도자기, 생선, 조미료, 채소 등 일상에 필요한 모든 것이 총집결한다. 마을의 배고픈 아이들은 장터 골목길을 기웃거리며 손을 내밀기도 하고, 아낙네들은 자신의 자식들인 양 동전 한 닢과 쌓아둔 음식들을 선뜻 집어주기도 한다.

그랜드 모스크 앞 상점의 간이 의자에 앉아 물끄러미 장터를 바라본다. 삼각형의 독특한 고깔모자를 쓴 채 오가는 사람들의 모습에 호기심이 인다. 그들은 다름 아닌 플라니족이다. 여행자의 시선을 끄는 그들은 프티 마셰(Petit Marche)를 지나 상코레 부둣가(Port Sankore)로 가는 삼거리 광장에서 나귀와 염소를 거래하느라 여념이 없다. 가축을 거래하는 플라니족의 무리들이 진지하게 흥정을 하거나 무리 지어 담소를 나누는 장면은 젠네 장터에서도 무척 흥미로운 풍경이다.

통북투 혹은 가오에서도 가축 거래를 위해 먼 길을 달려 온 투아레그족이나 암염과 담배, 피혁 제품 등을 팔기 위해 떠돌아다니는 쥬라족 등도 만나게 된다. 통북투의 생활필수품 공급지인 젠네에서는 바마코, 시카소 등 남부 도시에서 공급되는 일상 잡화를 구입하고, 북부 사하라에서 유입되어 온 암염이나 피혁 제품 등을 거래하기도 한다. 귓속말로 거래를 하거나 어

깨에 손을 올리곤 다정하게 협상을 하는 풍경. 그 진귀한 표정들을 살펴보는 일은 젠네의 특별한 선물이다.

젠네는 도시가 그다지 크지 않기 때문에 강을 끼고 한 바퀴 둘러보거나 배를 타고 이웃 마을 월링가라나 느네소루의 플라 빌리지로 반나절 여정을 떠나기도 한다. 또한 마차를 타고 보조(Bozo) 마을로 떠나기도 한다. 여인네들의 독특한 아름다움이 인상적이며 낭만적인 마을이다. 좁고 단조로운 젠네에서 벗어나 드넓은 초원을 만끽하고 전통 빌리지 풍경을 접하고 싶다면 보조 마을로의 추억여행이 제격이다.

마차를 타고 젠네를 벗어나 보조 마을로 향한다. 흙먼지 폴폴 날리기도 하고 달그락거리는 마차 소리가 시끄럽기도 하지만 40여 분을 달리는 사이 불편한 엉덩이와 소음은 곧 익숙해지게 된다. 바니 강의 다리를 건너 끝없이 펼쳐진 시리무(Sirimou) 들판을 지나 피로그를 타고 강을 건너면 그제야 보조 마을에 들어선다. 호기심 가득한 아이들과 아낙네들의 미소가 여행자를 반긴다.

강을 건너면서 멀리 아이들의 재잘거리는 소리에 마음이 들뜨기 시작한다. 비탈진 흙 둔덕을 올라 마을 골목길로 들어선다. 흙으로 지어진 집들이지만 열기와 한기를 막아내기에 충분하다. 문도 없는 흙집에서 아이를 안고 나온 아낙네는 반가운 미소를 건넨다. 흙장난과 물장난으로 얼굴이 온통 하얗게 변해버린 아이들은 하얀 이를 드러내며 낯선 이방인을 반긴다. 강가에서 아낙네들의 빨래하는 모습과 밥 짓는 일상이 그림처럼 펼쳐지고, 나룻배는 유유히 강둑을 오가며 멈추어 버린 세월을 노래하고 있다.

마차를 타고 젠네로 돌아간다. 들녘에서 풀을 베어 마을로 돌아오는 마차들의 행렬과 소몰이꾼의 평화로운 귀가, 뽀얀 흙먼지 일으키는 나귀들의 행렬이 아득하다. 붉은 노을은 서쪽 하늘에 기울어지고 마차가 젠네 구시가지로 접어들면 소란스러움과 함께 젠네에도 어둠이 찾아온다. 신비로운 섬. 수천 년 전설 같은 도시를 떠나는 마차들의 이동이 시작되면서 젠네의 축제는 다음 월요일을 기약하며 고요 속으로 사라진다. 🌳

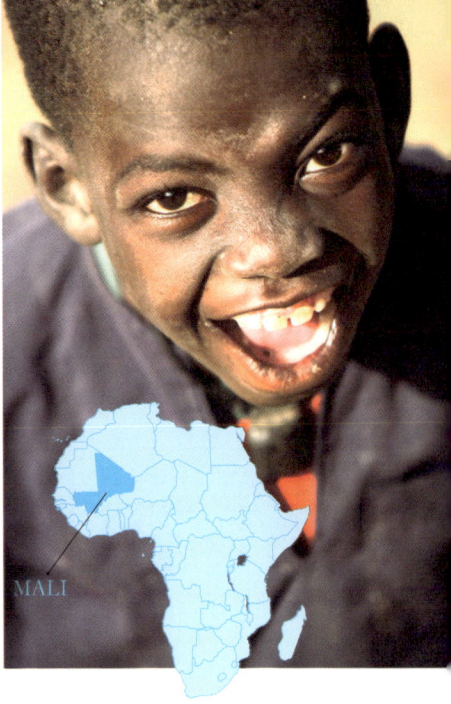

여행정보

✈ 찾아가는 길

말리는 서아프리카 내륙 국가이므로 접근이 쉽지 않다. 세네갈 다카르나 코트디부아르 아비장으로 입국한 후 버스를 타고 바마코로 이동해야 한다. 터키항공으로 이스탄불을 거쳐 다카르, 누악쇼트, 아비장으로 쉽게 접근할 수 있다. 바마코에서 젠네로 직행하는 버스는 많지 않다. 우선 바마코에서 몹티로 간 다음 몹티, 반디아가라를 다녀온 후 젠네를 둘러보고, 바마코로 나오기도 한다. 적당한 가격대의 숙소가 많으니 잠자리 걱정은 없다. 먼데이 마켓을 놓치지 말자. 토요일이나 일요일에 도착할 수 있도록 여정을 꼭 조정하자. 일요일이면 먼데이 마켓을 준비하기 위해 다양한 상품을 싣고 강을 건너오는 마차들의 진풍경이 볼거리다.

📖 여행하기 가장 좋은 시기

아프리카 3대 대하 중의 하나인 니제르 강은 12월과 1월 사이에 수량이 많아 배로 여행하기에 적합하다. 사막 한복판의 도시인 까닭에 강의 물줄기는 시시각각 변화한다. 5월과 6월은 한낮의 기온이 40도까지 오른다. 12월과 2월 사이가 쾌적하며, 7월과 8월은 우기라 비가 많이 오지만 서늘하고 푸른 나무들이 눈을 즐겁게 한다. 나름 쾌적한 여행은 12월과 1월 혹은 7월과 8월에 할 수 있다.

4TH MALI
BANDIAGARA

리프트 밸리의 전설,
수천 년 도곤 신화의 땅

고요와 신화가 숨 쉬는 곳, 말리 공화국 남동부 부르키나파소와 국경을 접하는 암석 지대에
원시의 모습으로 존재하는 사람들의 땅이 있다. 풍부한 가면 의례와 세련된
신화 체계를 갖추고 있는 도곤족의 전설이 미스터리로 존재한다. 조상을 부르고,
조상과 소통하는 일. 도곤족의 열정과 신화를 느낄 수 있는 종교와 전설, 신비의 세계로 찾아 간다.

도곤족의 신화가 깃든, 영원한 생명의 땅

　반디아가라로 향하는 길은 멀고 험난하다. 풀 한 포기 보기 힘든 열사의 대지, 황토 흙먼지 일렁거리는 뜨거운 사막을 한나절은 걸어야 도달하게 되는 곳. 암갈색의 거대한 암석의 대지가 광활하게 펼쳐지는 반디아가라. 숨 쉬기조차 고통스러운 대지의 그 너머엔 오랜 신화가 인간의 영혼을 부른다. 리프트 밸리의 거대한 암석지반 아래 은밀하게 숨겨진, 신화가 꿈틀거리는 장대한 도곤 밸리가 펼쳐진다.

　왜 도곤족들은 반디아가라 고원이라 불리는 암석 지대의 절벽에서 부락생활을 시작하게 된 것일까? 그것은 잦은 전쟁과 이슬람 세력의 종교 확장을 피하기 위해서였다고 알려진다. 거친 사막과 암반 절벽의 열악한 생활환경을 극복해낸 점은 그들 생활의 불편을 초래했지만 반대로 가면의 제도와 그들의 전통적인 종교 체계가 오늘날까지 전해지게 된 계기가 되었다. 인구 약 30만 명의 사람들은 가면 춤을 추면서 조상과의 유대를 이어가며 살고 있다.

　반디아가라로의 여정은 니제르 강가의 교역도시 몹티에서 출발한다. 여러 사람이 팀을 이루거나, 적어도

두 명 이상의 사람들이 움직여야 무사히 귀환할 수 있다. 길을 찾기도 힘들뿐더러, 절벽과 계곡, 사막과 원주민들의 삶의 터전은 모든 것이 낯설고 치명적인 불편이 도사리고 있기 때문이다. 가장 일반적인 경로는 지키 봄보를 경유하여 리프트 밸리로 내려가서 카니콤보레, 엔디, 디엘리, 상가 등 도곤족의 주요 부락으로 접근하는 것이다.

가장 가까운 대도시인 몹티에서 승합 택시가 출발하며, 트럭을 히치하이크하여 반디아가라로 가기도 한다. 몹티에서 반디아가라로 가는 차량은 매일 출발하지만, 반디아가라에서 도곤족 부락이 존재하는 도곤 밸리까지는 사륜 구동 차량이나, 오토바이를 렌트하여 반나절을 달려야 한다. 차량 섭외가 난항에 부딪히면 손능궤(Soningue) 마을을 거쳐 거칠고 황량한 사막의 대지를 걷고 또 걸어가야 하는 불운과 마주하기도 한다.

이른 새벽, 몹티를 출발하여 오전 9시경 반디아가라 마을 광장에 도착했다. 도곤족 부락으로 가는 택시 혹은 사륜 구동 차량을 수배하는 일은 생각보다 쉽지 않았다. 1시간가량 이어진 차량 섭외를 포기하고, 독일

인 Franz와 반디아가라 방향을 향해 걷기 시작했다. 한참을 걷다 보니 사륜 구동 지프가 우리 곁에 정차한다. 도곤족 원주민이 고향 부락인 손능꿰로 간다기에 우리는 차량 짐칸에 동승하여 반디아가라 대장정에 올랐다.

반디아가라에서 가장 가까운 최초의 마을은 지키봄보와 손능꿰다. 지키봄보는 그나마 도로가 잘 연결되어 있어 접근이 용이하지만, 손능꿰는 도로도 없는 암석 대지를 오로지 사륜 구동 차량에 의지한 채 비틀거리며 몇 시간을 달려야 한다. 드디어 부락의 아이들이 보이기 시작하면서 반디아가라 최초의 원주민 부락인 도곤족과의 만남이 시작되었다.

돌과 흙으로 지은 집에서 수수, 쌀, 양파, 채소를 키우며 자급자족하는 농경민과 첫인사를 나눈다. 텃밭에서 가꾼 채소들을 물물교환하여 생을 이어가고 있는 손능꿰 마을에서 부락 어른들과 차를 마시고, 어린 아이들과 눈인사를 나눈다. 마을 산책을 한 후 아이들과 축구를 했다. 그 사이 생닭을 잡아 점심식사까지 대접해 준다. 식사를 마친 후 드디어 리프트 밸리 아래의 원시의 땅, 도곤족 절벽 생활을 접해 볼 수 있는 엔디로 향한다.

거대한 리프트 밸리의 계곡을 따라 내려간다. 길을 잃을 염려 때문에 마을 청년을 가이드로 앞세워 엔디를 향해 걷고 또 걸었다. 마른 사막 위로 마주치는 나무 한 그루, 풀 한 포기와 대화하며 끝없는 리프트 밸리 고원지대를 걷는다. 거대한 낭떠러지가 보이기 시작하면서 암석 계곡을 따라 내려간다. 멀리 도곤족 부락이 보이기 시작하자 가슴도 뛴다.

프랑스의 민속학자 마르셀 그리올은 1931년 도곤족 땅을 방문한 이래 죽을 때까지 도곤족 사회와 종교 생활을 연구하였고, 그의 제자 디테르랑 여사도 80세가 넘어서까지 이 땅을 방문했다고 한다. 신비한 삶 이면에 그 무엇이 그들을 매료시킨 것일까? 그것은 바로 도곤족의 신화가 숨겨 있는 열정의 춤과 다양한 의례가 아니었을까? 건조기가 끝나갈 무렵 4월부터 6월에 걸쳐 도곤족 각 부락에 가면 40도가 넘는 무더위 속에 펼쳐지는 마을 전통 의례를 지켜볼 수 있다.

WEST AFRICA | 말리 · 반디아가라

도곤족의 가면을 보면 동물을 나타내는 것을 알 수 있다. 사슴, 원숭이, 토끼, 코끼리, 당나귀, 사자, 치타 등이 있으며 황새, 오리, 닭 등의 가축을 나타내는 가면도 존재한다. 붉은 허리 도롱이를 멘 춤꾼들은 죽은 자를 위로하고 기리기 위해 만든 가면을 쓴 채 죽은 자와의 소통을 꿈꾸며 자신을 잊은 채 열정의 춤을 춘다. 가면을 쓴 무용수는 상체를 크게 흔들거나 가면을 지면에 세차게 비벼대며 흙먼지를 일으킨다. 땀이 흥건해질 정도로 세차게 영혼의 춤을 춘다.

리프트 밸리 절벽의 원주민 주택에서 대지를 내려다보면 도곤족 부락은 다양한 형태의 집들로 구성되어 있다. 장로의 집, 대장장이의 집, 남자 성기를 상징하는 모양의 부락 제단, 8개의 기둥으로 건조된 집회소와 신전, 밭 등 신화를 바탕으로 부락이 배치되어 있다. 주택 암벽에는 부락을 상징하는 징표인 뱀, 도마뱀 등을 비롯한 독특한 문양이 치장되어 있다. 절벽에 동굴을 파고 생활하던 도곤족은 최근 불편을 이유로 절벽을 등지고 평지로 내려와 마을을 이루며 살아가고 있다.

마을 중심에는 어김없이 우물이 존재하며, 물을 길어가는 아낙네와 여자 아이들의 일손이 분주하다. 마차를 모는 일은 남자 아이들의 차지다. 마을 중심의 모스크를 배경으로 아이들은 우마차나 당나귀 수레를 끌고 집으로 향한다. 바오밥나무 그늘 아래로 아낙네들은 밭일을 하고, 남자들은 모스크 주변에 모여 앉아 담소를 나누거나 모스크에 모여 기도를 올린다. 아이들은 온 마을을 헤집고 다니는 낯선 여행자를 따라 다니며 호기심 그득한 눈빛을 반짝인다.

깎아지른 듯 끝없이 이어진 반디아가라 절벽 아래 신화를 품고, 자신들만의 전통을 이어가며 살아가는 도곤족 사람들. 수도 바마코에서도 거리가 먼 현대 문명과 격리되어 생을 이어가는 사람들의 터전이 여전히 지구상에 존재한다. 반디아가라는 신화와 정령을 숭배하는 말리 토속신앙의 중심지이며, 자신들의 정체성을 고스란히 지켜내며 현세의 삶을 거부하는 신화적인 존재들이 고요히 숨 쉬는 영혼의 대지다. 🌳

여행정보

✈ 찾아가는 길

반디아가라로 가는 길은 멀고 험난하다. 터키항공을 이용하여 이스탄불에서 세네갈 다카르나, 부르키나파소의 와가두구로 입국하고, 바마코를 거쳐 반디아가라로 들어가야 한다. 말리의 수도 바마코에서도 바로 가는 방법은 없다. 북부 도시 젠네나 몹티를 거쳐 반디아가라로 갈 수 있다. 몹티에서 매일 두 차례 승합 택시가 출발한다. 요금은 1인당 2,000세파프랑. 반드시 가이드와 동행하거나 경찰에 신고를 해야 하는 불편이 있다. 반디아가라에서 사륜 구동 차량으로 2박 3일의 일정으로 움직이면, 200유로 안팎의 비용이 소요된다. 비용이 부담스럽다면 현지 택시를 이용할 수 있고, 무더위의 고통을 감내할 용기가 있다면 히치하이킹, 도보 여행도 가능하다.

📖 여행하기 가장 좋은 시기

반디아가라를 여행하기에 가장 좋은 계절은 딱히 없다. 일 년 내내 무덥기로 소문난 암반지구의 리프트 밸리 지역이어서 한낮의 기온은 40도에 육박한다. 그나마 12월과 1월이 무더위를 피할 수 있는 시기다. 무거운 짐은 가급적 몹티의 호텔에 맡기고 길을 떠나자. 며칠 마실 생수를 꼭 챙기고, 가벼운 복장으로 여행에 임하는 것이 반디아가라 여정의 필수 기억 사항이다.

5TH COTE D'IVOIRE
ABIDJAN

아프리카의 파리,
에브리 라군 위로 부는 역동적인 바람

기니 만에 부는 바람, 그랑바쌈에 몰아치는 파도는 아비장의 축복이다.
바다와 열대 정글을 헤치고 다가서면 뱀처럼 구불구불 이어진 평화로운 라군 한가운데 그림처럼 떠오르는
마천루의 도시가 있다. 호수 같은 라군 위로 물살을 가르며 플라토 지구로 향하노라면 여기가
아프리카인가 라는 의구심에 고개를 든다. 아비장은 서아프리카의 파리이자, 기니 만의 심장이다.

다이내믹하고 낭만적인 희망의 도시, 아비장

 아프리카지만 아프리카의 흔적을 털어낸 곳. 아비장의 첫인상은 아프리카의 혼을 품고 세계를 꿈꾸는 도시였다. 무역과 비즈니스의 중심이 되고, 문화와 경제의 파라다이스를 꿈꾸는 곳. 가난과 무질서, 무더위와 혼란이 도시 전체에 넘쳐 나지만 그들은 오직 내일의 풍요를 꿈꾸고 있다. 그렇게 포기하지 않으며 미래를 향해 전진하고 있는 것이다. 아비장은 아프리카의 자존심이며, 코트디부아르의 살아 있는 혼이다.

 시원하게 뻗은 도로, 현대식 빌딩들이 줄지어 서 있는 플라토 지구를 미끄러지듯 달려간다. 서구화된 도시 모습에 당혹감을 감출 수 없다. 플라토 지구를 중심으로 우측에 고급 주택가인 코코디, 도심을 관통하는 대교를 미끄러져 라군을

건너면 남쪽에는 서민들의 생활터전 트레시빌 지구다. 플라토, 코코디, 트레시빌. 도심 3각을 이루는 세 타운 어느 곳에서나 시원한 수원 에브리 라군이 접해 있어 상쾌하고 시원한 느낌이 든다.

처음 도시에 도착하면 지나치게 현대화된 모습에 당황스럽지만 차츰 적응이 된다. 이브와르의 기적을 일구어낸 아비장의 비약적인 발전과 정돈된 모습도 편안하게 느껴진다. 아프리카에서 주로 겪게 되는 교통과 숙박, 도로나 편의시설 등의 문제도 찾아볼 수 없어 여행자는 이곳 아비장을 베이스캠프로 삼는 경우가 많다. 가나, 토고, 베넹, 말리, 세네갈 등 인접국으로의 여정에 용기를 얻게 될 것이다.

코트디부아르의 수도 아비장은 인구 250만의 대도시로 서아프리카에서는 세네갈의 수도 다카르와 어깨

WEST AFRICA | 코트디부아르 · 아비장

를 나란히 겨룰 정도로 정치·경제적으로 안정되고, 현대화된 도시 면모를 자랑한다. 물론 선진국과 비교하면 여전히 열악한 환경이지만 자연환경, 국민소득, 치안, 문맹률을 고려하면 아비장은 가히 서아프리카의 허브답게 유연하고 다이내믹하다. 서아프리카의 항공 허브로서 비즈니스와 관광의 경쟁력은 주변국에 비해 월등하다.

　북쪽 말리나 서쪽 기니, 라이베리아 등지에서 접근하면 아비장 북쪽의 수도 야무스쿠로를 거쳐 남하한다. 그리고 북쪽 상업 지구 야자메를 거쳐 플라토 지구로 접근하게 된다. 여행자에게 관심의 대상이 되는 지역은 플라토, 야자메, 트레시빌 정도로 이곳에 숙소를 정하면 된다. 반면 비행기로 입국하여 도심으로 접근하게 되면, 마코리(Marcory)와 트레시빌을 지나 플라토 지구로 접어들게 되므로 트레시빌과 코코디 지역에 베이스캠프를 마련하는 게 좋다.

　여행의 출발점은 단연 플라토 지구다. 에브리 라군 위로 야트막한 구릉을 형성한 언덕 위에 정부 청사, 호텔, 대사관 등 주요 관공서들이 포진하고 있으며 은행, 시장, 성당, 스타디움 등 도심 주요시설이 집중되어 있다. 노보텔, 그랜드 호텔 등 주요 호텔은 물론, 역과 페리 터미널 등이 호수 주변으로 안정감 있게 자리하고 있어 접근도 용이하다.

　오렌지 택시를 주로 이용하게 되지만 도심에 적응하게 되면 고정 요금의 저렴한 블루 택시도 이용하게 된다. 남쪽 트레시빌에서 이동하면 트레시빌 시장 북단, 선착장에서 정기 연락선을 타고 플라토 지구로 향하기도 한다. 플라토와 트레시빌 지구를 연결하는 두 개의 다리가 있어 사람들은 대부분 자동차로 쉼 없이 두 구역을 오고 간다. 하지만 유람선으로 두 거점을 오고 가면서 아비장의 허파와도 같은 라군을 감상하며 도심으로 접근하는 기분도 상쾌하다.

　플라토의 중심축인 공화국 대로로 접근하는 부아니(Boigny) 다리는 아비장의 대동맥이다. 플라토 남단, 다리 아래의 연락선 선착장으로 배들이 쉼 없이 오고 간다. 버스 터미널에서는 도심 사방의 행선지로 버스가 출발한다. 역을 중심으로 북쪽의 완만한 언덕을 오르면서 주요 건물들이 도심의 주요 지역을 장악하고 있다. 그랜드 모스크와 은행, 주요 국가들의 대사관, 시장이 자리하고 있어 플라토 지구의 역동성을 느낄 수 있다.

서아프리카의 중심 도시답게 최신 유행하는 삼성, LG 등의 스마트 폰과 전자제품 매장들이 주요 건물의 요지를 독점하고 있다. 골목을 돌면 오랜 관청가 주변으로 최신 건물들이 들어서면서 국제도시 냄새도 풍겨난다. 플라토 지구의 도심을 천천히 둘러보고 나면 택시를 타고 플라토 동쪽 스타디움을 지나 제너럴 드 골(General de Gaulle) 다리를 건너 남쪽으로 달린다. 라군의 평화로운 풍경과 함께 현대식 빌딩들이 줄지어 들어선 플라토 지구의 매력이 낭만적이다.

고급 주택가 지구인 코코디(Cocody) 지구로 건너가면 라군 너머 보이는 아비장이 파노라마로 펼쳐진다. 코트디부아르 최고의 호텔, 이부아르 호텔의 전망대나 카페 라운지에서 바라보는 플라토의 조망은 압권이다. 도심 골목길의 다운타운은 숨이 막히고 혼란스럽기도 하지만 도시를 조망할 수 있는 코코디는 치유의 동산이다. 라군을 바라보며 고고하게 서 있는 호텔 이부아르의 존재감은 그 자체로 휴식이다.

소박한 서민들의 일상이 펼쳐지는 트레시빌 지구는 고단하지만 열심히 살아가는 서민 노동자들의 삶을 마주할 수 있고, 플라토 지구에선 느껴 볼 수 없는 인간적인 면모와 가난한 시민들의 일상이 적나라하게 드러나는 곳이다. 더불어 북쪽 서민들의 삶의 터전이자 최대 장터인 야자메 시장은 말리, 기니, 부르키나파소 등지에서도 물건을 구입하러 오는 국제 상인들이 넘쳐나 인산인해를 이룬다. 아비장 최대이자 서아프리카 최대의 도매시장으로 그 규모와 열기를 실감하게 된다.

트레시빌 지구의 시장은 해산물, 육류, 채소, 의류 등 일상생활의 필요를 충족시켜준다. 반면 야자메 지구의 시장은 생필품 도매 시장 혹은 국제 시장으로서의 기능이 짙어 중국, 유럽으로부터 의류, 액세서리, 완구, 전자제품 등의 수입품이 대부분을 차지하여 두 시장의 기능이 뚜렷이 구분된다. 커피, 코코

아 등 주요 수출품으로 고도의 경제 성장을 이룬 코트디부아르는 현재 항구 아비장을 통하여 중국 저가 상품의 중간 기착지로 아프리카 내륙 국가의 물류 중심지가 되고 있다.

평화로운 도시 기능보다 국제도시, 상업 중심지로서의 기능이 강한 도시 아비장. 과거 아비장으로 수도를 옮기기 전 최초의 수도였던 그랑바삼은 시원한 바다를 배경으로 한 전통의 힐링 타운이다. 아비장에서 45km 거리에 위치한 휴양지 그랑바삼은 기니 만의 하얀 물거품이 일렁이는 바다를 배경으로 오랜 고도의 흔적이 낭만적이다. 도심의 피로를 바다의 너른 품에서 잠재워도 좋다.

폭풍 같은 바다의 기운이 천지를 뒤덮는 그랑바삼에서 서아프리카의 지친 여독을 풀어본다. 사막, 끝없는 평원, 열대 정글과 폭염이 위협하는 코트디부아르에서 그랑바삼은 마치 안식처와도 같다. 아프리카의 파리라 불리는 아비장은 이부아르의 기적, 아프리카의 맥박으로 세계인을 부르고, 세계로 향하여 뜨겁게 전진하고 있다. 🌳

여행정보

✈ 찾아가는 길

아비장은 서아프리카의 주요 경제도시로, 유럽, 미국, 중동에서 다수의 항공편이 빈번하게 접근한다. 특히 파리와 이스탄불, 두바이에서는 매일 비행기가 도착하며, 인근의 서아프리카 말리, 세네갈, 기니, 가나 등지로도 항공편수가 많다. 육로로 접근하면 말리의 수도, 바마코와 동남부 도시, 시카소에서 버스를 타고 15시간 정도 소요된다. 부르키나파소의 와가두구와 라이베리아의 몬로비아, 가나의 아크라 등지에서도 국제버스가 매일 한 편 이상 운행 중이다.

📷 아비장 근교 여행

아비장 근교의 방코크 숲과 중부 지방의 자연 동물보호구역도 찾아가 볼 만하다. 남쪽 기니 만의 그랑바삼에선 드넓은 비치와 최초의 수도였던 도시의 전통과 역사의 흔적을 만나게 된다. 1박 2일 일정으로 수도 야무스쿠로나, 혹은 제2의 도시 브와케로 2박 3일 여정의 나들이도 추천할 만하다.

5TH CÔTE D'IVOIRE GRAND-BASSAM

기니 만에 부는 바람, 슬픈 역사의 현장

바다는 언제나 그리움이다. 아프리카에서 바다는 영혼의 위로, 회복의 공간 같은 곳이다. 자유를 갈망하던 노예들의 애환과 대륙을 꿈꾸던 슬픈 영혼들의 노래가 들려오는 듯하다. 희망의 세상을 갈망하던 곳, 더 나은 세상을 꿈꾸던 터전, 그랑바삼. 거대한 해일이 일고, 파도 일렁이는 슬프고도 애절한 풍경. 그 바다에 서면 치유를 얻을 것이다.

WEST AFRICA | 코트디부아르 · 그랑바삼

아비장의 숨은 그림자, 그랑바삼

말리, 기니, 라이베리아, 부르키나파소 그리고 가나. 5개국에 걸쳐 국경을 접하고 있는 코트디부아르. 이 작지만 신비로 가득한 나라는 거대한 열대 정글과 바다, 사막을 품고 있다. 비밀스럽게 다가오는 이 나라는 동서남북 거의 사각형에 가까운 형체를 지니고 있다. 북쪽 말리 최 남단 도시 시카소에서 코트디부아르 종단버스를 타고 이틀을 달려오면 만나게 되는 기니 만의 해안도시가 그랑바삼이다.

아프리카에서 바다는 의미가 남다르다. 양식을 얻는 생명의 터전을 넘어, 코트디부아르 국민들에게 그랑바삼의 바다는 역사이며 슬픔이었고, 도전이며 아픔이었다. 16세기에 시작된 노예 무역시대로부터 19세기 프랑스 군인들의 남하로 프랑스령 서아프리카 연방에 편입되기까지 프랑스 식민 경영과 열대산 물자 수송의 창구 역할을 하던 그랑바삼. 한때 이곳은 거대한 배들이 드나들었고 일국의 수도로 번영한 흔적이 곳곳에 남아 있다.

길가에 늘어선 공예품 상점, 해안가 빌라, 자동차 정비소들, 아프리카 어디에서나 마주할 법한 소란하고 엉성한 미드타운의 풍경이 가로수 나무 그늘 아래 펼쳐진다. 바다를 만나기 전, 어떤 풍경이 펼쳐질지 누구도 상상할 수 없는 곳. 그러나 뉴 타운 중심 사거리를 지나 에브리에 라군 위 좁은 다리를 넘자마자 시장 좌판으로 소란스럽고 해안가 특유의 부산한 느낌이 생생하다. 라군을 지나자 거대한 해무가 밀려오고, 대서양 푸른 바다가 나그네를 반긴다.

갤러리, 레스토랑은 물론, 바닷가에서 볼 수 있는 리조트의 비치파라솔까지 익숙한 풍경들이 시야에 들어온다. 여행자의 발걸음은 모두 푸른 바다로 향한다. 특히 대륙을 가로질러 아비장을 향해 달려 온 여행자라면, 그랑바삼, 기니 만의 푸른 바다는 경이로움의 대상이며 꿈의 공간일 것이다. 언제나 바다가 그리운 것은 일렁이는 파도, 시원한 바람, 드넓은 백사장, 그 너머로 아스라이 느껴지는 삶의 희망 때문은 아닐까?

바다는 여행자에게 가슴 설레는 희망이다. 모래 위로 찰랑이는 금빛 물결, 일렁이는 파도, 하얗게 피어오르는 바다의 포말. 그 바다 끝자락에 이어진 백사장 위로 꼬마 아이들의 사랑스럽고 장난스러운 몸짓이 여행자를 위로한다. 바다와 대화하며 파도와 친구 되어 노는 아이들의 동심, 연인들의 속삭임, 이 모든 풍경들이 어우러져 그랑바삼은 자유와 회복의 공간이 된다.

그랑바삼은 코트디부아르 국민들에게 마음의 고향이다. 시름을 달랠 수 있는 피안이며 바다를 거니는 것 자체로 치유가 되는 공간이다. 연인들에겐 사랑과 희망의 바다, 소년과 소녀들에겐 꿈의 바다, 여행자에겐 친구의 어깨와 같은 휴식의 바다가 되어준다. 아비장에서 차를 타고 40분 정도 걸리기 때문에 주말 여행지로 손색없는 그랑바삼. 여행자라면 누구나 이곳의 바다를 바라보며 길고 긴 여정의 고단한 피로를 치유하고 새 힘을 얻을 수 있을 것이다.

1893년으로 거슬러 올라 프렌치 콜로니얼 시절. 일국의 수도를 자처하며 그 명성을 쌓아가던 시절에는 심각한 황열병이 발생하여 프랑스 사람들은 그 전의 수도였던 빈저빌(Bingerville)로 이주했고, 이 작고 소담

한 마을은 폐허로 변하기 시작했다. 수도를 아비장으로 옮긴 후, 그랑바삼은 옛 도시의 추억만을 간직한 소도시로 전락하고 말았다. 그러나 옛 건물들의 잔재들이 오래도록 잘 보존된 덕에 지금은 휴양도시로 변모하고 있다.

트리체 라플린 대로(Treich Laplene Blvd.), 그랑바삼 바다를 마주하는 하얀 모래톱 위의 주요 도로이다. 호텔과 리조트, 개인 저택과 주요 관공서들이 늘어서 있는 그랑바삼의 얼굴들. 역사적인 건물들과 잘 어우러진 호텔들, 새로이 들어선 리조트들이 그랑바삼의 분위기를 밝고 경쾌하게 변모시켜 놓았다. 아프리카 전통 풍경과 어울리는 독특한 공간을 꿈꿀 수는 없지만 기니 만을 지켜가는 그랑바삼의 호쾌한 바다는 그 자체로 황홀하다.

야자수 드리워진 하얀 모래사장에 앉아 먼 바다를 바라본다. 아프리카에서 휴식은 따로 없다. 자연을 마주하고 자연의 소리에 귀 기울이는 일. 사람들과 눈인사를 나누고, 흑인들의 삶을 따스한 시선으로 바라보는 일, 그것으로도 충분히 힐링이 된다. 그리고 그들과 마음으로 친구가 되어 가는 일은 행복의 순간이다. 하얀 포말에 시름을 달래보고, 드넓게 펼쳐진 푸른 바다를 바라보며 삶의 고단한 어깨를 내려놓는다.

시원하게 이어진 야자수 아래로 하얀 백사장이 끝도 없다. 기니 만을 뒤덮던 두터운 해무와 해안가의 고즈넉한 풍경이 그리워진다. 바다의 거친 숨소리는 자유를 찾아온 자에게 휴식을 허락하는 위로의 음성과도 같던 곳. 출렁이는 바다, 포근하게 감싸 안아 주는 파도의 보드라운 촉감은 그랑바삼의 선물이다.

아프리카의 위로는 바다에 있었다. 슬픔도 위로하고, 일상의 아픔도 치유한다. 서아프리카 여행의 끝은 그랑바삼이다. 포근한 안식, 영혼에 전해오는 위로가 바로 그것이다. 바다가 전하는 무언의 위로에 마음이 평온하다. 대양의 시작이자, 육지의 끝. 역사의 출발점이자 변화의 시작이었다. 언제나 다가와 노래 불러도 시름을 달래줄 것 같은 포근한 곳, 뜨거운 자유가 시작되는 그곳, 코트디부아르의 평화로운 얼굴 그랑바삼이다. 🌳

여행정보

✈ **찾아가는 길**

그랑바삼의 여정은 서아프리카의 근대도시, 아비장에서 시작된다. 마천루들이 즐비한 플라토 지구를 달리는 고속도로를 빠져나와 도시를 관통하는 대교를 건너 남단 서민들의 터전 트레쉬빌에 도착하면 그랑바삼으로 가는 다양한 교통편이 존재한다. 10여 명이 함께 타는 승합 택시를 타고 기니 만과 에브리에 라군에 걸쳐 있는 앙시앙바삼(Ancien Bassam)으로 향한다. 야자수 늘어선 기니 만 내륙의 해안가를 40여 분 달리면 멀리 하얀 포말 일렁이는 그랑바삼의 힘찬 파도 소리와 마주한다. 시내의 호텔이나 해안가의 리조트에 머물면서 자연과 친교의 시간을 나누는 것도 의미 있을 것이다.

EAST AFRICA

ETHIOPIA
ADDIS ABABA
IRGACHEFE

SUDAN
KHARTOUM
WHITE NILE

KENYA
AMBOSELI
NAIROBI
SAFARI PARK

TANZANIA
NGORONGORO
ARUSHA
MWANZA
TARANGIRE NATIONAL PARK

UGANDA
KAMPALA
JINJA
ENTEBBE

6TH ETHIOPIA
ADDIS ABABA

아프리카의 혼,
에티오피아의 꽃

바람도 머뭇거리는 웅대한 초록의 대지, 천국의 땅 에티오피아의 관문이다.
아디스아바바는 옛 모습을 그대로 간직하고 있는 도시다. 그들의 표정 속엔 진실한 아름다움이
스며들어 있고, 겸허하고 절제된 인내심은 그들의 국민성이다.
초록의 숲으로 무성한 자연과 오랜 전통으로 변함없는 수도 아디스아바바.
그곳은 에티오피아의 영원한 심장이며 꽃이다.

고원 위의 도시, 새로운 꽃 아디스아바바

촉촉한 기운이 넘실거리는 자연의 천국, 하늘에서 바라본 아디스아바바는 푸르름의 천국이다. 야트막한 구릉과 산림으로 무성한 초록의 파라다이스. 그러나 공항을 빠져나오자 천국의 이미지와는 달리 여느 아프리카와 다를 것 없이 빈국의 면모를 드러내고 있었다. 축복 받은 자연의 땅이지만 가난은 풀어가야 할 숙제다.

수도 아디스아바바는 적도에 가까운 편이며 고원에 있어 기후가 쾌적하다. 4~5월의 아디스아바바는 여전히 선선하다. 해발고도가 2,400m나 되어 공기가 희박하기 때문에 외국인은 고산병(高山病)에 걸리기 쉬우며 천천히 적응해야 한다. 공항을 나와 시내 중심가로 이어지는 아프리카 애비뉴(Africa Ave.)는 외국인들을 맞는 첫 얼굴인 까닭에 밝고 활기차며 잘 정돈된 모습이다.

도심의 도로명은 카메룬 스트리트, 수단 스트리트, 브룬디 스트리트 이런 식이다. 중앙역이 위치한 시내 중심가 북쪽이 도심의 번화가이자 중심이다. 대사관과 주요 호텔들이 밀집해 있으나, 언덕 위에서 바라보면 여전히 도시는 한가롭고 고도의 풍모를 지니고 있다. 도시의 모습은 여전히 낙후되어 있으며 근대화에 공이 컸던 메넬리크 2세 때 도시 재건이 시작되어 새롭게 변모 중인 오늘에 이르고 있다.

엔토토 언덕에서 시가지를 바라보면 건물들 사이로 보이는 흙벽들은 녹색의 유칼리나무와 어울리고, 새로 세워진 건물들과도 어우러져 아름다운 고원도시의 정취가 느껴진다. 산 언덕엔 흙벽에 함석지붕을 얹은 집들이 정겹게 자리하고 있으며 근대 건축물도 건설되기 시작했다. 오래된 고도의 느낌을 지울 수는 없지만 약동하는 기운도 느껴지기 시작한다.

'아디스아바바'란 에티오피아 말로 새로운 꽃(New Flower)이란 뜻이다. 햇볕은 따

EAST AFRICA | 에티오피아 · 아디스아바바

갑지만 고원지대에 위치해 우리나라의 가을 날씨를 연상케 할 만큼 사시사철 서늘한 기후를 가지고 있다. 우기와 건기로 나뉘어 비가 집중되지만 하늘이 주신 선물이라고 할 만큼 도심 주변의 땅은 비옥하다. 이런 기후는 에티오피아가 커피의 발생지가 된 이유이기도 하다. 하지만 아프리카에서도 가난한 나라로 분류되듯, 사람들의 행색과 도시 풍경은 여전히 소박하다. 유럽 혹은 아시아의 대도시에서 아디스아바바에 막 도착했다면 전통은 있으나 낙후된 도시의 모습에 당황스러울 수도 있다. 하지만 전통을 지켜온 도심의 모습과 친절하고 따스한 아디스아바바 사람들에 익숙해지고 나면 이 도시의 매력에 빠져들게 될 것이다.

세련된 것만이 21세기를 대변하는 얼굴은 아니다. 아디스아바바에 도착하면 모든 것이 낯설고 불편해 보일지 모르지만 한편으로는 변화에 적응하지 못한 원초적이며 소박한 모습들이 위로가 되기도 한다. 예전의 모습을 간직한 채 느리게 변화해 가는 아디스아바바가 정겹게 느껴진다.

하늘에서 내려다보면 초록의 대지, 땅 위에서는 소박한 평화의 대지다. 검고 비옥한 대지 위에 자리한 아디스아바바. 세계의 급속한 변화에 밀려나 아프리카의 변방 약소국가의 이미지로 비춰지지만 예우와 나눔, 우정과 그리움, 그들만의 향취를 통해 이방인들에게 푸근한 향수를 전해주고 있다.

여행정보

✈ 찾아가는 길

아디스아바바를 가는 항공편이 많아졌다. 에티오피아항공이 방콕을 경유하는 루트를 연결하였고, 케냐항공을 통해 나이로비를 거쳐 아디스아바바로 갈 수 있다. 또한 에미레이트항공과 터키항공도 취항한다. 경유 시간을 포함하여 15시간을 예상해야 한다. 아디스아바바는 호텔 편의시설이 썩 훌륭한 편은 아니지만, 최근 전문 여행가가 자주 드나드는 추세를 따져 공항 주변으로 중저가 호텔, 게스트 하우스들이 속속 오픈하였다. 버스나 렌터카를 이용, 북부 역사 도시나, 남부 대자연을 찾아 최소 일주일 정도의 여정을 고려해 볼만하다.

📷 남부 대자연 트레킹

에티오피아는 아프리카에서도 숨겨진 보석이다. 북부 지역은 기독교와 관련한 광대한 문화유산이 산재해 있으며 수단, 케냐와 인접한 남부 지방은 대자연의 파노라마를 만끽할 수 있는 아프리카 최고의 자연이 펼쳐진다. 특히 남부 자연은 고급 커피의 주산지 예가체프를 비롯하여 중소도시의 시장과 마을을 찾아가는 트레킹에 제격이다. 유명한 오모족 원주민들의 전통 부락도 찾아볼 수 있으며 딜라, 이르가 알렘 등 시골 장터의 풍경도 생동감 넘친다. 지프를 렌트하여 2~4명이 그룹으로 이동하면 안전하고 효율적인 여행을 즐길 수 있다.

6TH ETHIOPIA
IRGACHEFE

바람도 머뭇거리는 땅,
야생커피의 고향

커피를 마주하기 전, 그 땅의 신비로움에 빠져 들었다.
적갈색 옥토에 생명의 빗줄기가 쏟아지고 있다. 운무에 휩싸인 예가체프와의 첫 만남이다.
작은 시골 도시는 차분하고 온화하다. 약속의 땅, 에티오피아에서 신의 기운을 강하게 느낀다.
흙과 어우러진 커피의 기운이 향기로 전해온다. 커피란 토양이 탄생시킨 신의 작품이기 때문일 것이다.

순수의 결정체, 커피 예가체프의 숨결 속으로

    수도 아디스아바바(Addis Ababa)를 출발하여 중남부 도시, 예가체프 지구까지 이틀이라는 시간이 걸렸다. 해발 고도 2,500m까지 끝없이 이어진 산길을 달리고 또 달렸다. 무언가 다른 기운이 감지되는 순간, 이곳이 커피의 본고장 이르가 체페(현지인 발음)란다.
    예가체프, 신비로운 도시 분위기를 뒤로하고 산길로 접어들었다. 커피 농장을 찾기 위한 본능적인 시도였다. 당연히 농장이 존재하리라 믿었던 터다. 그러나 원주민을 찾아 커피 농장의 존재를 물으니 모두들 고개를 갸우뚱한다. 이곳 예가체프 커피는 모두 야성의 커피로 생산되는 까닭이다.
    점점 더 깊은 산길로 접어들었다. 황토라기보다 적토에 가깝다. 비옥한 옥토가 주는 풍성함이 고스란히 느껴진다. 진흙으로 신발은 엉망이 되고, 걸음도 수월치 못하다. 미끄러지고, 발길은 무겁다. 산길을 굽이돌

아 오르고 또 오른다.

　계곡 속 작은 개울을 하나 건넌다. 어린 아이들이 멱을 감는다. 그냥 훌랑 벗고 흐르는 물에 온몸을 맡긴다. 자연이 주는 축복이며 깊은 숲 속에 사는 존재의 자연스러움이다. 그 자연스러움이 부러울 따름이다. 다시 산길을 오르니 작은 오두막 하나가 보인다. 원주민들의 삶의 터전이 그 깊은 곳에 있다.

　촌로가 집 앞에 무표정한 얼굴로 서 있다. 안색이 좋지 않다. 아이들이 몰려와 내게 이야기를 전한다. 할머니가 너무 아프다고. 흙집 방 안을 들어가 보니 노파가 지친 기색으로 누워 신음한다. 가슴이 아프다. 어려운 사람의 삶은 왜 이렇게 고통의 연속일까? 예가체프 산골 마을의 흔한 풍경이란다.

　다시 산길로 접어드니 젊은 아낙이 커피나무를 베어가지고 내려온다. 그냥 땔감으로 쓰려고 베어 온 모양이다. 이곳에선 커피나무도 그냥 땔감이다. 산속의 삶은 그렇게 자연과 더불어 존재한다. 커피는 우리에게

EAST AFRICA | 에티오피아 · 예가체프

취향이지만 그들에겐 삶을 이어가는 방편이다.

드디어 산 정상이다. 파노라마의 산하를 내려다보는 정글 같은 수림. 촉촉하다. 황토 대지의 흙 기운이 온몸으로 퍼져 온다. 숨조차 싱그럽다. 이곳이 커피의 본고향, 예가체프다. 인공의 손길도 없고, 경작을 위한 문명의 도구도 없다. 하늘이 허락한 자연 속에서 대지의 지력과 하늘의 충분한 습기, 적당한 태양의 온기로 커피 예가체프가 탄생되고 있었다.

커피 세리머니, 에티오피아의 숨결을 느끼다

순박한 사람들, 옥토의 충만한 기운, 따사로운 태양 아래 그렇게 숨 쉬듯 존재하는 예가체프는 나에게 새로운 삶의 방식을 전해주었다. 유기농이라 표현하는, 고급의 성스러운 식물은 대자연 속에서 평화로운 사람들과 더불어 자연의 순결한 힘, 오직 그 생명력으로만 키워지고 있었다.

그린 원두의 신비, 예가체프 커피 생두를 손으로 만져 본다. 그린의 설렘, 붉은 원두의 찬란한 빛깔, 예가체프 생두는 그렇게 태양의 신비를 머금고 고요히 탄생된다. 신비롭고 광대한 에티오피아의 남부, 깊고 깊은 산속에서 말이다.

산골 부부의 집을 찾았다. 커피를 유기농으로 생산하여 뉴질랜드로 수출한다는 작은 집이다. 주인은 깊고 그윽한 눈매가 마치 커피 향을 닮았다. 젊은 아내의 표정도 온화하다. 사심 없고 욕심 없는 삶의 진정한 평화를 보는 듯하다. 동네 아이들도 모두 모여들었다. 산속을 찾아 든 최초의 외국인이라도 되는 양 마냥 신기해한다.

주민들과 함께 외국인을 위한 커피 세리머니를 준비한다. 이들에게 커피 타는 일은 하나의 의식이다. 차분하고 경건한 마음으로 의식을 준비한다. 생두를 화덕에 로스팅하고 작은 절구에 빻는다. 직접 끓인 물에 커피를 내려 소박한 탁자 위로 예를 갖춘다. 깊은 산속에서 야생 예가체프를 마신다. 에티오피아의 숨결을 목구멍으로 느낀다.

나는 커피를 잘 알지 못한다. 예가체프의 존재도 이곳 에티오피아에 와서야 알게 되었다. 작은 시골마을 예가체프의 느낌

도 신비롭고, 커피 예가체프의 존재도 감동이다. 한국을 떠나 카타르와 케냐, 수단을 거쳐 도착한 에티오피아. 또한 그곳의 수도 아디스아바바를 떠나 이틀 만에 당도한 커피의 제국, 예가체프.

　커피 예가체프는 순수의 결정체이다. 영롱한 이슬과 따스한 태양이 창조한 대지의 마술이다. 가슴이 벅차다. 순박한 사람들의 눈망울에 감동하고, 거대한 자연의 포근함에 행복하다. 세계인이 열광하는 커피, 예가체프의 순수를 마시게 되어 더욱 더 감동한다. 커피 예가체프는 바람도 머뭇거리는 땅, 에티오피아의 깊은 심장 속에서 그렇게 잉태되고 있다.

여행정보

✈ 찾아가는 길

아프리카로 가는 항공 루트가 많아졌다. 우선 남아공을 경유해 에티오피아로 들어오는 일반적인 방법과 카타르항공을 이용해 도하에서 에티오피아항공으로 갈아타고 들어가는 방법이 있다. 이집트나 케냐를 들러 그곳에서 에티오피아항공을 이용해 들어가는 방법도 있다. 항공 이용 시 공항에서 입국 비자가 20달러이다. 케냐, 수단 등을 통한 육로 입국 시 반드시 그 나라에서 비자를 취득하고 입국해야 한다.

아디스아바바에는 여행자 숙소가 적절한 요금에 다양하게 포진하고 있다. 각 도시로의 여행방법은 수도 아디스아바바 버스 터미널에서 남쪽의 각 도시로 연결한다. 예가체프도 이곳 버스터미널에서 출발한다. 거대하고 광활한 자연이 풍족함을 전해주는 에티오피아 여행은 현지인을 고용한 렌터카 여행을 권하고 싶다. 커피 팜을 방문하거나 멋진 추억 여행을 위해서는 렌터카를 빌려 현지인과 함께 남부 호수 방문, 사파리 체험 등 대자연 깊숙이 들어가 보자.

☕ 에티오피아의 커피 산업

커피라는 이름은 본래 에티오피아의 도시 카파(Kaffa)에서 유래되었다고 한다. 에티오피아는 커피 경작에 있어 전통을 중시하며, 일부 국영 농장 이외에는 커피나무들이 다른 일반 수종들과 함께 자연 생태로 자라나고 생산된다. 커피의 고향, 에티오피아는 지금도 거대한 대지 곳곳에서 야생커피를 흔히 만날 수 있는 커피의 나라이다. 에티오피아인들에게 커피는 곧 생활이며, 국가 총수출의 절반 이상을 차지할 정도로 나라 경제의 근간이 되고 있다. 전국적으로 약 33만 개의 소규모 자영 커피 종가가 있고, 약 19,000개의 국영 농장이 존재하며 약 1,200만 명의 인구가 커피 산업에 종사하고 있다.

☕ 고구마 향이 나는 커피, 예가체프

에티오피아 커피는 특색이 있다. 커피의 본래 탄생지역이어서 그런지 맛있는 커피들이 많다. 시다모, 모카하라, 예가체프, 리모, 아리차 등. 이곳 커피들의 특징으로는 상태별로 G1, G2, G4와 같이 나뉜다는 점이다. 다른 지역의 커피들 같은 경우 상태가 좋을수록 맛이 좋다. 그런데 에티오피아 지역의 커피는 상태가 좋은 G1은 그 나름의 맛이 있고, G4면 또 그 나름의 맛이 있다. 결국 그 특색을 이해하여 향을 잘 표현하면 에티오피아 지역의 커피들은 전부 맛있다는 것이다.

아랍과 아프리카의 공존, 하르툼

나일 강의 유유한 흐름이 축복처럼 번지는 도시. 사막 위에 탄생했음을 입증하듯, 도시는 사막을 가로지르는 강을 끼고 생명수원을 중심으로 평화롭고 고요하다. 아프리카에서도 가장 높은 물가로 인해, 여행자에겐 피로감이 느껴지는 도시이기도 하다. 아랍과 아프리카가 공존하는 도시에서 하르툼의 미래를 예견하게 된다.

나일 강이 탄생시킨 수단의 오아시스

누런 사막의 상공을 비행하던 동체가 랜딩을 하자 생명의 기운을 더하는 물줄기가 보인다. 하르툼은 수단의 수도이자 얼굴이다. 우간다에서 발원하는 화이트 나일 강과 에티오피아에서 발원하는 블루 나일 강의 합류 지점 남쪽에 수단의 허브인 하안도시를 건설했다. 도시를 관통하는 나일 강은 이곳에서 이집트를 거쳐 지중해를 향해 흐르고 있다.

1820년 이집트의 무하마드 알리 왕조에 의해 지배의 거점으로 시작된 도시는 나일 강 항로의 거점이 되면서 발전을 거듭하기 시작했다. 노예무역의 중계지로서 번창한 이후, 오늘날 아랍과 아프리카의 합수점과도 같은 묘한 인구분포와 도시 구조를 형성하고 있다. 한낮 기온이 40도 가까이 오르는 하르툼은 상상 이상의 물가와 조금은 냉소적인 분위기로 인해 조금은 낯선 느낌이 들기도 한다.

북쪽으로 이집트, 남쪽으로 남수단과 우간다, 에티오피아를 통해 흐르는 나일 강은 하르툼의 존재 이유처럼 느껴진다. 그만큼 하르툼의 존재는 나일 강의 존재와 그 운명을 같이하고 있다. 에티오피아를 통하여 도착한 하르툼에서 가장 먼저 해야 할 일은 시내 중심가의 관청에서 여행증명서를 발급받는 일. 대중교통시설이 그리 잘 발달되어 있지 않은 탓에 거리에서 여행자를 만나는 일도 드물지만, 여행을 나서는 일 자체도 이 도시에선 낯설게 느껴진다.

그런데 수도 하르툼에 '대우아파트'가 있다. 하르툼 시내의 블루 나일과 화이트 나일의 합류 지점 인근 노른자 땅에 한국인의 손으로 지은 복도식 아파트로 3층 높이에 30세대 규모였다. 대우 직원 숙소로 30년 전에 지어진 그곳엔 한국 교민들과 비즈니스맨들의 모험과 도전이 이어지고 있었다. 김우중 전 회장은 수단에 일찍 진출, 수단 최고의 호텔을 건설하고, 이곳을 중계무역과 시장 개척의 거점으로 삼았다고 한다.

대우아파트는 1970년대 한국 기업의 아프리카 진출의 상징이었다. 그러나 이제는 오히려 사라진 아프리카에 대한 관심을 증언하고 있는 곳이기도 하다. 한때 '첨단아파트'였지만 2000

년 대우 해체 이후로는 한국외교관 등에 임대를 주거나 하르툼 여행자를 위한 숙소로 사용되고 있다. 현지 교민과 영사관의 도움을 받아 인근 지역 여행과 교통편의 및 그리운 한식을 대접받을 수 있어서 고마운 추억으로 남은 곳이다.

    나일 강을 중심으로 문명이 발달한 수단은 상류 블루 나일 강과 화이트 나일 강이 합류하는 지점에 수도 하르툼이 위치한다. 하르툼 서쪽으로는 매우 건조한 사막지대가 형성되어 있어 사람이 거의 살지 않으며 나일 강 동쪽으로 삶의 터전이 형성되어 있다. 일상을 살아가는 모습 속에서도 북부의 아랍계 주민과 남부의 비아랍계 주민들 사이에 사회구조와 문화의 차이가 커 주민 간 대립이 심각한 문제로 대두되기도 하였으며 근 50여 년간 내전을 겪어온 슬픈 역사를 지니고 있다.

    2007년에 일어난 다르푸르 사태로 수십만 명의 사람들이 학살되기도 하였으며, 2011년 2월 분리 독립을 위한 주민투표를 실시하여 수단의 남부지역 주민 중 99%가 독립에 찬성했다. 2011년 7월 9일 남수단이 독립국가로 탄생하며, 수단은 2개국으로 분리되기에 이르렀다. 수단의 북부에는 아랍어를 사용하는 이슬람계의

함족과 셈족이 살고 있으며, 남부에는 각각 독특한 언어와 신앙을 가진 다양한 인종과 부족이 살고 있어 남북 간 뚜렷한 차이를 보인다.

　찬란한 문명과 역사를 꽃피워 왔던 곳인 하르툼은 오히려 급속한 도시화로 인해 오늘날에 와서는 그 빛을 잃어가는 듯 보인다. 중세의 암흑기와 근대 영국의 식민지 통치를 거쳐 온 피로감, 아랍과 아프리카 토착문화가 공존하는 융합의 모습이 엉켜 있다. 히잡을 두른 큰 눈동자의 중동 여인들이 거리를 활보하는가 하면, 검게 그을린 검은 피부의 토착 아프리카인들도 볼 수 있다. 블루 나일과 화이트 나일이 교차하듯 중동과 아프리카가 교차한다.

EAST AFRICA | 수단 · 하르툼

하부브 폭풍과 모래바람으로 인하여 도시에는 아스팔트 위로 모래가 쌓여가며, 특급 호텔을 제외하고는 일반 여행자를 위한 경제적인 호텔들이 그리 많지 않은 편이다. 일반적인 여행지의 풍경과 물가를 생각하고 떠난 여행자라면 상당한 곤혹을 치를 것이 분명하다. 고급 호텔들과 비즈니스 밀집 지역을 제외하면 일반 건물과 주택들은 뚜렷한 개성 없이 획일적인 콘크리트 건물 일색이다. 최고급 호텔 전망대에 올라 도시를 조망해 보면 현실을 곧 확인하게 된다.

도시 외곽을 중심으로 공장들은 직물류와 유리를 생산하고, 인쇄업과 식품가공업도 성행하고 있다. 1977년에 포트수단을 연결하는 송유관이 완공된 이후로 두 지점을 연일 오가던 유조탱크 차량의 흐름도 바꾸어 놓았다. 하르툼에는 하르툼대학, 카이로대학 분교도 있어 주변국으로부터의 유학과 학술 문화도 활발하다. 블루 나일 강과 화이트 나일 강이 합류하는 지점에 대통령궁과 정부기관들이 모여 있다. 모래바람이 심해 도시의 모든 건물은 모래 먼지로 홍역을 치르고 있으며, 낮이면 길거리 골목골목에 모여 앉아 차를 마시는 풍경이 일상처럼 펼쳐진다.

도심을 벗어나면, 동남아에서 흔히 보이던 오토릭샤의 모습이 눈에 띄고 가난한 서민들의 주거 터전과 그 너머로 빈민촌이 펼쳐지면서 도시는 새로운 풍경을 보인다. 빈민촌의 밀집 지역을 찾아가 보았다. 길 가장자리 흙집 담벼락에는 아이들이 옹기종기 모여 귀를 쫑긋 세운 채 선생님의 강의를 듣고 있고, 먼지 날리는 길 한복판으로 나귀를 앞세워 물을 길어 나르는 소년들의 행렬은 반갑고 정겹다.

블루 나일과 화이트 나일의 합류점, 중동과 아프리카 종족 간의 갈등이 표면화되었던 곳이면서 동시에 중동과 아프리카를 이어주는 문명의 가교 역할을 감당하고 있는 도시. 빈부의 격차가 심한 오랜 아프리카의 현실들을 끌어안고 하르툼의 하루하루는 낮과 밤의 기온 차이처럼 모든 것이 극단적이고, 단호하며 강렬하다. 🌳

SUDAN

여행정보

🏠 **하르툼 가이드**

일반 여행자에겐 낯선 도시로, 비즈니스나 외교 관계 이외의 여행자는 많지 않다. 여행자를 위한 숙소, 편의시설, 대중교통도 많이 부족한 편이다. 조금 저렴한 숙소가 보통 100달러를 호가한다. 고급 숙소는 400달러를 상회하는 정도이다 보니, 여행자에겐 부담스러운 도시다. 길에서 여행자를 마주치는 일은 거의 없다. 4, 5월에는 한낮에 40도까지 오른다. 민박을 하거나, 현지 교민 혹은 대사관의 도움을 받는 편이 낫다. 도시에 익숙해지면 택시와 오토릭샤를 이용하여 나일 강을 중심으로 도심과 외곽의 마을을 탐험해 보자.

7TH SUDAN
WHITE NILE

화이트 나일, 수단의 생명수를 찾아가다

거친 자연, 모래 폭풍, 뜨거운 태양, 사막이라는 극도의 절망적인 단어 속에 나일 강은 오직 생명이다. 수단의 생명은 나일 강의 영원한 흐름 속에 있다. 신이 허락한 마지막 희망, 유일한 생명줄, 바로 수단 나일 강이다. 그곳으로 가는 길은 뜨겁고 고독하며 거칠고 황량하다.

모래 폭풍, 사막의 시련을 넘어 생명수를 만나다

나일 강의 원류는 에티오피아의 블루 나일과 빅토리아 호수의 화이트 나일이다. 현장을 목격하는 것은 역사와 지리를 이해하는 지름길이다. 40도에 육박하는 수단의 수도 하르툼을 벗어나 화이트 나일로 향한다. 도시를 벗어나자 하부브라는 모래 폭풍이 천지를 휘감는다. 사하라와 인접한 지구상 최대의 사막 지역, 사헬 지구에 들어선 것이다.

모래 바람 이는 뜨거운 사막을 달린다. 길은 외로움과 적막에 휩싸여 있다. 동토의 시베리아부터, 열대의 사막까지 다양한 환경이 존재하는 지구. 조상으로부터 이어진 출생의 비밀을 간직한 채 인간은 주어진 환경에 적응하며 다양하게 살아간다. 사헬 지구, 뜨겁고 황량하기만 한 사막 그곳에도 생명은 존재한다. 바로 사막의 생명수 화이트 나일이다.

문명의 기적을 낳은 나일 강은 아마존 강에 이어 세계에서 두 번째로 긴 강이다. 수단의 화이트 나일 강과

에티오피아의 블루 나일 강에서 시작된다. 나일 강 수량의 56%를 차지하는 블루 나일 강은 길이가 짧고, 우기와 건기에 따라 수량이 고르지 않지만 에티오피아 고원지대에서 많은 양의 유기물을 싣고 흐르면서 이집트 고대문명의 중요한 기반이 되었다.

반면, 적도 부근에서 발원해 지중해까지 6,671km를 흐르는 강이 화이트 나일이다. 이 강줄기 유역에 위치한 나라들은 르완다와 민주 콩고, 에티오피아, 우간다, 부룬디, 케냐, 탄자니아 그리고 수단이다. 화이트 나일 상류 지역의 나라들은 이집트와 수단이 1959년에 체결한 나일 강의 수자원 이용에 관한 협정을 대체할 새로운 조약을 만들기 위해 수년째 논의하고 있으나 별다른 합의를 이끌어 내지 못하고 있는 실정이다.

수단의 사막 지역은 하부브라는 모래 폭풍으로 하루에도 몇 번씩 나일 강 지류를 뒤덮는다. 거친 사막의 비포장 길과 뜨거운 태양을 견디어 내려면 그 해답은 랜드 크루저다. 사막의 동반자, 지프를 타고 수단 서북부를 향해 달린다. 거친 사막 길이지만 길은 그 자체로 한 편의 드라마다. 과연 이 사막 지형 어딘가에서 나일 강의

정체를 확인할 수 있다는 말인가?

의구심이 인다. 끝없이 이어지는 사막과 모래 폭풍, 그리고 포트 수단을 오가는 대형 컨테이너 트럭과 장거리 버스들만이 낙후된 고속도로 위를 달리고 있을 뿐이다. 물의 기운은 어디에서도 확인할 수 없다. 과연 이 폭염의 사막 속 어딘가에 강물이 존재하고 있을까? 지도를 검색하고 차량의 방향을 틀어 나일 강으로 향한다. 사막을 유유히 관통하는 장대한 나일 강을 꿈꾸며 달리고, 또 달린다.

고속도로를 벗어나자 곧 비포장도로가 나타난다. 하얀 모래 사막이다. 거칠고 황량한 사막지형, 그야말로 무인지경이다. 하늘은 뿌연 흙먼지를 품고, 열기는 뜨거운 대지를 삼키고 있다. '사발료가'라는 작은 마을을 관통하여 지나가자 소년, 소녀들이 물을 긷기 위해 노새를 타고 나일 강 지류로 향하고 있다. 사막 위에서의 삶은 언제나 물과의 전쟁이다.

30여 분 가까이 사막을 가로질러 달리자 드디어 저 멀리, 녹색의 야자 농장과 함께 물 기운이 느껴진다. 사헬의 생명수, 나일 강. 화이트 나일의 출현이다. 엔진을 멈추고, 강가에 앉아 더위를 식힌다. 커피 한잔으로 사막 여정의 피로를 풀고 나일 강 물줄기의 힘찬 움직임을 본다. 나일 악어가 존재한다는 나일 강 리버 사이드는 넓고 고요하기만 하다.

강은 생존의 터전이다. 이 사막 지형의 폭염과 불모를 지탱하며 버텨온 수많은 세월 동안 나일 강 지류에 걸쳐 살고 있는 어부들에게 강은 생명과도 같다. 그물을 던져 고기를 잡고, 낚시를 하거나 나룻배를 이용하여 관광객을 실어 나르는 일. 그들의 생명을 연장하고 고단한 삶을 유지하는 유일한 수단이다. 이 뜨겁고 거친 거대한 사막 위에서는 말이다.

1시간 가까이 북부 나일 강 상류를 따라 올라갔다가 다시 남하한다. 하안을 따라서 고기 잡는 어부들과 낚시하는 사람들, 양 떼를 모는 목동들이 이따금씩 오고 갈 뿐. 사막의 한가운데 거대한 물줄기가 있다는 것은 축복이다. 강바닥에서 고개를 내미는 나일 악어와 마주친다. 작은 새끼 악어들도 강 주변을 어슬렁거린다. 나일 악어를 목격하자 흥분된다. 도도히 흐르는 강줄기 아래, 거대한 나일 악어가 몸부림치며 유영하고 있다 생각하니 등골이 오싹해진다.

유유히 흐르는 수단 나일을 뒤로하고 다시 수도 하르툼을 향해 달린다. 뽀얀 흙먼지가 태풍처럼 안개를 일으킨다. 폭염의 사막을 또 다시 질주한다. 여행자에게 사막은 종종 두려움의 대상이며 기피의 땅이다. 하지만 오지의 땅, 수단 사람들에게 사막은 친구이자 고향이며 삶의 터전일 것이다.

거대한 수단, 아프리카 대륙 중 가장 큰 영토를 소유한 나라. 주변 9개국과 국경을 접하고 있으며, 동서남북 할 것 없이 온통 사하라와 사헬 사막 지형인 수단에서 나일 강의 존재는 그 자체로 경이롭다. 아프리카의 생명이자 사막의 젖줄인 나일 강은 오늘도 유유히 흐른다. 수단의 생명이자 사막의 마지막 희망, 그것이 바로 화이트 나일이다. 🌳

여행정보

📷 **나일 강 보트 투어**

특별할 것 없는 양철로 만든 거룻배 위로 몸을 싣는다. 태양이 배를 달군 터라 배 안의 열기가 사뭇 강렬하다. 물결이 소용돌이치며 일렁이는 나일 강을 보면, 여행자의 마음도 따라 일렁인다. 투어는 30분과 1시간짜리, 두 타입으로 진행된다. 멀리 빨래하는 아낙들과 물놀이를 하는 아이들, 멱 감는 사나이들, 낚시하는 어부, 모두 한 폭의 그림이다. 나일 강 지류를 따라 올라가다 보면, 악어를 만나거나 특이한 지형도 만날 수 있다. 수단에서는 나일 강의 가장 원시적인 모습을 고스란히 느껴볼 수 있다. 요금은 30분에 10달러, 1시간에 20달러이다.

8TH KENYA AMBOSELI

원시 대자연의 자유와 휴식,
Wild Life Safari

한없이 펼쳐지는 지평선, 대자연의 품 안에 약육강식의 생존 법칙은 여전히 유효하다.
끝없는 사바나 초원 위 아프리카의 야성은 사진작가에게 여전히 매력적인 곳이다.
느릿느릿하게 흐르는 아프리카에서의 시간은 사파리 동안엔 아예 멈추고 만다.

사냥을 위한 여행 사파리

　케냐의 수도 나이로비 상공을 사뿐히 날아 착륙한 곳은 끝없는 초원이 펼쳐지는 동물들의 낙원이었다. 수도 나이로비에서 아프리카 특유의 분위기로 휴식을 즐기기에는 한국인이 경영하는 케냐 최고의 호텔 사파리 파크(Safari Park)가 제격이다. 외곽으로 벗어나면 인근의 마사이 마라, 암보셀리 국립공원 내의 키코록 로지(Keekorok Lodge)와 올 투카이 로지(Ol Tukai Lodge) 등도 최고의 시설을 자랑하며 외국인들에게 인기가 높다.
　휴식과 사색으로 충만한 여유를 누리는 곳. 아프리카에서만 느껴볼 수 있는 야생의 대자연 속에서 느림의 미학을 즐기며 사파리 여행을 떠난다. 야생동물 관찰의 대명사로 자리 잡은 '사파리'는 본래 스와힐리어로 '사냥을 위한 여행'을 뜻한다. 옛날 같으면 스릴과 모험으로 가득 차고도 남았을 여행이지만 지금은 자연의 품에 안기는 여행이라는 데에 의미를 둬야 할 것 같다.
　사파리 하기에 가장 좋은 시간은 새벽과 일몰 전의 한정된 시간이다. 그 머나먼 아프리카를 찾아 야생의 동물들과 조우하는 기회도 그리 수월치 않다. 사파리의 'Big Five'라 불리는 사자, 코끼리, 코뿔소, 표범, 버펄로를 만나러 떠나는 새벽의 로지는 어김없이 부산하기만 하다.
　이미 준비를 마친 레인저들과 사파리 여행자들은 새로운 아침을 맞은 동물들을 만나기 위해 차량에 오른

다. 아침 이슬 머금은 초원의 대지 위로 설레는 가슴을 안고 나선다. 한낮의 기온이 30도를 넘는 경우가 태반이므로 새벽과 일몰 전의 한두 시간 정도가 동물들의 움직임이 가장 활발해 사파리의 주요 시간이 된다.

어니스트 헤밍웨이가 사냥을 즐기며 〈킬리만자로의 표범〉을 집필한 곳으로 유명한 암보셀리로 향했다. 마사이 마라에서 경비행기로 1시간을 날아 나이로비 공항에 도착한 후 준비된 차량으로 갈아탄다. 오후 한나절 뜨거운 태양과 싸우면서 아프리카 최고봉 킬리만자로가 바라보이는 암보셀리 국립공원으로 달렸다.

아무리 달려도 끝은 보이질 않고 저 멀리 길 끝에는 먹구름이 덮인 하늘과 뭉게구름의 하늘이 맞닿아 있었다. 삭막한 대지는 분노하듯 이글거렸고, 대지 위로 부는 뜨거운 바람은 온몸을 후려쳤다. 아프리카의 원시성은 먹이사슬이 존재하는 약육강식의 논리에 있는 것이 아니라 끝없이 펼쳐지는 하늘과 대지, 그리고 그곳을 달구는 태양, 그 자체가 아닐까?

평원과 하늘에 취해 몇 시간을 달렸다. 암보셀리 국립공원의 입구인 나망가 게이트를 지나자 햇살은 골든 라이트로 그 빛을 바꿨다. 버펄로의 집단 이동, 얼룩말의 한가로운 휴식, 임팔라와 톰슨가젤의 풀을 뜯는 평화로운 장면은 노을이 지는 시각에서 더더욱 감동으로 다가왔다. 그러나 나이로비에서부터 달려오느라 지쳐 있던 우리 일행은 속히 숙소로 돌아가 쉬고 싶은 마음뿐이었다.

    킬리만자로의 눈 덮인 설봉이 한눈에 내다보이는 암보셀리의 올 투카이 로지에 여장을 풀었다. 새벽은 장엄하게 시작되었다. 붉은 기운을 감추더니 안개로 휩싸인다. 초원 위 아프리카다운 신비로움이다. 이른 새벽부터 우리는 게임 드라이브에 나섰다. 커피 한잔으로 정신을 맑게 하고 새벽 공기를 가르며 사파리에 나섰다.

    초원은 이른 새벽부터 바빴다. 생존을 위한 투쟁은 쉼 없이 계속되고 있었다. 초원에서는 모두 목숨을 내놓고 산다. 동물들은 먹고 먹히며 자신들의 복제품을 낳아 생명을 이어간다. 미래를 계획하지 않고, 현재에만 한없이 충실하다. 그들은 오직 자손을 통해 미래를 살아갈 뿐이다. 저들은 이 대자연의 먹이 사슬 속에서 충실히 살다가 때가 되면 조용히 사라지는 것이다.

    필요한 만큼 죽이고, 필요에 따라 죽을 뿐. 인간처럼 끝없는 탐욕은 부리지 않는다. 이것이 아프리카의 자연이다. 거절할 수 없는 초원의 법칙, 그리고 거역할 수 없는 이 장엄한 흐름. 그것은 생명이 존재하는 유일한 이유이다. 서서히 밀려드는 어둠 속에서 또 다른 생존투쟁의 막은 오르고 초원 위 약육강식의 냉엄한 질서는 아프리카가 존재하는 한 영원히 이어질 것이다. 🌳

여행길잡이

✈ 찾아가는 길

대한항공이 케냐 나이로비로 직접 날아간다. 홍콩이나 방콕을 경유해 아랍의 두바이, 무스카트 혹은 남아공의 요하네스버그에서 환승하여 들어오는 방법도 있다. 조모 케냐타(Jomo Kenyatta) 국제공항은 나이로비에서 남동쪽으로 13km 정도 떨어져 있으며, 케냐항공에서 제공하는 버스를 타고 시내로 가면 훨씬 안전하고 편안하게 갈 수 있다.

암보셀리 가이드

사파리 관광 회사들 간의 요금은 비슷하기 때문에 고민이 된다. 평균적으로 사파리 기간이 길어질수록 하루 지불 요금도 저렴해진다. 사파리 야영을 하면 3일 기준으로 하루 65달러 정도이다. 어떤 종류의 차량을 이용하고 음식은 어느 정도 수준이며 운전기사와 가이드의 지식과 기량은 어느 정도인가에 따라 가격은 천차만별이다. 평생 한번 뿐인 경험일 수도 있기에 적절한 투자는 필요하지 않을까 싶다.

8TH KENYA
NAIROBI

아프리카의 얼굴,
블랙 아프리카의 희망

보라색 자카란다의 화사한 꽃이 거리를 장식하고
영국 식민지 역사의 안타까운 단면을 지닌 채 블랙 아프리카에서
가장 번영하고 있는 도시 나이로비. 해발 1,700m 고도의
적도 인근에 위치한 덕에 일 년 내내 상춘의 기후를 자랑하는 도시다.
번영과 가난, 아름다움과 절망이 공존하면서
동시에 원시의 도시 풍경이 공존하는 곳, 케냐의 심장이다.

적도의 맑은 물, 동아프리카의 자존심 나이로비

거대하고 현대적인 빌딩들이 케냐타 애비뉴 주변으로 숲을 이루고 있다. 그 주변으로 호수와 거대한 관목들이 시원한 그늘을 만들어 주는 시민들의 휴식처 우후루 공원이 있다. 그 공원 언덕 위에 서면 다이내믹한 도시의 얼굴이 한눈에 펼쳐진다. 아프리카에서 가장 아프리카답지 않은 도시지만 역설적으로 영국풍의 분위기가 짙게 배어 있는 현대적인 모습마저 아프리카의 얼굴로 인식되는 도시다. 나이로비는 번영과 절망을 동시에 안고 있기에 살아 꿈틀거리는 도시다.

아프리카를 떠올리면 흔히 검은 대륙, 가난한 땅, 폭염의 사막을 연상하곤 한다. 하지만 나이로비는 남위 1.2도, 적도에서 남쪽으로 140km 지점에 위치해 있어 사계절 선선하고 쾌적한 날씨를 자랑한다. 사막 대신 푸르른 숲과 초원이 뒤덮고 있어 동물의 천국이자, 쾌적한 대자연으로 축복받은 땅을 자랑한다. 스와힐리어로 '맑은 물'이라는 뜻의 나이로비는 아프리카에서도 물이 맑고 풍부한 도시로 유명하다.

18세기 영국이 케냐를 식민지화하는 과정에서 해안도시 몸바사와 우간다, 캄팔라 간 철도를 부설했다. 당시 몸바사로 흐르는 나이로비 강 연안에 캠프를 건설한 것이 나이로비의 시작이다. 몸바사에 동아프리카 식민지를 두고 있던 영국은 나이로비가 내륙의 중심지로 번성함에 따라 1905년 동아프리카 식민지의 수도를 나이로비로 옮겼다. 케냐의 중심지가 되면서 도시계획에 의거하여 무질서했던 도시를 새로운 도시로 탈바꿈하기 시작했다.

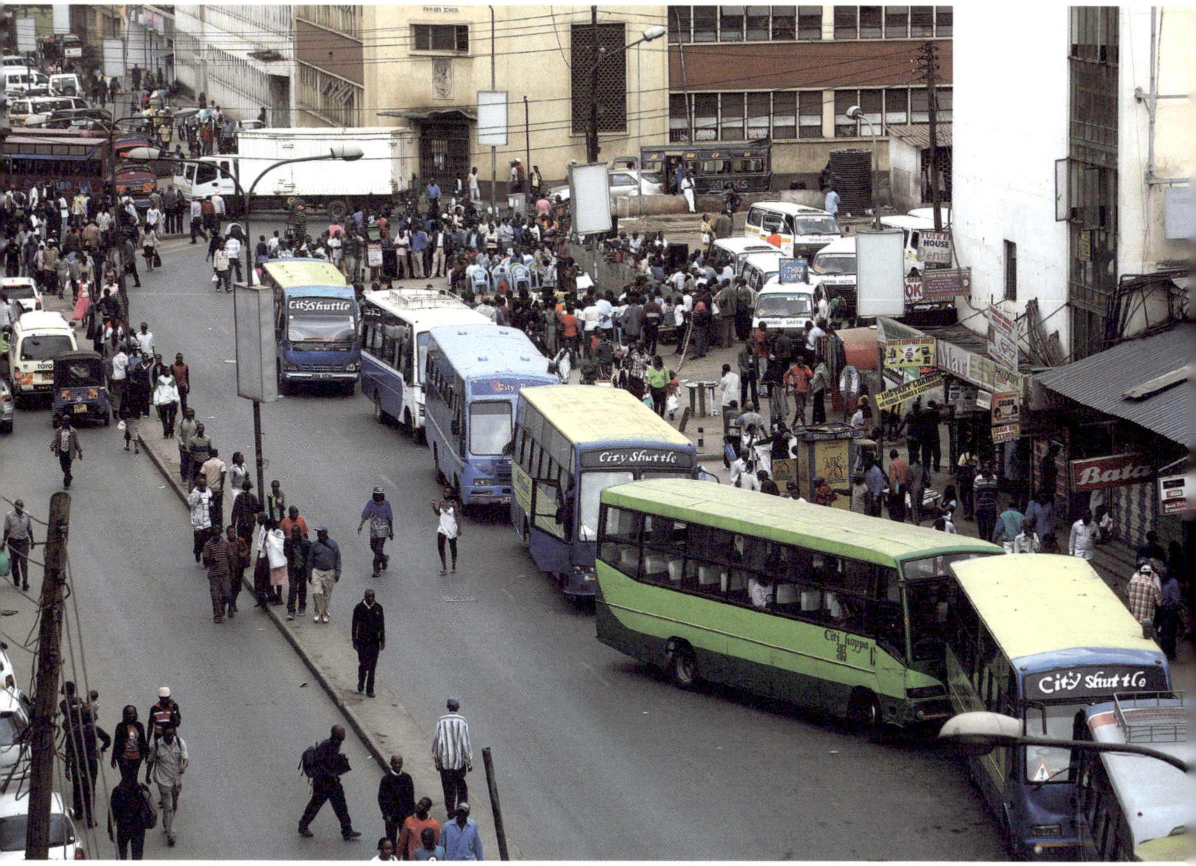
City Shuttle
City Shuttle
Citi hoppa
City Shuttle
Bata

KAGAWA
KAS 245H

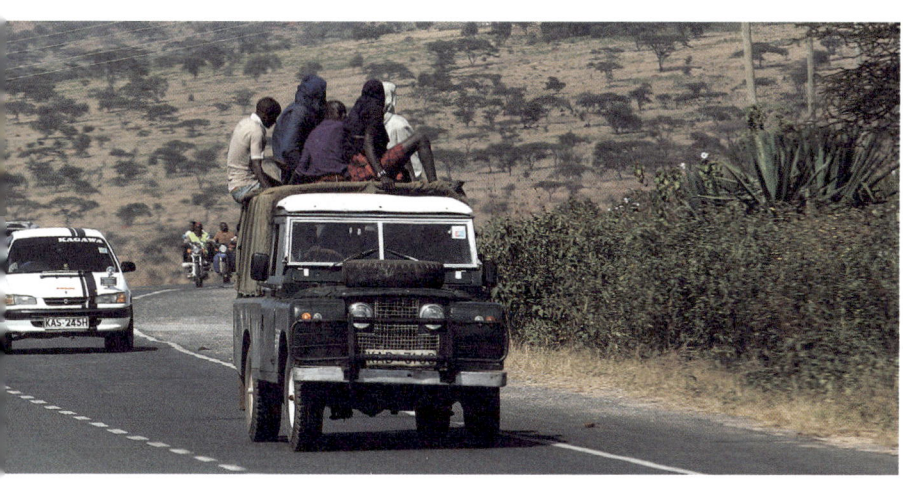

'나이로버리(나이로비와 강도의 합성어)'라는 불명예스러운 말이 존재할 정도로 나이로비의 치안은 악명 높다. 게다가 혼돈과 가난, 절망도 동시에 존재한다. 도시의 지역 운명에 따라 희망과 좌절은 극명하게 교차한다. 대도시 나이로비의 호화롭고 번화한 모습이 희망과 안전을 보장하지는 않는다. 또한 서민들의 일상이 존재하는 톰 음보야 스트리트(Tom Mboya St.) 주변 노천시장과 버스 터미널, 암달러상, 3류 영화관이 공존하는 곳에 절망과 위험만 도사리고 있는 것도 아니다.

나이로비의 진짜 얼굴은 순수하게 삶을 살아가는 타운 주민들의 소박한 모습이다. 현대적인 도시 문명과 조화롭게 살아가는 나이로비 사람들의 열정과 순수인 것이다. 하지만 케냐타 애비뉴의 도심은 물론 다운타운 곳곳에는 매력적인 빛이 존재함과 동시에 예측하지 못할 위험과 절망, 혹인 부랑자의 섬뜩한 눈동자와 도난의 위기도 도사리고 있다. 나이로비에서 씁쓸한 추억과 아픈 상처를 안고 돌아가지 않으려면 조심하고,

또 경계해야 한다.

케냐 남부 중앙부에 위치한 나이로비는 빅토리아 호수와 인도양, 북쪽 투르카나 호수와 탄자니아 국경 근처에 둘러싸여 있다. 실업자가 넘쳐나고, 도심 주변에는 쓰레기로 연명하는 사람들이 살고 있으며 끼니를 걱정하는 극빈자들의 일상이 어두운 그림자처럼 번져 있는 도시이기도 하다. 이런 모습이 나이로비의 단면이기도 하지만 이러한 빈곤을 감안하더라도 케냐가 동아프리카에서 가장 풍요롭고 안정된 나라 중 하나임에는 틀림없다.

케냐의 현관, 조모 케냐타 국제공항에서 도심으로 진입하는 도로 양편 철조망이 쳐진 곳은 다름 아닌 국립공원이다. 시내로 진입하다가 길 위에서 풀을 뜯고 있는 기린과 마주치기도 한다. 파란 하늘 아래 뭉게구름 두둥실 떠 있는, 도무지 아프리카라고는 믿겨지지 않는 사랑스런 하늘이 여행자를 환영한다. 하늘의 축복도 잠시, 먼지 날리는 좁고 허름한 외곽 지역을 통과하면서 나이로비의 슬픈 현실과 지독한 가난이 목격된다.

빈곤이 넘실거리는 빈민촌을 스쳐간다. 멀리 거대한 대도시의 위용이 한눈에 드러나면서 동아프리카의 자존심 나이로비의 호사스런 얼굴은 북적대는 인파와 차량들로 그 한계를 드러낸다. 도심으로 진입하면서 늘씬한 야자나무와 보라색 자카란다 꽃들이 만발한 나무숲을 헤치고 간다. 양복을 차려 입은 멋쟁이 비즈니스맨들의 활기찬 발걸음과 도시를 감싸고 있는 우후루 공원의 평화로운 위로가 나이로비 입성을 환영한다.

원통형의 근사한 빌딩은 힐튼 호텔이다. 나이로비의 포스트 역할을 하는 이곳은 마마 응기나 스트리트(Mama Ngina St.)를 시작으로 케냐타 애비뉴까지 길게 이어진다. 도로 주변으로 갤러리, 여행사, 전자제품 전문점, 양복점, 커피숍 등 도시의 얼굴을 형성하는 주요 비즈니스들이 집중되어 있다. 이곳이 나이로비의 명동이다. 상상을 초월하는 높은 가격으로 인해 이질감마저 느껴지는 이곳은 오직 관광객과 외국인만을 위한 공간처럼 보인다.

케냐타 애비뉴를 경계로 한쪽은 관청가와 일반 사무실이

여행정보

✈ **찾아가는 길**

한국에서의 나이로비 직항 비행기가 취항한 이래로 아프리카로의 발길이 빨라졌다. 케냐항공, 에미레이트항공, 남아공항공 등 수많은 비행기가 나이로비로 연결되고 있다. 사파리가 주목적인 여행자가 많지만 수도 나이로비 자체도 매력이 많다. 도시 주변으로 국립공원이 지척이며, 우후루 공원과 도시의 모습도 쾌적한 편이다. 해발 고도가 높아 20도 안팎의 쾌적한 날씨를 유지하고 있는 것은 케냐 여행의 가장 큰 매력이다. 암보셀리, 마사이 마라, 나쿠루 국립공원과 더불어, 인접국 탄자니아로의 사파리도 연계되어 있어 다양한 야생동물 체험을 할 수 있다. 탄자니아, 아루샤에 가면 세렝게티와 응고롱고로 사파리를 즐길 수 있다.

존재하고 반대편은 상업 지구이자 인도인들이 주류를 이루는 지역이다. 나이로비의 얼굴답게 관청 건물들과 문화시설들은 하얀색 건물이 주를 이루며, 식민지 시대의 기품과 현대적인 감각이 어우러져 나이로비의 얼굴로도 손색이 없다. 시내 광장의 토산품 전문 시장은 매력적인 공간이다. 아프리카 특유의 전통 공예품을 쇼핑할 수 있는 곳이어서 여행자에게 여유와 즐거움을 선물한다.

도심을 질주하는 케냐 버스 시스템의 이름은 문자 그대로 KBS다. 폭주를 일삼는 마타투와 택시들, 호텔과 클럽, 카페와 레스토랑으로 몰려드는 사람들의 열기는 오후 8시가 되면 극에 다다른다. 푸근하고 인정이 넘쳐나는 도시, 번영을 구가하며 시작된 동아프리카의 작은 도시는 세계인이 즐겨 찾는 아프리카의 랜드마크가 되었다. 치열한 일상과 위험이 산재하는 나이로비는 그 묘한 긴장감으로 오히려 다시 찾고 싶어지는 곳이다. 아프리카 1번지, 세계인의 도시 나이로비는 케냐의 열정이 고스란히 느껴지는 문명의 오아시스다. 🌳

나이로비의 파라다이스
Safari Park Hotel

아프리카의 중심에 케냐가 있다면, 케냐의 중심엔 나이로비가 있다.
사파리를 목적으로 케냐를 찾았다면 오랜 비행으로 인해 피로가 누적되기 십상이다.
장시간 비행으로 인한 피로를 풀기 위해서라도 숙박 선정은 중요한 대목이다.
회색빛 도시를 지나 시내에서 20여 분이면 당도하게 되는
도심 속 아프리카 낙원, 사파리 파크 호텔이 있다.

번잡한 나이로비의 휴식처 Safari Park Hotel

    케냐의 수도 나이로비는 아프리카를 대표하는 얼굴이다. 블랙 아프리카의 중심에서 가장 번영하고 있는 도시가 나이로비다. 시티 센터 지구, 이를테면 도심에는 현대적인 빌딩이 숲을 이루며, 낮에는 비즈니스맨이 넘쳐나고 있다. 주변 지역도 발달해서 서부의 교외에는 근사한 정원을 가진 주택지가 펼쳐져 있다. 반면 시 북부와 동부에는 상점가와 아프리카 분위기가 물씬 풍기는 슬럼가와 소도시가 조성되어 있다. 아프리카의 현실을 반영하는 얼굴이다. 이렇듯 나이로비는 아름다움과 추함이 혼재되어 있는 도시다.

    사파리 파크 호텔은 케냐의 수도 나이로비와 산업 중심지인 티카(Thika) 사이에 위치하고 있으며 비즈니스를 위한 호텔은 물론, 소음과 공해로 번잡한 도심 속 휴양 호텔의 성격을 겸하고 있다. "Mini Village" 또는 "Safari Park City"라고도 불리는 사파리 파크 호텔은 10만여 평의 넓은 대지 위에 펼쳐진 푸른 잔디 광장과 멋지게 자란 아름드리 거목들이 어우러진 정원이 매력적이다.

    단일 호텔 규모로는 보기 드물게 세계 각지에서 찾아든 수준 높은 고객의 취향에 딱 들어맞는 각종 액티

비티와 편의시설 서비스를 제공해 준다. 세월로 인한 오래된 느낌은 지울 수 없지만, 전통 아프리카 특유의 소품과 디자인으로 꾸며진 객실과 아프리카의 정취가 가득 담긴 사파리 파크 호텔의 중후한 리셉션을 마주하면 미지의 대륙에서의 낭만과 여유로움을 함께 만끽할 수 있다.

사파리 파크 호텔은 아프리카의 독특한 전통문화와 중후한 현대 감각이 어우러져 조화를 이룬 건축물이다. 이른 아침부터 해 지고 나서까지 하루 종일 이곳 사파리 파크 호텔에서만 머물러도 지루함을 느낄 겨를이 없다. 관목과 싱그러운 야자수, 호수에 둘러싸여 단장된 정원을 산책하는 맛도 우아하다. 타이식과 아프리칸 스타일을 혼합한 프라이빗 스위밍 풀에서의 여유로운 한때는 평안한 휴식과 낭만을 전해주기에 부족함이 없다.

사파리 파크 호텔의 객실은 기존의 콘크리트 호텔 건축 양식과는 달리 자연친화적으로 조성된 아름다운 정원에 내추럴 스타일의 아프리칸 방갈로 형식으로 여행객을 더욱 편안하게 해준다. 곳곳에 한가하게 자리 잡은 9개 동의 방갈로형 객실 건물들은 특별식(PRESIDENTIAL SUITE) 1개 실을 포함하여 총 204개의 객실

들을 제공하고 있는데, 이는 획일적인 호텔 문화에 익숙한 투숙객들로 하여금 신선한 충격을 준다.

정원의 휴식 공간으로 꾸며진 각각의 건물들은 그 벽면의 마감에 석회를 채용하여 상아색의 우아한 빛을 발한다. 쪽나무를 이어 얹은 나무 지붕들은 흑자단목을 연상케 해 차분하고 기품 있는 색감이 조화를 이룬다. 이는 아프리카 지역의 고유한 건축 문화 양식과 한국의 전통 기와문화를 접목시켜 양국 문화의 흐름과 융합을 엿볼 수 있게 한 여유로운 감각도 느낄 수 있다.

낮부터 시작된 여유로운 휴식은 밤이 되면 화려한 전통 무용수들의 공연과 특별한 미각 여행으로 분위기가 더욱 고조된다. 한국 땅에서는 상상도 못하는 별미와 아프리카의 야성미 넘치는 화려한 댄스를 감상할 수 있는 절호의 찬스가 기다리고 있기 때문이다. 사파리 파크 호텔에서만 즐길 수 있는 야생동물 숯불구이 전문 식당인 'Nyama Choma Ranch'에서는 아프리카에서나 가능한 악어, 버펄로, 얼룩말, 타조 등의 야생고기를 초대형 숯불 화로에서 골고루 익힌 후, 고객의 식탁으로 직접 서빙하고 있다.

진기한 야생고기를 주제로 한 저녁만찬을 즐기고 있노라면 동아프리카 최고의 공연이 시작된다. 관광객 대상 전문 민속 무용단인 사파리 캣츠(Safari Cats)의 화려하고도 야성미 넘치는 무대 공연은 사파리 파크에서의 밤을 더욱 화려하게 장식해 주며, 케냐 여행 중 최고의 선물이 될 것이다. 아프리카 야생의 삶을 주제로 한 화려한 의상, 전문 무용수들의 리드미컬한 춤사위, 불을 뿜는 공연 등은 케냐를 떠나 와서도 오래도록 기억되는 한 장의 추억이 된다.

　햇살이 따사로운 한가한 오후, 정원 한가운데에 자리하고 있는 녹지 공간 속 야외 수영장은 호텔이 아닌 아프리카의 밀림 속에서 야생의 휴식을 취하고 있는 듯하다. 사파리 파크라는 이름이 무색하지 않도록 배려한 도심 속의 천연 휴양지인 것이다. 햇살을 즐기며 수영을 즐기거나 야외에서 독서를 하기에도 평화로운 곳이며, 한가로움에 싫증이 나면 테니스와 스쿼시를 즐길 수 있는 피트니스 센터로 달려갈 수 있다.

　도심 속에서 만나는 다양한 문화와 레저 시설, 더불어 자연 그대로의 평화로움을 즐길 수 있는 이곳은 케냐 도심 속 또 하나의 파라다이스로 몇 날 며칠을 묵어도 지루하지 않다. 치안 문제로 도심에서의 숙박이 고민되거나 원시 대자연의 여행을 꿈꾸며 케냐에서의 추억을 업그레이드 하려는 여행자라면 한 번쯤 묵어도 좋을 나이로비의 오아시스 같은 곳이다. 🌳

여행정보

✈ 찾아가는 길

현재 한국에서 케냐(나이로비)로 가는 대한항공 직항편이 생겼다. 케냐 하늘의 현관인 조모 케냐타(Jomo Kenyatta) 국제공항은 나이로비에서 남동쪽으로 13km 정도 떨어져 있으며, 케냐항공에서 제공하는 버스를 타면 훨씬 안전하고 편안하게 시내로 갈 수 있다. 케냐항공은 나이로비에서 마사이 마라, 삼부루, 암보셀리와 해안지역 몸바사, 말린디, 라무 등을 연결해 준다. 또한 전세기 이용도 가능한데, 요금은 비행기의 크기와 목적지까지의 거리에 의해 정해진다. 입국 시 공항에서 케냐 단기 비자를 받을 수 있다.

🏛 키콘 바 시장

키콘 바 시장은 케냐타 거리를 중심으로 주위의 골목골목에 작은 목조 오두막 같은 토산품 가게들이 많다. 주로 마사이족의 목공예품, 마스크, 손으로 엮어 만든 바구니, 구슬로 만든 목걸이 등을 판다. 컨트리 버스 터미널은 키콘 바 시장 가까이 있는데 키수무, 니에리, 메루, 나쿠루, 몸바사 등지로 오가는 버스들이 발착하는 큰 터미널이다. 흙냄새가 풍기는 광장으로 초만원이 된 승객과 버스 지붕 위에 실렸던 물건들을 차례로 내려놓으면 대지와 대중의 냄새가 혼연일체 된다. '유아카리'라고 불리는 노천시장에서는 의류, 구두, 시트, 세면도구 등 갖가지 생활용품이 팔린다. 신품보다 중고품이 더 많은 것이 특징이다.

9TH TANZANIA
NGORONGORO

인류의 시원,
원시 동물의 지상낙원

아프리카의 심장 속으로 흙먼지 날리며 사륜 구동 지프가 질주한다.
끝이 없는 것처럼 달리고 나니 아프리카에서도 가장 오지로 불리는 이곳, 응고롱고로 정상에 섰다.
태초의 인류가 탄생한 땅과도 같은 곳. 물안개 자욱이 초원을 감싸고 태자의 생명들이 숨기를 더하며
태고의 땅임을 여실히 보여주는 곳. 응고롱고로의 첫인상이다.

신이 선물한 가장 포근한 휴식처, 응고롱고로

　진정 아프리카의 배꼽이다. 가슴 깊숙한 곳까지 대자연의 음성이 강하게 밀려드는 이곳은 아프리카의 심장이기도 하다. 인류의 시원답게 그 자태 또한 고매하고 청정하다. 이곳에서 마주한 수많은 동물들은 야성의 냄새와 본능을 그대로 뿜어내고 있다. 본격적으로 숲길에 접어들자 갑자기 깊은 계곡으로 변하고, 또 다시 숲이 시작된다.

　활엽수림의 정글로 계곡 밑바닥부터 정상까지 짙은 숲이 이어진다. 황토의 촉촉한 기운이 대지에 생명력을 더하고 공기 또한 청정하고 상쾌하다. 로지에 도착한 일행은 평온하고 원시적인 산장에 매료된 듯한 미소와 안도의 표정들이다. 인간에게 가장 평온한 휴식처는 나와 닮은 곳이며, 나의 마음을 편안하게 위로해 주는 곳일 것이다.

EAST AFRICA | 탄자니아 · 응고롱고로

안개 자욱한 응고롱고로의 첫날 밤과 마주한다. 빗방울이 초원의 생명을 깨우듯 우두둑 떨어진다. 마음마저 차분히 가라앉는 밤. 빗소리에 나의 의식도 깨어난다. 살아있음에 감사하게 되는 곳이다. 밤사이 아무런 탈 없이 잠을 이루고 나니 온몸이 가뿐하다. 높은 고도 덕에 시야도 탁 트인다. 동물들도 거대한 분지 같은 이곳의 우리 아닌 우리 속에서 평온한 일상을 맞이한다.

6인승 사파리 차량에 탑승하고 한참을 비탈진 골짜기 속으로 내려간다. 서울 여의도 면적의 30배에 달한다는 응고롱고로의 저지대 지역까지 동물들의 발자취를 찾아간다. 응고롱고로는 탄자니아의 마사이어로 '큰 구멍'이라는 뜻이다. 남북으로 16km, 동서로는 19km, 특히 아래로의 깊이가 600m로 제주도의 8배에 달하는 면적이다.

동물 백화점이라 불리는 응고롱고로에 살고 있지 않은 동물이 있으니 그것은 바로 기린이다. 분화구를

둘러싼 외곽 지역의 경사가 아주 심하기 때문이다. 이 경사지고 좁은 길은 사람도 쉽게 통과하지 못한다. 내려가는 길과 오르는 길이 모두 일방통행이며 사륜 구동 차량 이외에는 출입할 수 없는 험한 산비탈길이다.

세계 8대 불가사의이며 세계 최대크기의 분화구인 응고롱고로는 다양한 동물들이 서식하여 아프리카에서도 손꼽히는 야생동물의 보고다. 특히 화이트코뿔소(실제 흰색 코뿔소가 아니라 입 모양이 넓은 특징을 갖고 있는데, 'wide'가 잘못 전달되어 'white'가 되었다고 한다)가 서식하는 곳으로 더욱 유명하다.

응고롱고로 분화구의 정중앙에는 마카투라 불리는 호수가 있다. 이 호수는 아무리 혹독한 건기라도 항상 물이 고여 있기 때문에 '아프리카의 에덴동산'이라고도 불린다. 건기와 우기에 따라 찾아오는 동물의 수가 다르지만 펠리컨과 홍학 떼도 볼 수 있다. 홍학무리가 떼를 이루는 호수 주변은 마치 봄날의 벚꽃놀이처럼 분홍빛 장관을 이룬다.

응고롱고로는 탄자니아의 전사, 마사이족의 땅이며 1892년 독일인인 바우만 박사에 의해서 발견된 이후 탐험가들의 발걸음이 이어졌다. 여기서 북서쪽으로 50km 떨어진 올두바이 계곡은 200만 년 전의 초기 인류 진잔트로푸스 보이세이가 발견된 곳으로 인류학 박물관도 자리하고 있다.

탄자니아의 경우 국토의 38%가 국립공원 아니면 자연보호지구다. 비록 가난한 나라이긴 해도 자연보호의 의지는 한국보다 훨씬 더 앞서 있다. 자연보호지구 면적을 다 합치면 한반도의 1.5배가 넘는다. 이 넓은 땅에 사람의 거주가 금지 또는 제한돼 있고, 사냥도 할 수 없게 돼 있다. 이런 규제가 철저히 지켜지기까지는 동물학자와 지식인의 노력이 적지 않았을 것이다.

동아프리카에서 야생동물 보호운동이 본격화된 것은 1950년대 말부터였다. 유럽 주와 아메리카 주의 지식층과 케냐와 탄자니아 정부가 합심해 공원을 지정하고 사파리 차량이 다닐 수 있는 길을 정비하는 한편 밀렵꾼 단속을 강화하였다. 당시 탄자니아에서 야생동물 연구와 자연보호운동에 앞장선 대표적인 인물이

독일의 베른하르트 그르지멕(Bernhard Grzimek) 교수였다. 그는 기금을 모아 동아프리카 국가를 지원하며 이 지역 동물보호운동에 불을 붙였다.

경비행기를 타고 하늘에서 동물의 대이동을 바라보던 그르지멕 교수는 '세렝게티는 죽어선 안 된다'는 제목으로 책과 영화를 제작했고, 언론매체를 통해 야생동물과 자연, 이 무한대의 값진 인류유산을 보존해야 한다고 유럽인과 아프리카 지도자들에게 온몸으로 역설했다. 그는 아프리카의 야생동물을 위해 목숨을 포함해 모든 것을 바쳤다.

태초의 원시 자연은 수천 년 세월이 지난 오늘에 이르도록 창조와 진화를 거듭했다. 그 결과 우리는 오늘의 응고롱고로를 마주하게 됐다. 생명의 땅, 신비의 땅 응고롱고로는 인간이 느낄 수 있는 가장 포근한 휴식처이며 동물과 인간이 태초에 하나였음을 보여주는 대자연의 표본인 것이다.

EAST AFRICA | 탄자니아 · 응고롱고로

TANZANIA

여행정보

✈ 찾아가는 길

응고롱고로는 탄자니아 아루샤 시내에서 북서쪽으로 180km 지점에 있다. 아루샤에서 도도마 방면의 포장도로를 80km 정도 달리면 작은 마을이 나온다. 여기에서 마냐라호, 세렝게티, 응고롱고로는 오른쪽으로 꺾어지는 이정표를 따라 다시 달려야 한다. 도로가 자갈밭으로 되어 있어 모래바람을 일으키며 산 쪽을 향해 일직선으로 달리면 바나나 나무들이 울창한 음토와음부가 나온다. 마냐라호에서 몇 km 떨어진 장소에 있는 여정 도중의 최대 마을이다. 국립공원 출입구를 들어서면 절벽이 펼쳐진다. 그 아래 동물의 낙원 응고롱고로가 있다.

📷 응고롱고로 분화구 투어

응고롱고로 분화구(Ngorongoro Crater)는 화산 폭발로 생겨난 것으로 그 크기가 백두산 천지의 30배에 달한다. 백두산 천지의 넓이가 우리나라 여의도 면적과 비슷하다고 하니 응고롱고로 분화구는 서울 여의도 면적의 30배나 될 만큼 큰 스케일을 가진 분화구라고 할 수 있다. 응고롱고로 분화구 안으로는 사륜 구동 차량 이외에는 들어갈 수 없다. 버스로 온 사람들은 전날에 호텔 프런트에서 사륜 구동 차량을 예약하든지, 아침에 직접 관광 안내소로 가서 사파리 신청을 해야 한다. 가격 부담이 크므로 4명 정도의 동료를 모으는 것이 좋다.
오전 6시 전에 로지나 관광 안내소를 출발한다. 분화구 안으로 들어가는데 코스가 정해져 있기 때문에 자유로이 루트를 선택할 수 있다. 내리막길과 오르막길은 도로 폭이 좁아서 차가 비켜갈 수 없기 때문이다. 자가운전인 경우에는 루트를 충분히 파악하고 나서 내려가는 것이 좋다. 세렝게티 방면으로 도로를 따라가면 호수, 2개소의 습지대 하마 지구, 호숫가의 홍학과 펠리컨 무리 등 볼거리가 있다.

9TH TANZANIA
ARUSHA

야성의 세계로 향하는
동아프리카의 베이스캠프

문명을 벗어나 자연의 깊은 숨결을 찾아가는 길은 고되고 험난하다. 그러나 자연 그 본성에 닿고 싶은 마음은 깊어만 간다. 길은 그래서 늘 희망이다. 케냐와 탄자니아를 연결하는 문화와 자연의 접점, 아루샤는 동아프리카 야성의 세계를 만나는 베이스캠프다.

EAST AFRICA | 탄자니아 · 아루샤

세렝게티와 킬리만자로를 꿈꾸는 야생의 교차로

 자연 그대로 자연스럽게 존재한다는 것. 태초의 모든 생명들은 그렇게 평화로웠을 것이다. 탄자니아의 강과 초원은 태초의 모습 그대로 평화롭고 너그럽다. 그 고요한 자연을 다듬고 보듬어 온 원주민들의 땅이 아루샤다. 케냐 남부의 초원과 사막지대를 달려온 차들은 국경도시 나망가를 지나면서 아스라이 하얀 섬처럼 보이는 눈 덮인 킬리만자로와 운명처럼 조우한다. 그 순간 누구나 가슴이 꿈틀거린다. 황토먼지 날리며 탄자니아 북부 국경 도시를 질주한다.
 인파로 북적거리는 아루샤 버스 터미널에 도착하면, 다시 한 번 호텔 호객행위에 작은 몸살을 치러야 한다. 특별히 예약한 호텔이 없다면 현지 호객꾼들에게 안내를 맡겨보는 것도 좋다. 오히려 기대 이상의 좋은 숙소를 얻을 수 있기 때문이다. 아루샤 타운은 걸어 다니기에도 좋을 만큼 적당한 크기의 도시이며, 두 개의 남북 메인 도로를 기점으로 시장과 터미널, 극장과 기차역 등 편의시설이 중심가에 밀집되어 있다.
 인구 15만의 고원도시 아루샤 주변은 자연 국립공원이다. 흑백 콜로부스 서식지로 알려진 메루 산과 모메라 호수 주변 일대가 아루샤 국립공원으로 지정된 곳이다. 그곳으로 가는 관문도시 우사와 킬리만자로 국제공항이 가까이에 있는 아루샤가 관광의 베이스캠프다. 메루 산과 킬리만자로 산의 기슭에 위치한 해발

EAST AFRICA | 탄자니아 · 아루샤

1,400m의 고원도시 아루샤는 차가족, 아루샤족, 메루족 등 다양한 민족이 공존하는 원시 세계의 고향이다.

온갖 생필품과 과일, 채소로 거대한 시장을 형성한 채 장사진을 치고 있는 시장이 있다. 그곳을 시작으로 동쪽 시계탑을 향하여 발걸음을 재촉하면 분주하고 활기찬 아루샤의 일상과 마주한다. 길거리 레스토랑과 펍에서는 비즈니스맨들과 여성들이 차를 마시거나 담소를 나누는 풍경이 일상처럼 펼쳐진다. 도시는 바둑판 모양으로 잘 정비되어 길을 잃을 염려가 없다. 은행, 호텔, 기념품 상점, 여행사들이 즐비한 거리를 거닐다 보면, "사파리 예약 했어요?"라며 호객꾼이 말을 건넨다.

세렝게티, 응고롱고로, 타랑기레 등 세계적인 야생 국립공원으로 향하는 베이스캠프인 까닭에 사파리 여행은 필수코스다. 오직 사파리를 체험하기 위해 아루샤에 왔다고 해도 과언이 아니다. 하루 이틀 정도 천천히 도시를 음미하며 적당한 여행사를 선택한다. 최소 3박 4일 혹은 4박 5일의 동아프리카 사파리를 예약해야 한다. 아루샤에 와 있다는 것은 생애 최초로 맞이할 거대한 초원 위의 경이를 맞이하는 일이다.

동아프리카 최대의 하이라이트, 사파리 투어를 위해 방문한 아루샤에서는 현지 적응을 위해 사파리 관련 장비를 사거나, 전통 시장에 들러 마사이 토산품과 원주민들이 직접 만든 북과 그림들을 쇼핑하며 여유로운 시간을 보낸다. 거리를 거닐다 보면 작은 액자, 유화 그림 등 수공예품과 미술품을 팔러 다니는 행상도 마주친다. 서두르지 말고 느긋하게 가격을 흥정하다 보면 예상치 못한 값에 좋은 물건을 만나는 행운도 누린다.

주요 호텔의 높은 층에서는 아루샤 시장이 시야에 들어온다. 이른 아침이면 그야말로 발 디딜 틈도 없는 인산인해의 장관을 펼쳐내는 곳. 호텔에서 바라보는 풍경만으로는 다가설 엄두조차 나지 않는 곳이지만, 막상 용기 내어 다가서면 아루샤족, 차가족, 메루족, 마사이족, 스쿠마족 등 다양한 원주민들의 화려한 의상과 스타일에 흠뻑 빠져들 것이다. 향기 좋은 탄자니아 커피를 구입하거나 열대 과일을 장 보는 일도 즐겁다.

시장 메인 도로를 가로지르는 인력거와 짐을 실은 차량들

EAST AFRICA | 탄자니아 · 아루샤

의 행렬이 길게 이어진다. 그 사이를 헤집고 다니는 행상들과 장보러 온 사람들의 거대한 인파는 그 자체만으로도 장관이다. 길가에 자리 잡고 앉아 토마토, 가지, 오이, 감자 등 채소를 파는 아주머니들과 일상의 소소한 이야기를 나누는 일도 흥미롭다. 길거리 양말 장수와 과일 파는 소년도 미소를 건네준다. 아루샤 장터는 물건을 사고파는 곳이기도 하지만, 인간들이 만나 마음을 나누는 교류의 장이다.

아루샤 버스 터미널과 시장 사이의 긴 골목길에는 주요 호텔과 여행사, 기념품 상점과 레스토랑들이 자리하고 있다. 사파리를 위해 주요 호텔들을 돌며 사람들을 픽업하는 풍경이 매일 아침 펼쳐진다. 수많은 차량들의 행렬 속에 여행자와 현지 주민들이 뒤섞여 일상의 하모니를 이루어 내는 아침의 풍경. 멋진 사륜 구동 지프들이 전 세계에서 찾아 든 여행자들과 만나는 곳. 그 아침의 출발은 아루샤와의 작별인 동시에 사파리 추억의 시작이다.

도시를 벗어나 외곽 도로를 질주하면 아스라이 이어진 하나의 길 위로 지프들의 행렬이 끝없이 이어진다. 마사이 전사들과 다양한 종족들의 일상을 스쳐 지나면서 머지않아 거대한 초원 위를 달린다. 비포장도로를 달리기도 하고, 잠시 마사이 족들과 기념사진을 찍기도 하면서, 아루샤와의 안녕을 고한다. 세렝게티, 타랑기레, 응고롱고로. 이 세 포인트를 목표로 대부분의 사파리 차량들은 끊임없이 마주치고 헤어질 것이다.

메인 도로, 2층 테라스 카페에 앉아 시원한 맥주를 마시며 아루샤의 첫날 밤을 회상해 본다. 현지인들과도 스스럼없이 이야기를 나누고, 사파리를 다녀온 사람들과 정보를 교환하는 시간도 행복하다. 탄자니아의 얼굴, 야성의 국립공원으로 가는 베이스캠프 아루샤에서 앞으로 마주칠 동물들을 상상하며 느긋한 시간을 보낸다. 북부 탄자니아의 얼굴 아루샤는 친구와 같이 편안한 휴식처이며, 동시에 야성의 세계로 초대하는 희망의 타운이자 영원한 아프리카의 로망이 될 것이다. 🌳

TANZANIA

여행정보

✈ 찾아가는 길

아루샤로 가는 직항 비행기는 없다. 케냐로 향하는 대한항공 직항이 있으며, 터키항공이 이스탄불을 거쳐 탄자니아의 다르에스살람으로 운항한다. 다르에스살람에서 출발하면 버스로 650km의 거리를 10시간 가까이 달려 도착하게 된다. 대부분의 사파리 여행자는 케냐의 나이로비를 출발, 아루샤로 향한다. 나이로비 아루샤 구간 버스는 6시간이 소요된다. 비자는 케냐~탄자니아 국경에서 쉽게 받을 수 있다. 비자는 50달러. 국제적인 관광지답게 다양한 수준의 호텔들이 있으니 숙소 걱정은 없다. 도착하자마자 사파리 예약은 필수다. 요금은 흥정이 가능하니 사파리 투어 일정과 목적지, 캠핑 컨디션과 차량 노후 상태, 전문 가이드 등을 체크하고 가격을 교섭하도록 하자.

📖 아루샤 가이드

이른 아침의 장터는 워낙 많은 인파로 인해 주변을 살필 여력이 없으므로 어느 곳이나 흔히 존재하는 소매치기나 좀도둑을 조심해야 한다. 특히 주머니의 잔돈이나 여권 등은 각별히 주의해야 한다. 시장에서 카메라나 여권을 잃어버렸을 때 다시 찾기란 거의 불가능하다. 그냥 편안한 복장으로 동네 장터를 둘러보는 마음으로 그 분위기와 열기를 느껴보는 정도가 좋을 것이다. 비도 많이 오지 않으므로 일 년 내내 방문 가능하다.

9TH TANZANIA
MWANZA

빅토리아 호수의 평화, 탄자니아의 숨은 진주

아프리카 심장 속 거대한 바위, 유칼리나무 숲들이 바다 같은 빅토리아 호수 주변으로 병풍 치듯 펼쳐져 있다. 탄자니아의 수도, 다르에스살람으로부터 1,000 km나 떨어진 내륙 깊숙한 곳에 아프리카 담수호의 수호자 빅토리아 호수가 탄생시킨 므완자가 있다. 세렝게티, 응고롱고로가 지척인 탄자니아 내륙의 허파이자 엄마의 품속 같은 도시다.

EAST AFRICA | 탄자니아 · 므완자

탄자니아 내륙의 허파, 아프리카 최후의 파라다이스

다르에스살람 공항에서 이륙한 비행기는 해안가 도시 바가모요(Bagamoyo) 지역의 아름다운 해안선을 내려다보면서 구름 사이로 사라져 간다. 잠시 후 구름 위로 솟아오른 눈 덮인 킬리만자로 산 정상이 신비롭게 다가온다. 초록으로 무성한 응고롱고로와 세렝게티 국립공원 상공을 지나면서 저 멀리 거대한 호수가 두 눈에 들어온다. 바로 빅토리아 호수다. 호수 위를 유유히 선회하며 랜딩을 하자 탄자니아 제2의 도시, 므완자의 품에 안긴다.

공항을 빠져나와 오토바이를 타고 시가지를 향해 달린다. 네에레레 로드(Nyerere Rd.)를 따라 내려오면 시가지 중심부의 시계탑과 마주친다. 이곳이 시내 중심부 역할을 하는 곳이며, 동서남북 사방의 길을 따라 시장, 호텔, 게스트 하우스, 호수, 마을 언덕 등 다양한 지역으로 이동이 가능하다. 버스 터미널 인근 마을 언덕에 올라 세계 제2위를 자랑하는 담수호, 빅토리아 호수를 바라본다. 므완자 시가지가 한눈에 들어온다.

타운 한복판에는 1,200m 높이의 완만한 구릉이 자리하고 있다. 서민들의 주거지가 즐비한 이곳은 언덕 위에서 저 멀리 거대한 빅토리아 호수와 마을 어귀의 어시장, 버스 터미널과 중앙시장 등 시가지의 주요 기능들이 한눈에 들어오는 곳이다. 마을 주민들의 가난한 삶이 고스란히 드러나 보이는 이곳은 그저 벽돌로 쌓아 올린 벽과 양철지붕 아래에 멍석 하나 깔고 사는 집이 대부분이다.

므완자 역시 내륙 도시여서 한낮의 기온은 30도를 웃돈다. 정오가 되면 따가워진 햇살에 거리를 거닐기조차 힘겹다. 대단한 볼거리가 있는 도시도 아니기에 숙소를 중심으로 빅토리아 호수 주변과 마을 어시장, 터미널 주변과 가파른 호수 위 마을, 그리고 장터를 둘러보는 일이 전부다. 탄자니아 제2의 도시임을 증명이라도 하듯 주요 관공서와 은행들이 밀집한 거리는 포스트 스트리트(Post St.)를 중심으로 케냐타 로드와 교차하는 부분에 모두 모여 있다.

포스트 스트리트와 시계탑을 지나 빅토리아 호수 주변으로 다가서면, 이 도시의 가장 큰 어시장이 활기찬 분위기로 나타난다. 어시장엔 마른 멸치들이 상품의 주를 이루고 있으며 담수호의 거대한 생선들과 채소를 함께 팔고 있어 마을 공동 장터의 정겨운 분위기가 풍겨난다. 빅토리아 호수에서 갓 잡아 올린 생선들이 연이어 항구로 들어오고, 장사꾼들의 흥정과 소란스런 항구의 경매 분위기와 함께 장터의 하루도 저물어 간다.

므완자에서 가장 큰 볼거리라면 빅토리아 호에 떠 있는 작은 사나네 섬(Saanane Island)에서 야생동물을 구경하는 한가로운 여정이다. 므완자 역을 지나 스테이션 로드를 따라 시가지 반대 방향으로 가다 보면, 호반 가까이에 작고 하얀 건물이 나타난다. 나룻배와 작은 유람선으로 시나네 섬으로 이동한다. 15분 만에 도착하는 섬 내에는 기린, 코끼리, 얼룩말, 들소가 한가로이 노닐며 사자, 원숭이, 고릴라 등도 우리 안에서 놀

고 있는 모습을 볼 수 있다.

빅토리아 호수의 중심 도시로, 고요하고 평화로운 도시 므완자. 큰 산업과 사람들의 이동이 많지 않은 탓에 도시는 한가로울 정도로 차분하고 평화롭다. 빅토리아 호수 위로 거대한 유람선이 우간다와 케냐를 오고 가며 탄자니아 사람들의 호수 내륙 이동을 가능하게 해준다. 해 질 무렵 호숫가로 나가 찰랑거리는 빅토리아 호수를 거닐면 기분도 상쾌하다. 아프리카 내륙 가장 깊숙한 곳에서 바다와 같은 빅토리아 호수의 고요와 평화를 마주보는 시간은 축복과도 같다. 🌳

여행정보

✈️ **찾아가는 길**

탄자니아 내륙 깊숙한 도시이자, 제2의 도시답게 호수를 통한 수상 이동과 비행기, 버스 등 다양한 교통편이 있다. 수도 다르에스살람과 잔지바르에서 이동하는 사람이라면, 비행기를 강력 추천한다. 비용도 150달러 안팎이라 경제적이다. 만약 버스로 이동한다면 다르에스살람에서 므완자까지 이틀은 각오해야 한다. 다르에스살람~므완자 구간의 철도는 주 4편이 있으나 36시간이 소요된다. 버스는 아루샤와 모시를 거쳐 매일 운행하고 있다. 48시간을 예상해야 하지만 도로에 대형 교통사고가 종종 발생하여 시간이 반나절씩 지체되기도 하므로 참고해야 한다.

9편 TANZANIA
TARANGIRE

코끼리 가족의 천국, 원시 대자연의 고향

흙먼지 일으키며 야성의 품속으로 달려간다. 아루샤를 출발한 사파리 차량들은 베이스캠프인 작은 도시를 벗어난 순간, 야성의 대지와 호흡한다. 검은 얼굴 마사이족들의 반가운 손짓과 초원 위 야생동물들의 원시 풍경이 여행자의 가슴을 뜨겁게 한다. 세계 각처에서 몰려든 사파리 애호가들은 태초의 모습, 자연의 품속에서 진정한 휴식을 누릴 것이다.

코끼리 가족의 초대, 타랑기레 강줄기에서의 사파리

　원시의 세계란 그 자체로 축복의 공간이다. 더할 것도 뺄 것도 없는 하늘이 선물한 그대로의 공간. 부족하지도 넉넉하지도 않은 하늘의 조화 아래에서 동물들은 숨 쉬고, 사랑하고, 움직인다. 욕심낼 일도 없지만 부족하지도 않다. 대자연의 질서 속에서 순리대로 살아가는 자연의 생태, 태초의 모습으로 바라보는 것. 그 온전한 기쁨이 사파리의 매력이다.

　탄자니아, 오래전 탕가니카와 잔지바르 공화국이 한데 어우러져 하나의 나라를 세웠다. 그 거대한 동아프리카의 중심에 타랑기레 국립공원이 있다. 세렝게티, 응고롱고로와 어깨를 마주하고 있지만 작고 아담한 이 공간은 코끼리 천국이다. 탄자니아 사파리의 베이스캠프인 아루샤를 출발하여 1시간 남짓이면 당도하는 곳. 지척인 그곳에 동물들은 타랑기레 강줄기의 초대로 평화로운 한때를 보내고 있다.

　키가 큰 스웨덴의 기린 커플, 네덜란드의 호기심 많은 젊은 두 청춘, 프랑스의 줄리앙, 코리아의 사진작가. 한 팀이 된 6명은 타랑기레 국립공원 입구에서 3일간의 우정을 기대한다. 타랑기레와 인류의 분화구 응고롱고로로 이어지는 3일간의 사파리에 한 식구가 된 동반자들이다. 전 세계에서 몰려온 사파리 드리머들은

수십여 대 차량에 분승하여 타랑기레를 누비게 된다. 설레는 마음도 잠시, 흙먼지 날리며 야생 동물들의 혼적을 찾아 나선다.

    리버 사이드 캠프 로지를 벗어나며 타랑기레 강줄기에 다가선다. 처음으로 마주하는 초원의 신사는 누떼다. 한 무리 느긋한 누 떼가 비포장 길을 가로질러 질주한다. 차량을 세우고, 누 떼들의 이동을 눈여겨 본다. 이미 케냐의 마사이 마라로 거대한 이동을 마친 누 떼들도 있지만, 그들은 이곳에서 겨울을 보내게 될 것이다. 초원 위 고스란히 아프리카 특유의 생명들과 마주하는 기쁨, 자유로운 생명들의 경이로움을 바라보는 것. 검은 몸체에 하얀 줄무늬가 선명한 초원 위의 신사 지브라의 출현, 화려한 몸체의 움직임은 그 자체로 황홀하다.

    고요한 한낮, 초원 위는 평온하다. 그러나 어딘가에선 사자들이 가젤과 누 떼들을 공격하며 초원 위 생태계의 질서를 유지하고 있을 것이다. 케냐, 탄자니아는 아프리카 사파리의 천국이자 베이스캠프다. 그리하여 명성이 자자한 마사이 마라와 세렝게티로 향하는 사파리 마니아들이 넘쳐난다. 반면 타랑기레 국립공원의 규모는 크지 않지만 다양한 야생동물들을 자연스레 관찰할 수 있어 매력적이다.

사파리란 사전적 의미로 사냥, 탐험 등의 원정 여행을 의미한다. 대륙을 넘어 먼 타지에서 이곳 아프리카를 찾은 사람들은 동아프리카의 수렵대를 헤쳐 가며 야성의 동물들을 탐험하는 묘미를 즐기고 싶어 한다. 그러나 단기 여행이나, 저렴한 비용을 목적으로 하는 사람들에게 5일에서 일주일씩의 사파리 비용은 부담으로 다가오기도 한다. 또한 장시간의 사파리로 인한 피로 누적도 불만의 대상이 된다.

그 대안이 바로 타랑기레 국립공원이다. 장시간의 이동과 가이드들이 동물 수색을 기다리는 수고를 줄이고, 자연에 가까이 다가가 여유로운 사파리를 즐길 수 있는 곳이다. 한국에서 케냐로의 직항 비행기가 주 5일씩 접근하는 시대로 접어든 우리는 이제 좀 더 손쉽게 동아프리카의 묘미, 사파리 대열에 합류할 수 있게 되었다. 1차적으로 케냐의 나쿠루, 마사이 마라를 권하고, 그 다음 목적지가 탄자니아의 타랑기레, 응고롱고로다.

공원의 완만한 능선과 타랑기레 강을 조망할 수 있는 거대한 언덕 전망대도 압권이다. 사바나의 생명 아카시아의 거대한 군락이 동물들에게 천국을 선사하고 있다. 타랑기레 강줄기가 보이기 시작하자 거대한 코끼리 무리가 강줄기를 배경으로 목욕을 즐기고, 다른 한편에선 가족들과 거대한 이동을 준비한다. 풍부한 수량으로 인해 타랑기레 강을 중심으로 코끼리 가족들은 적어도 하루에 한 번 이곳에서 즐거운 한때를 보내고 간다.

오전 일찍 시작된 사파리 대열은 정오가 되자 타랑기레 강줄기가 시원스레 펼쳐지는 강 언덕으로 모두들 모여든다. 점심 도시락을 먹기 위해서이다. 화려한 야생조류들의 지저귐을 들으며, 캠프 사이트에서 도시락을 나누는 시간도 즐겁다. 시원한 아카시아 나무 그늘 아래, 삼삼오오 모여 앉은 사파리 여행자들은 저 멀리

EAST AFRICA | 탄자니아 · 타랑기레 국립공원

코끼리 가족들의 한가롭고 평화로운 장면을 지켜보며 잠시 동안 평온한 시간을 만끽한다.

점심을 마치면 본격적인 사파리가 시작이다. 타랑기레 강 줄기 가까이 다가가 코끼리들과 만나고, 마사이 기린과 인사를 나눌 시간이다. 멸종 위기에 있는 코뿔소를 볼 수 있는 행운은 누리지 못했지만 누 떼와 지브라 가족의 평화로운 이동, 코끼리 가족들의 거대한 이동, 사파리의 꽃 기린 가족들과 마주하며 평화로운 탄자니아의 오후가 저물어 간다.

타랑기레 국립공원이 특별히 뇌리에 남는 것은 야생 코끼리 가족들의 평화로운 한때를 5m 지척의 거리에서, 생생하게 볼 수 있다는 것이다. 멀리서 바라보는 아카시아나무 그늘 아래 코끼리 가족들의 평화로운 풍경, 가까이에서 감상하는 새끼 코끼리와 어미 코끼리의 사랑스런 교감의 순간, 코끼리 가족의 일상은 바라보는 그 자체만으로 평화롭고 감동적이다.

초록으로 넘실거리는 사바나에서 야성의 동물들과 여유로운 한때를 보낸다. 나름의 질서 속에 자연스레 공존하는 야생 동물들의 세계를 마주하며 인간들의 삶을 되돌아보게 된다. 경쟁과 과속, 과욕이 넘쳐나는 세계에서 잠시 벗어나 자연과 공존하며 평화롭게 살아가는 야생을 바라보는 일은 현대인에게 위로가 되어준다. 몽게구름 아래, 대자연의 평화로운 질서는 인간들에게 살아가는 지혜를 소리 없이 전해주고 있다.

EAST AFRICA | 탄자니아 · 타랑기레 국립공원

TANZANIA

여행정보

✈ **찾아가는 길**

아루샤로의 이동은 케냐 나이로비로 대한항공 직항이 있으며, 케냐항공, 에미레이트항공 등이 두바이를 경유하여 16시간 만에 도착한다. 나이로비, 아루샤 간 국제버스는 국경도시 나망가를 거쳐 7시간 정도 소요된다. 국경에서 탄자니아 비자 수속은 30분 정도 소요. 버스는 나이로비 아크레 로드의 도심 반대편 끝에서 매일 3편씩 아루샤로 출발한다. 오전 7시, 9시, 11시에 출발하고 요금은 800케냐 실링이다.

타랑기레, 응고롱고로, 세렝게티로 출발하는 사파리는 아루샤에 베이스캠프를 치고 있다. 케냐에서도 전문 사파리 팀들의 이동이 잦지만, 아루샤에서 다양한 가격대의 사파리를 만나볼 수 있다. 2박 3일 일정으로 타랑기레, 응고롱고로 일정이 400달러 안팎이며, 3박 4일, 혹은 4박 5일 일정의 응고롱고로, 세렝게티 일정이 600달러 안팎이다. 회사의 규모와 차량의 노후 정도, 가이드의 전문성 등이 가격을 결정하기도 한다.

타랑기레는 아루샤에서 120km 거리의 근접한 지점에 위치한 장점 외에도 거대한 바오밥나무들을 자주 목격할 수 있는 곳이다. 총천연색 550여 종의 다양한 조류들이 분포하고 있는데, 그 원인 중의 하나가 사바나 아프리카 나무가 풍부하기 때문이라고 한다. 여러 늪지대와 워터 풀, 수량이 풍부하고 완만한 경사지에 굽이쳐 흐르는 타랑기레 강줄기의 매혹적인 축복도 간과할 수 없는 이유 중 하나다.

10TH UGANDA
KAMPALA

아프리카의 푸른 심장, 녹색의 정원도시

아프리카의 푸른 심장, 우간다는 국토의 80%가 녹지다.
검은 대륙의 허리 우간다를 종횡하여도 눈앞에 펼쳐지는 풍광은 넘실거리는 녹색의 자연뿐이다.
녹색 숲이 잦아들며 작은 구릉이 연이어 펼쳐지면 우간다의 캄팔라가 녹색도시의 베일을 벗는다.
하지만 그곳에선 빌딩 숲과 도시의 혼돈, 뜨겁고 치열한 삶의 풍경 속에서
우간다의 절망과 희망을 동시에 마주한다.

구릉 위에 발달한 열정과 소비의 도시

도시는 사람들을 위한 생활과 기능 공간의 역할이 일반적이다. 세계 각 나라의 수도가 그러하듯 아프리카의 스위스라 일컫는 우간다의 수도 캄팔라 역시 도시가 숲을 이루고 있다. 케냐, 탄자니아, 르완다, 우간다는 형제국가를 자처하며 각 수도들이 긴밀하게 연결되어 있는 느낌이다. 키갈리와 캄팔라, 나이로비와 다르에스살람이 친구처럼 공존하듯 말이다.

우간다의 수도 캄팔라는 19세기에 번영을 누렸던 부간다 왕국의 도읍이었다. 해발 1,150m의 고원에 위치한 캄팔라는 빅토리아 호수를 굽어보는 완만한 7개의 구릉으로 이루어져 있는 오랜 역사의 도시다. 대부분의 수도가 일반적으로 평지에 발달하지만 캄팔라는 구릉 위에 발달하면서 언덕 위의 숲을 공원처럼 품에 안은 녹색의 정원 도시로 멋진 전망을 자랑한다.

르완다, 케냐 등 인접국에서 육로로 캄팔라에 들어올 경우 버스는 구시가지 근처의 나미렘베 로드(Namirembe Rd.)의 버스 정류장에 도착한다. 버스 터미널, 마타투 정류장, 나카세로 시장을 중심으로 이 근방엔 다양한 등급의 숙소들이 있어 여행자들에게 불편함은 없다. 단지 전국 각지를 연결하는 마타투(현지에서는 택시로 통함)와 버스들이 항상 도로를 가득 메우고 있기에 출발·도착 시각을 예상하기 힘든 단점도 있다. 이

는 아프리카의 일반적인 현실이다.

   도심의 주축이 되는 두 개의 메인 로드, 캄팔라 로드(Kampala Rd.)와 엔테베 로드(Entebbe Rd.)를 중심으로 일상의 터전들이 거미줄처럼 연결되어 있다. 도시는 캄팔라 로드를 중심으로 북쪽 언덕 위 구릉 속에 자리한 고급 호텔들과 관공서, 빌라촌이 자리하고 있으며, 캄팔라 로드 아래로는 버스 터미널, 기차 역, 시장, 중저가 호텔, 상점들이 완만한 경사의 언덕 아래 거대한 콘크리트를 형성하여 빼빼하게 자리하고 있다.

   이곳은 걷기에도 부담 없는 도시다. 도심의 얼굴을 한눈에 익히기 위해서는 모토를 타고 쉐라톤 호텔을 중심으로 한 관공서와 국립극장, 국회의사당 등 공공기관들을 둘러보면 좋다. 엔테베 로드를 중심으로 좌우로 펼쳐져 있는 레스토랑과 바, 앤티크 숍 등 여행자들이 마주하게 될 생활의 현장들을 먼저 살펴본다. 두려움에 가득 찬 여행자도 도시의 이모저모를 둘러보면 여행에 자신감이 생길 것이다. 가이드북을 내려놓고 본격적으로 도시를 어슬렁거려 보자.

고원도시의 신선함을 만끽하며 아침 산책을 나서는 일은 행복하다. 나일 애비뉴 북쪽 지대는 고급 주택가와 주요 호텔들이 들어서 있어 한적하고 차분한 시간을 즐기기에 좋다. 대낮에도 한가한 분위기가 느껴지는 이곳은 이른 아침 조깅을 하거나 산책을 즐기는 외국인을 자주 마주친다. 대사관과 관공서, 쉐라톤 호텔 등이 있는 고급 주택가인 탓도 있지만 공원과 녹음으로 우거진 이곳은 수도 캄팔라의 정원과도 같아 마음에 평안함과 휴식을 전해주는 곳이다.

나일 애비뉴와 스피크 로드 주변에는 근사한 카페와 레스토랑 몇 곳이 자리한다. 여유롭게 차를 즐기고 싶은 여행자들에게 편안한 휴식 공간이 될 것이다. 부담 없는 가격에 좋은 전망과 맑은 공기의 청정한 기운도 동시에 제공하고 있다. 안락한 휴식과 전망 좋은 카페를 원한다면 쉐라톤 호텔의 스카이라운지가 최고다. 캄팔라 녹색 정원의 아름다운 조망은 한 번 정도 누려 봐도 후회 없을 것이다.

스피크 로드를 따라 메인 도로인 캄팔라 로드에 다다르면 물결처럼 움직이는 모터사이클 저편으로 캄팔라의 대형 빌딩들이 동서로 뻗은 캄팔라 로드를 엄호하듯 지키고 서 있다. 낡

고 오래된 건물들이 도시 발전의 정체와 빈곤을 대변하는 듯하지만 아프리카답게 화려하고 대담한 광고들로 무장한 채 도시에 생기를 채워가고 있다. 새로 론칭한 모던버스 시스템도 도시에 활기를 더한다.

본격적인 도시 탐험의 매력은 캄팔라 로드 남단의 시장과 잡화상점, 터미널, 저가 호텔 등 서민들의 일상을 마주볼 수 있는 혼란스럽고 전쟁터 같은 그곳에 있다. 전국 각지에서 몰려드는 마타투 행렬은 마치 지옥의 랠리처럼 보인다. 끝없이 꼬리를 물고 이어지는 낡고 탈탈거리는 승합 택시는 서민들의 발이자, 생계의 수단이다. 마타투 정류장을 겨우 빠져나와 다시 골목길을 기웃거리면 거대하게 펼쳐지는 장터에 숨이 멎는다.

캄팔라 시민들의 생활 터전인 나카세로 시장(Nakasero Market)에는 모든 것이 있다. 커다란 광장 주변으로 모든 것이 모이고, 모든 것이 팔려 나간다. 캄팔라 주변 초록의 대지에서 길러온 온갖 채소와 과일들이 새로운 식단을 준비하는 아낙들의 손길을 기다린다. 소란스럽고 고단한 장터지만 삶의 의욕과 생의 열기가 넘쳐흐른다. 기꺼이 함께 나누고 삶의 축제를 즐기는 캄팔라의 동맥과도 같은 곳이다.

아프리카의 독특하고 세련된 공예품들도 간과할 수 없다. 국립극장과 스피크 로드 근처에는 전통 공예품과 가죽제품, 목각 인형들이 호기심 많은 여행자를 기다린다. 꼭 구입하지 않더라도 현지인들의 손길을 상상하며 구경하는 재미가 쏠쏠하다. 명성이 자자한 '카페 1000'에 가면 주인의 다정하고 섬세한 손길이 느껴지는 소품들을 둘러보며 세계 각지의 원두커피를 음미해 볼 수 있다.

엔테베 로드를 지나 힌두 사원 인근 언덕에 선다. 고단하고 뜨거운 욕망이 꿈틀거리는 거대한 도시의 얼굴이 적나라하게 드러난다. 애처롭기도 하고 사랑스럽기도 하다. 비가 내리고, 바람도 분다. 햇살이 비추고 어둠도 내린다. 가난이 눈물짓고, 거짓이 활보하기도 한다. 그러나 모두 희망을 꿈꾸고, 내일을 기다린다. 캄팔라가 검은 대륙, 아프리카 사람들의 푸르고 성성한 영혼의 대지인 까닭이다. 🌳

UGANDA

여행정보

✈ **찾아가는 길**

우간다의 캄팔라로 가는 길은 다양하다. 케냐와 탄자니아, 르완다에서 버스를 타고 쉽게 접근할 수 있다. 열대 정글과 시골길을 달리는 풍광도 매력적이다. 비행기를 탄다면 전 세계 어디에서든 빅토리아 호반에 위치한 고요하고 차분한 도시 엔테베로 들어올 것이다. 마타투로 2시간 거리의 엔테베도 캄팔라에 머물면서 꼭 들러볼 만한 곳이다. 캄팔라는 도시의 볼거리보다 빅토리아 호수와 나일 수원 전자, 고릴라로 유명한 루웬조리 산, 사파리를 즐길 수 있는 북부 국립공원 등 대자연을 찾아 나서는 투어의 베이스캠프이다. 검은 대륙의 진주 우간다의 심장 캄팔라에서 아프리카 서민들의 뜨겁고 열정적인 삶을 마주하며 희망을 만나보자.

10TH UGANDA JINJA

나일 강의 수원, 빅토리아 호수의 생명

수도 캄팔라를 출발한 차량은 초록이 무성한 정글과 경이로운 풍경들을 지나 나일 강의 수원 빅토리아 호수의 거친 숨통으로 향한다. 거리에는 빅토리아 호반 도시 진자에서 추출한 맑고 청량한 맥주 'Nile Special' 광고가 시선을 잡아끈다. 빅토리아 호수에 당도했다. 이곳은 아프리카의 생명 나일 강의 출발선이다.

아프리카의 숨결, 나일 강의 원류를 만나다

지극히 평화로운 풍경이 펼쳐진다. 지상 낙원이라 불러도 좋을 만한 초록의 구릉과 청량한 물줄기가 힘찬 맥박으로 도도한 흐름을 이어간다. 나일 강의 수원, 빅토리아 호수가 그 이름만큼이나 거대한 수면을 펼쳐낸다. 우간다는 아프리카에서도 상상을 초월하는 대자연의 보고다. 초록이 무성한 자연의 천국을 일구어낸 힘은 바로 빅토리아 호수의 풍부한 수량이다.

빅토리아 호수는 케냐, 탄자니아, 우간다 세 나라와 공유하고 있는 아프리카 최대의 담수호다. 에티오피아, 수단, 이집트를 거쳐 지중해로 흘러드는 나일 강의 수맥으로 인류의 수원이라 불릴 만하다. 빅토리아 호수의 힘찬 물줄기는 진자라는 우간다 동부의 작은 도시에서 출발한다. 빅토리아 호수의 힘찬 맥박과 경이로운 수원에 힘입어 모험을 즐기려는 사람들도 몰려든다.

우간다의 숨겨진 힘을 무엇으로 표현할 수 있을까? 초록의 울창한 숲, 기름진 대지, 아프리카 최대의 호수. 이 모든 힘에 더해 나일 강의 출발점이라는 빅토리아 수원을 허파로 안고 있다. 그것은 힘찬 맥박이며 아프리카의 핏줄, 생명의 원천이다. 진자가 위대해 보이는 것은 모든 것을 수용하고 그 모든 것을 다시 아낌없이 흘려보내는 생명의 순환에 있다.

진자는 수도 캄팔라에서 승합 택시로 2시간 남짓 거리에 있다. 캄팔라를 기점으로 하여 동쪽으로 80km 지점에 위치한 진자는 여행자들에게 휴식과 재충전의 장소로 명성이 높다. 빅토리아 호수와 열대우림이 지척이며, 케냐로 전력을 생산 및 수출하는 오웬 폴스 댐(Owen Falls Dam)은 도시의 주요 얼굴이다. 국가의 중요한 산업단지가 조성되어 있으며 래프팅과 낚시, 레저와 모험의 도시로 유명세를 치르고 있다.

캄팔라를 출발한 택시가 진자의 중심가에 도착하면 주변에서 손님을 기다리고 있는 오토바이, 달라달라 운전사와 요금 협상을 해야 한다. 대략 정해진 요금이 있으므로 두려워할 필요는 없다. 마음에 드는 기사의 달라달라에 탑승하고 빅토리아 호수로 향하면 된다. 바람을 가르며 진자의 시가지를 달리

면 시원하고 청량한 공기가 가슴 깊숙한 곳까지 스며든다. 초록으로 무성한 진자는 휴식과도 같은 치유의 도시다.

나일 강의 수원, 오웬 폴스 댐, 화이트 나일 최상류의 라이폰 폭포 등 진자의 핵심 볼거리들이 여행자를 반긴다. 강이 시작되는 'Source of Nile'의 풍부한 수량과 맑은 공기를 만끽하려면 며칠 묵어가는 것도 좋은 선택이 될 것이다. 호수를 가르며 나일 퍼치를 낚아 올릴 수 있는 낚시를 즐겨보는 것도 근사한 추억이 된다. 게다가 힘찬 물줄기를 즐기며 세계 최고난도의 래프팅에 도전해 보는 것은 진자가 선물하는 유일한 모험이다.

도심은 그리 크지 않아 걸어서도 천천히 둘러볼 수 있다. 도시 구경을 마치면 나일 강의 출발선, 'Source of Nile'의 전망 포인트로 달려간다. 외국인은 공원 입구에서 10,000우간다 실링의 입장료를 내야 한다. 공원 입구로 들어서면 수풀 사이로 나일 강의 포말이 보이기 시작한다. 빅토리아 호수가 변하여 나일 강의 도도한 흐름이 시작되는 곳. 나일 강의 시작을 바라보

노라면 원인 모를 흥분과 묘한 기분에 가슴이 뛴다.

도도히 흐르는 강 주변으로 레스토랑과 카페, 게스트 하우스, 호텔 등 휴식과 재충전의 편의시설들이 자리를 잡고 있다. 수도 캄팔라에 비해 가격이 비싸고 고급 숙박지로 알려져 있지만 버짓 트래블러의 욕구를 충족시킬 만한 저렴한 게스트 하우스도 있다. 빅토리아 호수의 평온한 기운과 자연을 마음껏 누릴 수 있는 지리적 이점 때문에 휴양지로 명성을 떨치고 있다.

나일 수원의 전망 포인트에서 보트를 타고 빅토리아 호수의 심장으로 향한다. 나일 강의 수원은 거대한 빅토리아 호수의 맑고 풍부한 수량에 힘입고 있다. 철새들의 낙원이기도 하며, 나일 강의 출발선이기도 한 두 개의 작은 섬이 빅토리아 호수 입구에 유유히 떠 있다. 섬 주변으로 다양한 철새들이 날아들고, 나일 강의 강둑을 형성하는 주변 언덕에는 거대한 고목과 풍부한 수림으로 지상낙원을 펼쳐 놓았다.

해는 저물고 낙조의 시간이 다가온다. 나일 강의 수원도 붉게 물들어 간다. 초록의 싱그러운 기운과 나일 강의 촉촉한 기운이 한데 어우러져 탄생한 진자의 평화, 우간다의 생명력은 경이롭다. 수도 캄팔라의 시민들도 주말이면 휴식과 재충전을 위해 이곳 나일 강의 수원 진자를 찾거나 바다와 같은 빅토리아 호수의 비치 타운, 엔테베를 찾아 나선다.

눈으로 경험하고, 가슴에 담은 빅토리아 호수와 나일 강의 촉촉한 추억은 삶의 멋진 윤활유가 될 것이 분명하다. 어둠이 내리면 시원한 맥주 한잔이 떠오른다. 나일 강의 추억, 그 깊은 수원을 마시려 카페를 찾는다. 'Nile Special' 그 이름처럼 시원한 나일의 수원에서 탄생한 맥주를 들이켜자 가슴이 짜릿하다. 빅토리아 호수의 평화, 나일 강의 맥박, 우간다의 진정한 휴식의 순간을 영원히 잊지 못할 것이다.

UGANDA

여행정보

✈ 찾아가는 길

빅토리아 호수는 케냐, 탄자니아, 우간다 3국에 둘러싸여 있다. 나일 강의 출발을 알리는 수원은 빅토리아 호수 북단, 우간다 제2의 도시 진자에서 출발한다. 우간다의 수도 캄팔라에서 승합택시, 미타투로 2시간 남짓 거리에 위치해 있다. 케냐 국경을 향해가는 도중에 위치해 있어 여행자들도 자주 찾는 휴식과 레저의 도시다. 캄팔라를 출발하면 거대한 사탕수수 농장, 끝없는 초원과 열대정글을 지나게 된다. 가볼 만한 곳은 오웬 폴스 댐과 라이폰 폭포 등이며 'Source of Nile'에서 보트를 타고 평화로운 빅토리아 호수를 만끽하며 휴식을 취하거나 래프팅에 도전해 보는 것도 잊지 말자.

10TH UGANDA
ENTEBBE

빅토리아 호수의 숨결, 우간다의 관문

검은 대륙의 진주라 일컫는 우간다의 관문은 엔테베다.
일찍이 영국의 수상 처칠은 우간다의 아름다움이 동아프리카는 물론,
아프리카 전 지역을 통틀어 가장 빼어나다고 극찬했다.
빅토리아 호수의 평화로운 기운과 풍요로운 자연의 혜택 속에 있는 곳,
호수와 숲의 기운을 온전히 누리고 있는 원시 자연의 천국, 빅토리아 호반의 도시 엔테베다.

우간다의 힐링 스페이스, 호반의 도시 엔테베

우간다의 수도는 캄팔라다. 그러나 아프리카 혹은 유럽에서 우간다로 들어가는 모든 비행기는 엔테베 공항을 거쳐 입국한다. 수도 캄팔라보다 엔테베의 도시명이 익숙한 이유도 이 때문일 것이다. 비행기로 입국한 경우가 아니라면 캄팔라에서 당일치기 여행, 혹은 빅토리아 호수 주변에서 여유로운 휴식을 누릴 목적으로 엔테베를 찾기도 한다. 아프리카에서 호반의 여유와 낭만을 기대해도 좋은 곳. 바로 엔테베의 진짜 매력이다.

우간다에는 숨겨진 보물이 많다. 자연의 신비를 느끼게 해주는 아름다운 루웬조리 산과 나일 강의 시원, 진자가 있다. 야트막한 언덕 위 숲으로 둘러싸인 수도 캄팔라도 매력적이지만 빅토리아 호수를 빼고서 우간다를 설명하기는 쉽지 않다. 탄자니아에 빅토리아 호반 도시로 므완자가 있다면, 우간다에는 엔테베가 있다. 국제공항이 위치한 관문이자 빅토리아 호수에 인접한 도시인 까닭에 입국과 동시 호수 주변에서 휴식을 즐기는 여행자가 많다.

　엔테베는 아프리카의 중심, 적도 바로 아래 위치하여 국토의 평균 표고가 1,200m인 사바나 지대에 있다. 때문에 한여름에도 30도를 웃도는 폭염에 시달리는 경우가 없다. 평균 기온은 20도. 서쪽과 동쪽으로 이어진 산악 지대 덕분에 아침저녁으로 한기가 심하고 날씨도 변화무쌍하다. 3월부터 5월까지의 봄, 10월부터 12월까지의 겨울, 두 계절에 집중 호우가 내려 빅토리아 호수를 비롯해 전 국토의 20%에 이르는 강과 호수는 초록으로 뒤덮인다.

　캄팔라 구시가지 근처인 나미렘베 로드 옆의 승합 버스 터미널에서 마타투를 타고 1시간이면 엔테베에 도착한다. 캄팔라를 벗어나면 녹음이 우거진 정글과 열대의 숲 속을 지나게 된다. 전원주택지가 펼쳐진 캄팔라 주변을 벗어나면 시골풍경이 펼쳐지면서 주변은 완연하게 자연 녹지로 변한다. 차량 정체와 호객행위 등 아프리카 지방 도로 풍경의 평범한 일상을 여과 없이 마주할 수 있는 곳. 엔테베 여행의 매력이다.

습한 기운이 밀려오면서 바다와 같은 해안가가 펼쳐지는가 싶더니 야트막한 산자락이 보인다. 버스는 손님들을 거의 다 내려놓고 마지막 최종 목적지인 엔테베 키토로 타운을 향해 달린다. 카페와 호텔, 레스토랑 등이 보이면서 휴양과 레저도시의 기운이 느껴진다. 주말이면 수도 캄팔라의 번잡함에서 벗어나 호수와 바다의 기운을 만끽할 수 있는 엔테베로의 드라이브를 떠나는 나들이객들이 많다.

엔테베의 얼굴은 공항 초입의 작은 타운 키토로다. 마을 주민들이 공항을 배후로 삼아 평온하고 여유로운 삶을 꾸려 나간다. 주민은 그리 많지 않지만 파일럿과 여행사 직원들, 공항 관계자들, UN 관련 국제기구 사무원들이 인근에 거주하기에 그들과 더불어 평온한 일상을 살아가는 곳이다. 키토로 마을 한복판에는 주말마다 장이 서고, 평일에는 마을 한가운데 상점에서 고기와 채소, 간단한 생필품 등을 구할 수 있다.

최근 7시즌즈(7seasons)라는 4성급 호텔이 공항 입구에 신축되었다. 키토로 마을은 기존의 게스트 하우스와 저렴한 호텔은 물론 다양한 수준의 호텔들을 완비한 쾌적한 도시로 탈바꿈하고 있다. 유명한 엔테베 동물원은 호숫가에 자리하고 있고, 대통령궁은 키토로 마을 정중앙의 언덕에 자리하고 있어 휴양지의 면모를 한껏 자랑한다. 마을에는 중급 호텔과 부티크 호텔들이 있어서 캄팔라를 떠나는 여행자들이 휴식을 취하며 한가로이 머물 수 있다.

키토로 마을은 걸어 다녀도 충분하다. 호수를 바라보고 있는 마을 뒤편 언덕은 걸어서 가기엔 조금 버거울 수도 있다. 택시나 오토바이를 타고 10분 정도면 정상에 오른다. 멀리 빅토리아 호수는 물론 국제공항에서 이착륙하는 비행기를 조망할 수도 있다. 국제기구와 대통령 별장, 주변국 대사와 영사들의 별장 등도 주변에 있어 고급 휴양지이자 전원도시의 느낌이 강하다.

키토로 마을에서 캄팔라 방면으로 10여 분 가면 캄팔라 시내에서부터 달려온 시민들과 차량이 호수 주변으로 넘쳐난다. 푸른 잔디와 너른 호수, 숲 속의 산책로를 따라 사색을 즐기거

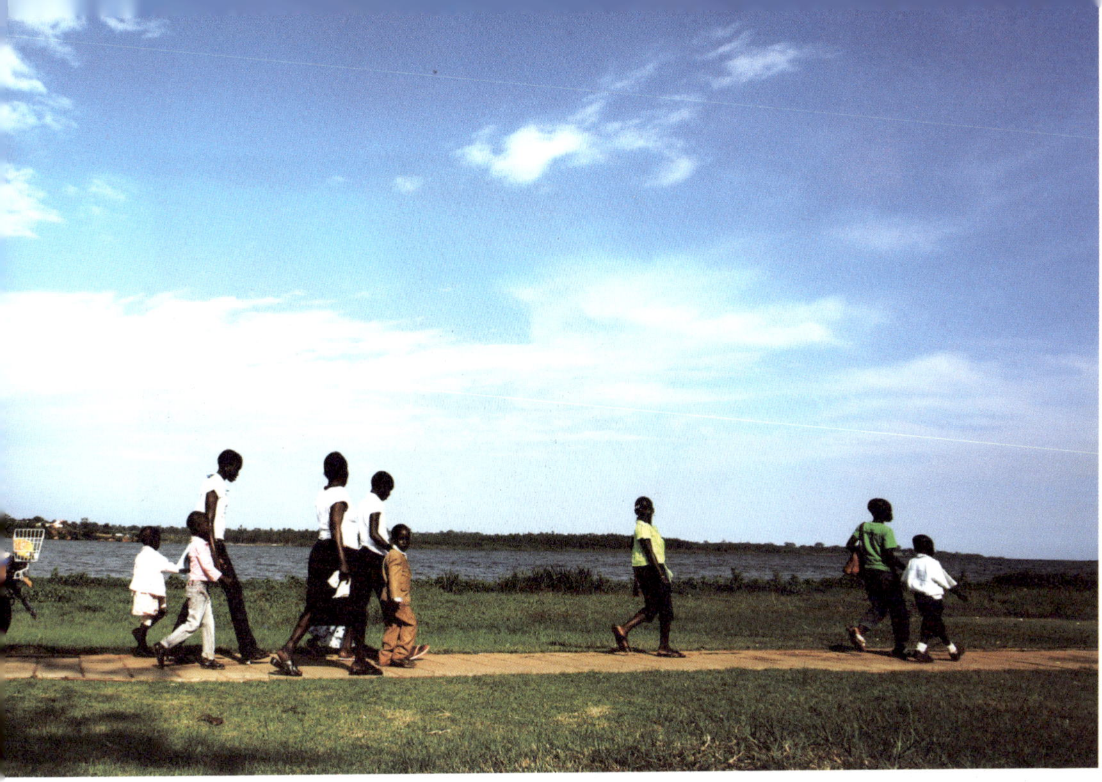

Decoder only
UGX 60,000
Hotline: 0417117700
StarTimes

BITE ME!!

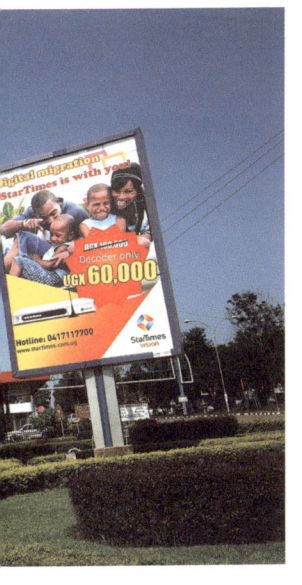

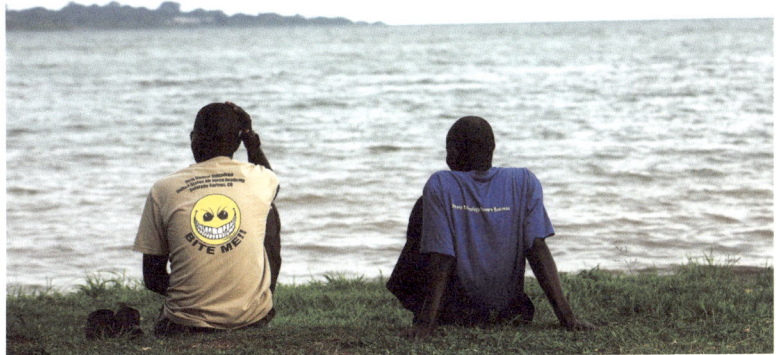

나 피크닉을 즐기며 주말의 한가로운 오후를 만끽한다. 공원에는 다양한 종류의 조류들이 푸른 잔디와 호수 위에 머물며 유유히 먹이를 탐하고 있다. 헤드폰을 끼고 산책하는 외국인들과 현지인들의 자연스런 모습은 여기가 아프리카인가 하는 의구심마저 들게 한다.

    내륙의 호수지만 바다처럼 보이는 빅토리아 호수에는 거친 파도가 인다. 까만 몸매에 하얀 눈매를 가진 엔테베 꼬마들은 빅토리아 호수에서 바다를 만끽한다. 호수의 파도를 즐기는 것은 물론 비치까지 형성되어 있어 아이들의 물놀이 터로 인기 만점이다. 낚시와 유람을 즐기는 나무 보트와 여행자를 위한 오리 보트 등도 호수 위로 떠다닌다. 마치 유럽의 호수처럼 평화롭다.

    한가하던 빅토리아 호수 주변은 주말만 되면 전국에서 몰려온 여행자들로 몸살을 앓기도 한다. 카페와 레스토랑은 물론 호수 주변 푸른 잔디는 온통 도시를 떠나온 이들로 인산인해다. 차 안에 틀어놓은 음악과 어깨 위로 메고 다니는 카세트에서 들려오는 레게와 힙합 음악이 어우러져 흥겨운 야외 공연장을 방불케 한다.

    열대 숲을 배경으로 멀리 빅토리아 호수를 바라보며 여유로운 휴식을 누릴 수 있는 곳. 수도 캄팔라를 떠나기 전 하루 정도 머물며 우간다 여행을 정리하기에도 그만인 곳이다. 빅토리아 호수의 매력을 고스란히 느끼며 호반도시의 낭만과 여유를 만끽할 수 있다. 작은 마을을 어슬렁거리며 마을 주민들과 담소를 나누기도 하고, 정겨운 시골 마을의 푸근한 정서에 잠겨 보는 일. 엔테베에서 누릴 수 있는 최고의 선물이 될 것이다.

UGANDA

여행정보

엔테베 가이드

엔테베는 공항의 주변 기능뿐 아니라 키토로 마을, 빅토리아 호수, 엔테베 동물원, 진원의 낭만적인 카페와 레스토랑 등 여행자들의 휴식과 체재를 돕는 수도 캄팔라의 후방도시다. 캄팔라의 번잡함을 벗어나 전원의 평화로움과 자연의 위로, 시골 마을의 한가로운 여유 등을 만끽하기에 최고다. 느긋한 여행자에게 우간다의 얼굴. 엔테베만한 곳은 없다. 기린, 코뿔소, 침팬지, 사자, 얼룩말 등 야생동물도 한가로이 접할 수 있는 엔테베 동물원 역시 엔테베의 소중한 매력이다.

SOUTH AFRICA

REPUBLIC OF SOUTH AFRICA
JOHANNESBURG
CAPE TOWN
ADDO ELEPHANT NATIONAL PARK
ESHOWE
STELLENBOSCH

ZIMBABWE
VICTORIA
FALLS

BOTSWANA
OKAVANGO

RESOTO
MASERU
MALEALEA
DRAKENSBERG

SWAZILAND
MBABANE
MLILWANE
HLANE ROYAL
NATIONAL PARK

MOZAMBIQUE
MAPUTO

MADAGASCAR
MORONDAVA
ANTANANARIVO

남아공의 얼굴,
아프리카의 이정표

세계에서 가장 위험한 도시라는 악명이 그림자처럼 퍼져 있다. 사실이다.
하지만 세계에서 가장 활기찬 도시 또한 요하네스버그다. 흑백이 공존하며, 유러피언의 낭만과
아프리카의 원색이 버무려져 피어나는 곳. 요하네스버그는 분명 남아공의 꽃이다.

변화의 중심, 도시와 자연, 문화의 조화로 새 시대를 열다

　남아공의 가장 큰 도시 요하네스버그에 도착하면 위험한 도시 이미지 때문에 지레 겁을 먹고, 이 지역 여행을 포기하거나 소극적인 방관자가 되거나 혹은 외곽 지역만 둘러보고 떠나는 실정이다. 도시의 여러 기능과 지역의 특성, 역사와 문화를 두루 살펴보기도 전에 선입견만으로 한 도시를 속단하고 기피한다는 건 두려움의 소치다.

　백인과 흑인 원주민 간의 미묘한 조화 속에 요하네스버그는 가장 큰 도시이자 경제 허브로 자리매김했다. 아파르트헤이트 이후 급격한 인구 증가와 이주민 유·출입 등으로 가장 변동이 심한 도시이기도 하다. 그러나 교외의 녹음 우거진 샌튼이나 로즈뱅크 지역을 중심으로 활기차게 움직여 본다면 여유롭고 매력적인 요하네스버그의 매력에 푹 빠지게 될 것이다.

SOUTH AFRICA | 남아공·요하네스버그

일반적으로 날씨와 그 지방 사람, 지역의 분위기로 한 도시를 평가하게 되는데, 요하네스버그는 악명 높은 강도와 절도 사건의 명성으로 피해가 큰 도시다. 종종 불안한 치안과 심각한 범죄로 방문조차 망설이는 경우가 많다. 이는 어느 정도 사실이기도 하나 주의를 기울이고 애정을 가진 채 접근하면 위험 지역이라 불리는 브리 스트리트와 역을 중심으로 한 다운타운의 매력을 발견할 수 있다. 요하네스버그의 오랜 역사가 시작된 곳이자 주민들의 삶의 현장이며 요하네스버그의 심장인 까닭이다.

전날 비가 온 탓에 아침부터 하늘은 파랗고 투명하다. 상쾌한 공기를 마시며 하이드 파크 지역에서 로즈뱅크 지역을 향해 나선다. 현지인들이 이용하는 승합 택시를 타고 달린다. 요금은 10랜드. 대부분의 여행자나 현지 백인들도 탑승을 꺼리지만 특수한 경우를 빼놓고는 그리 위험하지 않다. 단, 목적지를 정확히 확인하고 출발하는 세심함이 필요하다.

요하네스버그는 여행의 출발점이자 마지막 정거장이다. 케이프타운을 시작으로 여행을 시작한 대부분의 사람들은 요하네스버그에서 여정을 마무리하며 그동안 아껴둔 쌈짓돈을 꺼내 쇼핑을 하기도 한다. 요하네스버그에서의 쇼핑은 거대한 쇼핑센터를 빼놓고는 이야기하기 힘들다. 대부분의 상점과 쇼핑몰은 지역별로 규모가 큰 복합몰 개념으로 상권이 형성되어 있다.

　대표적인 쇼핑센터는 가장 큰 규모의 샌튼시티(Sandton City)와 브랜드숍이 주를 이루는 넬슨 만델라 스퀘어, 다음으로 이스트 게이트, 다운타운 북쪽의 밝고 세련된 분위기의 로즈뱅크 몰이다. 여행자가 쉽게 접근하기 좋은 로즈뱅크는 도심 안쪽에 있으며 치안도 좋고 안정감 있는 분위기이다. 버스와 지하 열차인 가우트레인(Gautrain)을 이용하면 로즈뱅크로 쉽게 접근할 수 있다.

　아침 공기를 가르며 녹음으로 우거진 상쾌한 분위기의 로즈뱅크 지역을 산책하는 것도 좋다. 중급, 고급 호텔들과 저택들이 밀집되어 있어 조용하고 차분한 분위기의 산책길이다. 로즈뱅크 몰 근처에 진입하면 화사하고 밝은 분위기의 쇼핑몰들이 집합체를 이루고 있다. 거대한 쇼핑과 식도락의 세계를 만나볼 수 있다. 1층에는 주로 카페나 레스토랑, 의류 전문점들이 포진하고 있어 모닝커피를 마시며 여유롭게 하루를 시작하기에도 좋다.

　여행자의 눈길을 끄는 상점은 단연 아프리칸 크래프트 마켓(African Craft Markets)이다. 남아프리카를 여행하다 보면 오래된 목각 마스크나 수공예 조각품, 다양한 패턴의 직물류와 액세서리 등을 쉽게 발견할 수 있다. 가격은 천차만별. 꼭 사고 싶은 물건이 있다면 한두 상점을 둘러본 후 적정 가격의 감을 잡고 흥정을 해보자. 케냐의 나이로비와 남아공의 요하네스버그 공예품들은 비교적 좋은 품질을 유지하고 있어 쇼핑이 즐겁다.

　쇼핑을 하지 않더라도 그림, 조각, 액세서리, 공예품 등을 둘러보면 남아공 사람들의 삶과 감각적인 손재주, 문화의식을 조금은 이해할 수 있다. 좀 더 고급의 기념품이 필요하다면 요하네스버그 국제공항 내에 위

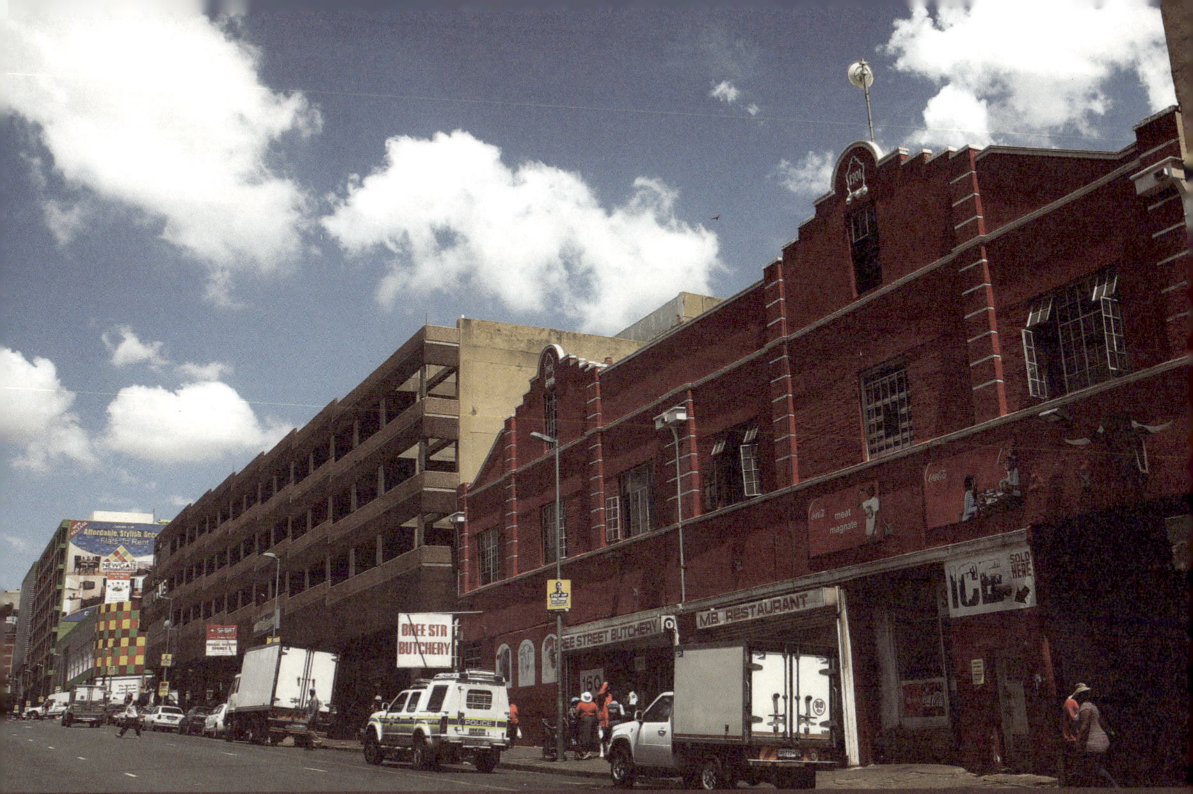
BREE STR
BUTCHERY
MB RESTAURANT
ICE
SOLD HERE

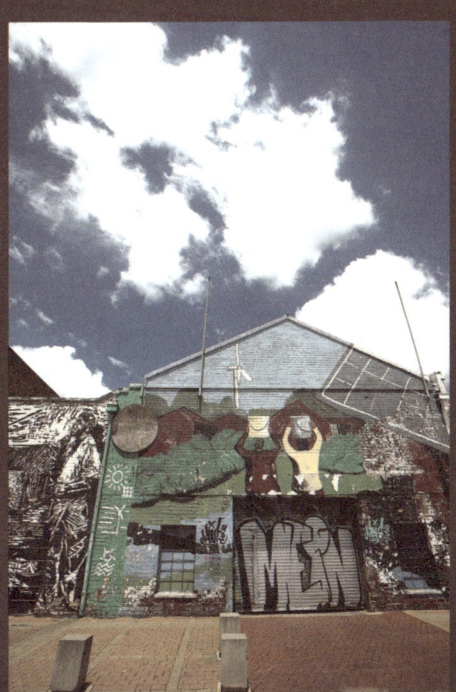

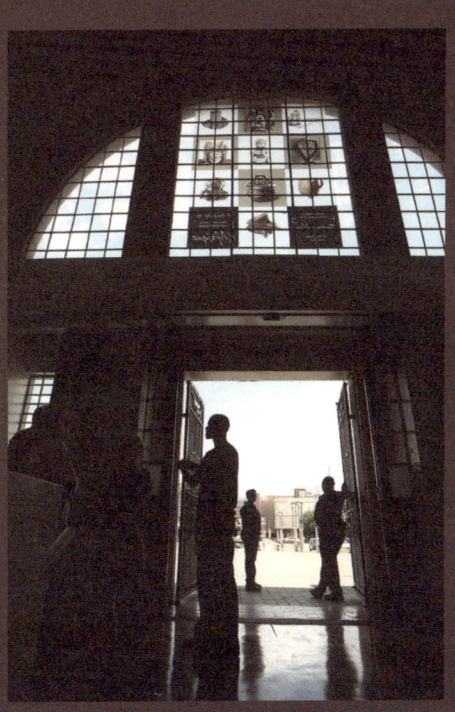

SOUTH AFRICA | 남아공·요하네스버그

치한 아웃 오브 아프리카를 가장 권할 만하다. 가격은 조금 비싼 편이지만 남아프리카의 다양한 기념품이 다양하게 진열되어 있어 쇼핑의 즐거움도 배가되는 곳이다.

요하네스버그의 시내투어가 필요하다면 가우트레인을 타고 파크 역에 정차한다. 출구로 나서면 요하네스버그 시내투어용 더블데커 차량이 기다리고 있다. 3시간가량 뮤지엄 아프리카, 프리마켓, 요하네스버그 뮤지엄, 칼튼 전망대, 박물관 등을 둘러보는 코스로 2층 전망 칸에 앉아 여유롭고 안전하게 요하네스버그 투어를 할 수 있다.

뮤지엄 아프리카는 위험 지역에 있다는 이유로 기피하는 곳이지만 막상 박물관을 살펴보면 상당히 세심하게 준비됐음을 실감하게 된다. 남아프리카의 출발로부터 현대에 이르기까지 역사, 문화, 예술, 전통, 모던 아트를 두루 전시하고 있으며 박물관 한쪽에는 남아공 초청 아티스트의 수준 높은 예술작품이 전시되고 있어서 눈여겨볼 만하다. 외관이 인상적인 이 건물은 1913년에 지었고 1970년대 중반까지 시장으로 사용되던 건물을 개조하여 박물관으로 오픈한 것이다.

뮤지엄 아프리카 앞의 프리마켓은 매주 토요일이면 벼룩시장과 수공예품, 의류, 골동품 등이 진열되어 흥겨운 분위기의 장터로 변한다. 토요일이 아닌 평일에는 너른 공터의 광장이지만 이 지역 인근은 독특한 분위기와 역사적인 건물들이 많아 흥미로운 곳이다. 그래피티와 벽화 등을 가장 많이 볼 수 있는 공간으로 서민들의 일상적인 문화와 삶의 향기마저 느껴진다.

초록의 대지 위, 북쪽의 프리토리아 지역까지 포괄하는 요하네스버그는 도심 곳곳에 공원들이 많고, 공기가 상쾌해서 한여름인 11월과 12월에도 여행하기 최적의 조건이다. 북서지역의 하이드 파크, 다운타운 동부의 알렉산더 공원, 시 외곽 베드포드 뷰 등 다양한 골프 코스와 공원들이 펼쳐져 있어 녹음이 우거진 요하네스버그의 상쾌함을 느끼게 될 것이다.

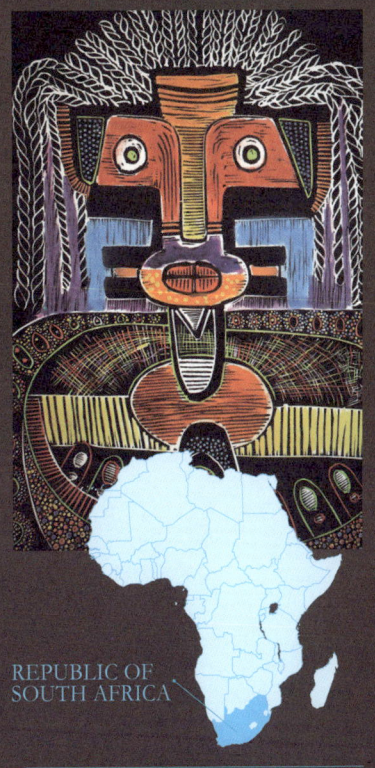

REPUBLIC OF SOUTH AFRICA

여행정보

요하네스버그 가이드

다양한 얼굴을 하고 있는 요하네스버그는 녹음이 우거진 샌튼과 로즈뱅크 인근에 숙소를 잡으면 안전하고 쾌적한 여행을 시작할 수 있다. 셔틀버스와 지하철도 연결되며, 서민의 발 마타투도 이용할 수 있다. 요하네스버그 동물원도 로즈뱅크와 타운타운 사이에 있으므로, 국립 박물관과 함께 둘러보면 좋은 곳이다. 여행 시즌이 시작되는 12월 중순부터 모든 호텔, 차량, 숙박 요금 등이 상승하고 경우에 따라서는 숙소와 렌터카 등의 문제가 생길 수도 있으니, 미리 예약하거나 11월 초 중순 경에 방문하는 것이 가장 현실적인 대처방안이 될 것이다. 하지만 이 시기는 우기가 시작되는 시점이라 비가 자주 오므로 참고 하는 것이 좋을 것이다. 로즈뱅크와 샌튼지역은 쇼핑 천국이다. 아프리카 토산품과 다양한 패션 아이템을 부담 없는 금액에 구입할 수 있다. 새롭게 단장한 미드타운의 변화가 놀랄 만 하다. 요하네스버그의 숨겨진 매력을 발견해 보자.

11TH REPUBLIC OF SOUTH AFRICA
CAPE TOWN

자유와 낭만의 항구도시,
자연과 문화의 파라다이스

부드러운 바람이 귓가에 스치고 따스한 햇살은 찻잔 위에 퍼져간다.
워터프런트 테라스 카페에 앉아 멀리 웅장한 위용의 테이블 마운틴을 바라보며
차 한 잔의 여유를 향유한다. 교역과 관광, 상업과 물류의 중심지인 케이프타운.
아프리카에서 가장 여유롭고 매혹적인 여행지로 손꼽히는 자유와 낭만의 도시이다.

여행자 천국, 남아공 여행의 베이스캠프

    남아프리카 여행의 출발지로는 케이프타운이 최적이다. 아프리카의 최남단에 위치한 케이프타운은 다이내믹한 유럽풍의 도시 분위기로 방문자에게 마음의 여유를 선사하는 활력 넘치는 도시다. 도시 어느 곳에서나 보이는 당당한 자태의 테이블 마운틴 기슭에는 이 도시의 역사를 말해주는 오랜 건축물과 박물관, 근대적인 고층 빌딩과 공원 등이 다양한 표정과 색깔을 보여준다.

    도심과 더불어 케이프타운의 상징적인 얼굴로 워터프런트의 화려함과 낭만적인 분위기는 여행자에게 강한 기억을 안겨준다. 여행의 출발은 도심의 롱 스트리트 혹은 워터프런트가 적합하다. 변화무쌍한 자연과 흥미로운 주변 볼거리를 즐기려면 최소한 5일은 필요할 것이다. 테이블 마운틴을 등반하거나 희망봉을 찾아가는 일, 주변의 바다에서 서핑과 해수욕을 즐기거나 도심 속을 어슬렁거리며 케이프타운의 젊고 활기찬 분위기에 심취해 보는 것도 좋다.

　1652년 얀반 리벡이 네덜란드 동인도 회사의 보급 기지로 출발한 것이 이 도시의 시작이다. 거리에서 마주치는 사람들은 혼혈이 가장 많지만 유럽에서 이주해 정착한 백인들의 모습과 전통 공예품을 팔거나 다양한 생업에 종사하는 원주민들의 모습을 볼 수 있다. 식민지 시대풍의 건물들이 즐비한 케이프타운 다운타운은 유럽의 분위기가 감도는 도시다.

　아파르트헤이트 폐지 이후 많은 백인들이 영국 등의 나라로 떠났고, 그 이후 주변국으로부터 수많은 흑인들이 이주해 왔다. 이로 인해 인구 비율도 변화했고 치안도 약화되었지만, 요하네스버그에 비하면 여전히 안정감 있는 분위기다. 상업과 비즈니스 중심지인 애덜레이 스트리트와 여행자들과 현지 젊은이들이 즐겨 찾는 롱 스트리트는 케이프타운의 얼굴과도 같다.

　케이프타운은 테이블 베이를 중심으로 타운을 형성하고 있다. 남쪽으로 테이블 마운틴과 시그널 힐, 서쪽의 라이언즈 헤드라는 장쾌한 산으로 둘러싸인 작지만 다이내믹한 도시다. 교통의 중심지인 골든 애로우

터미널을 기점으로 케이프타운 역과 장거리 버스 터미널, 비즈니스 중심 거리인 애딜레이 스트리트, 여행자의 천국 롱 스트리트 등 도보로 이동하기에도 부담이 없다.

남아공의 변화무쌍한 자연과 문화, 모험과 낭만을 찾아 떠나온 전 세계 여행자들은 롱 스트리트 주변의 호텔, 게스트 하우스, 백패커스 등에 짐을 푼다. 이 주변 일대는 남아프리카 박물관, 갤러리, 빈티지숍들을 오가며 문화욕구를 충족시킬 수 있으며 펍, 레스토랑, 쇼핑센터 등에서 자유로운 시간을 보내기에도 그만이다. 걸어서 가기에는 조금 무리지만 워터프런트는 테이블 베이에 면해 있는 항구로 쇼핑 타운과 레스토랑, 호텔 등이 밀집한 케이프타운의 명소 중 하나이다.

워터프런트는 전통 있는 19세기 건물들과 항구가 모던하고 화려한 쇼핑 타운과 어우러져 자유롭고 낭만적인 분위기를 풍겨낸다. 빅토리아 워프 쇼핑센터를 시작으로 키 포(Quay Four)와, 피셔맨스 초이스(Fisherman's Choice) 등 이름난 카페와 해산물 전문 레스토랑이 자리한다. 경쾌하고 밝은 분위기의 여행객

들을 구경하며 여유롭게 산책을 나서 보는 것도 좋다.

이곳에서는 넬슨 만델라가 수용되었던 로벤 섬으로 가는 크루즈가 출발한다. 워터프런트에서 약 14km 떨어진 거리로 크루즈를 타고 30분 정도 소요된다. 1999년 아프리카 최초의 세계문화유산으로 등록된 곳이다. 3,000여 명의 정치범이 수용되었던 곳으로 섬 자체를 박물관으로 개발하여 케이프타운의 관광 명소가 됐다.

케이프타운 주변은 볼거리가 풍성한 지역이므로 체류 기간 동안 시간 안배를 잘 해야만 주변 볼거리들을 꼼꼼히 챙겨 볼 수 있다. 케이프 포인트라 불리는 희망봉과 테이블 마운틴, 와인랜드의 거점이 되고 있는 스텔렌보스 등 외곽 지역의 주요 볼거리는 2~3일을 투자하는 것이 좋다. 렌터카를 빌려 돌아보는 것을 추천한다.

타운은 걸어 다니면서 보아도 충분하다. 파란 잔디로 둘러싸인 남아프리카 박물관과 남아프리카 갤러리에서 남아공의 문화와 예술의 잔향을 느끼는 것으로 타운 나들이를 시작해 본다. 롱 스트리트 남단 전통 목욕장인 베스를 출발하면 북쪽으로 이어진 롱 스트리트 주변에는 백패커스와 카페, 레스토랑, 부티크, 앤티크

SOUTH AFRICA | 남아공 · 케이프타운

SOUTH AFRICA | 남아공 · 케이프타운

숍, 갤러리 등이 넘쳐나 현지 젊은이들은 물론 유럽, 남미, 아시아 각지에서 온 여행자들로 보행자 천국을 이루고 있다.

롱 스트리트 중간쯤 마켓 스트리트에는 아프리카 전통 토산품과 의류, 앤티크 물품들을 판매하는 그린 마켓 광장이 펼쳐진다. 파크인 호텔 앞마당으로, 주변 일대에는 카페와 레스토랑, 펍, 갤러리들이 진을 치고 있으며 여행자들이 가장 많이 목격되는 곳이다. 이곳에서 지척인 롱 스트리트와 스트랜드 교차점 코너 인근에는 반드시 들러 보아야 할 남아공 여행 안내소와 나미비아 투어리즘 센터가 자리하고 있으니 다양한 정보와 여행 루트를 챙기도록 하자.

테이블 마운틴이 보이는 서쪽 방면에는 완만한 언덕의 골목 사이사이로 다양한 모습들을 볼 수 있다. 눈에 띄는 것은 웨일즈 스트리트 주변 언덕에 자리한 화려하고 다채로운 색상의 원색적인 건물들이다. 네덜란드인들의 정착 시대에 말레이시아인 노예와 이주자들의 후손이 거주하던 지역으로 말레이 쿼터라 불린다. 이슬람교도들이던 그들의 생활과 역사 등을 전시한 보카프 박물관도 자리하고 있다.

번화가인 롱 스트리트를 한 발짝 벗어나면 서쪽 루프 스트리트와 브리 스트리트에도 독특하고 개성 넘치는 카페와 레스토랑, 부티크들이 차분하게 자리하고 있다. 롱 스트리트의 번잡함에 질리면 잠시 골목을 돌아 브리 스트리트로 걸음을 옮겨 보는 것도 좋다. 케이프타운은 아프리카와 유럽풍 빈티지 건물들이 분위기를 돋우고, 독창적인 감성을 연출하며 빅토리아풍의 낭만을 전해주고 있다.

아프리카에 식민 도시를 건설하고 수백 년의 역사를 현지인들과 함께 융화해 온 케이프타운의 풍경은 아프리카인들과 보어인들의 땀의 결정체이다. 아프리카에서 유일하게 유럽풍의 분위기를 느끼며 상대적으로 경제적인 라이프스타일을 즐길 수 있다는 것이 가장 큰 매력이다. 지척에는 웅장한 테이블 마운틴과 대서양이 펼쳐지는 다양한 비치들이 포진하고 있어서 남아공은 물론 아프리카 여행을 시작하는 최적의 장소로 손색이 없다.

REPUBLIC OF SOUTH AFRICA

여행정보

케이프타운 가이드

최근 랜드의 평가절하로 남아공 여행이 두 배로 즐거워졌다. 남아공은 드라마틱한 바다, 장쾌한 산맥, 아름다운 호수, 유쾌한 도시, 친근한 사람들, 유럽풍의 유서 깊은 건축물 등 이 모든 것을 한곳에서 누릴 수 있는 몇 안 되는 나라 중 하나다. 이 나라를 제대로 보려면 1년도 부족하다. 도시 혹은 자연, 역사와 문화 등 자신만의 주제를 정해 남아공을 탐험해 보자.
또한 최근 롱 스트리트 중심가에 코리안 레스토랑이 등장했다. 한국에서 영어를 가르치던 세 명의 젊은이가 의기투합하여 갈비(Galbi)라는 이름의 독특한 레스토랑을 오픈해 성업 중이다. 손님은 한국인보다 현지인이 대부분이고, 중국과 대만, 일본사람들도 자주 눈에 띈다. 시간이 허락된다면 흑인들의 거주지인 타운십에 들러 현지인의 삶을 들여다보는 것도 좋은 추억이 될 것이다. 테이블 마운틴을 케이블카로 오를 경우, 동절기에는 오후 6시 이후에 탑승하면 50% 할인된 금액에 오를 수 있다. 해가 긴 여름에는 시간적 여유도 있고, 노을이 지는 환상적인 야경만 보더라도 충분히 오를 가치가 있다.

REPUBLIC OF SOUTH AFRICA
PORT ELIZABETH

바다의 낭만,
고도의 향기를 품은 항구도시

인도양이 한눈에 보이는 언덕 위의 포트엘리자베스. 던킨 보호구역의 하얀 등대는
낯선 이방인에게 친구처럼 포근하다. 던킨 경이 부인 엘리자베스를 추모하여 지은 피라미드 곁에 서서
끝없이 펼쳐진 바다와 도시를 바라본다. 19세기와 20세기를 거슬러 온 포트엘리자베스의
역동의 세월과 회한의 시간들이 이방인에게 고스란히 전해져 온다.

유서 깊은 역사와 전통이 숨쉬는 에코 시티

남아공의 여러 도시 중 무역항으로서의 비중이 높았던 탓에 1820년 영국인들이 상륙하기 시작하면서 도시는 포트엘리자베스라 불리게 됐다. 바다를 마주하고 있는 탓에 해풍의 영향을 받아 항구도시의 분위기가 물씬 풍긴다. 케이프타운과 이스트 런던의 중간에 위치한 포트엘리자베스는 남아공 제5의 도시이자 동케이프 지방의 중심도시로 활기차고 역동적인 분위기다.

포트엘리자베스 여행의 출발은 시립 도서관과 시청 앞 광장에서부터 시작이다. 던킨 보호구역의 비탈진 언덕을 내려오면 19세기에 지어진 빅토리아풍의 오래된 성당과 주요 건축물들이 눈길을 사로잡는다. 거리의 사람들을 통해 아프리카임을 인식하고, 유서 깊은 건축물들로 인해 유럽 혹은 영국의 분위기를 느끼게 되는 곳이다. 이른 아침 마켓 광장을 거닐며 부드러운 햇살과 가벼운 해풍이 피부에 와 닿는 순간, 행복의 도시에 와 있음을 직감하게 된다.

녹음이 우거진 세인트 조지 공원, 초록으로 무성한 계곡에 위치한 프레드릭 요새, 새틀러스 공원의 푸르름이 도시를 감싸고 있다. 오랜 세월을 견뎌온 유칼리나무의 우람한 모습들이 도심 곳곳에 산재해 있어서 항구도시지만 정원도시처럼 아늑하고, 어머니의 품과 같이 포근하다. 도시 중심에서 5분만

걸어 나가면 드넓게 펼쳐진 시원한 바다에서 가족, 연인, 친구들과 해변의 낭만을 즐길 수 있으니 이곳 또한 아프리카의 천국은 아닐까?

문화의 향기 또한 흠뻑 느껴볼 수 있다. 시청 앞 고반 음베키 대로 맞은편에 자리한 시립 도서관은 어마어마한 장서가 방문자를 압도한다. 3층 계단을 오르면서 둘러봐야 할 정도로 다양하고 품격 있는 장서를 자랑한다. 장서에서 오랜 책을 한 권 빼어 들고 탁자에 앉아 삶의 흔적을 더듬어 보아도 좋을 것이다. 인근에 위치한 오페라 하우스 프티 시어터에서는 뮤지컬 공연이 펼쳐진다. 흑인 소년, 소녀들과 백인이 함께 어우러져 공연하는 〈미운 오리새끼〉뮤지컬도 감동적이다.

포트엘리자베스의 매력은 여기서 멈추지 않는다. 지척에 다양한 야생동물을 레인저 없이도 돌아볼 수 있는 아도 엘리펀트 국립공원이 있기 때문이다. 포트엘리자베스에서 N2를 타고 북동쪽으로 30여 분 달리다가

콜체스터(Colchester)에서 좌회전하여 진입하면 바로 아도 엘리펀트 국립공원이다. 공원 내에서 캠핑과 피크닉도 가능하며 1박을 하며 밤하늘의 별을 바라보는 여유를 즐기는 사람들도 많다.

크루거처럼 거대하고 다양한 동물이 분포된 야생 국립공원은 아니지만 약 250여 마리의 코끼리와 그랜트 얼룩말, 백수의 왕 사자, 엘 랜드, 귀여운 카피바라 가족들, 버펄로, 표범, 타조 등을 어렵지 않게 볼 수 있다. 포트엘리자베스에서 렌터카로 하루 만에 다녀올 수 있는 거리여서 부담 없이 찾아가기 좋다.

포트엘리자베스 남쪽의 비치로드를 따라가면 요트 클럽을 비롯하여 킹스 비치, 흄우드 비치, 호비 비치 등 멋진 비치가 끝없이 이어진다. 바다의 낭만을 그냥 지나칠 수 없다. 눈부시게 빛나는 바다와 넘실거리는 파도소리를 듣고 있노라면 포트엘리자베스가 공항과 항구, 폭스바겐 자동차 공장을 거느린 산업 도시임을 잊게 된다. 아프리카의 장쾌한 자연 드라마와 넬슨 만델라 문화재단을 통한 문화와 예술적 향기를 느낄 수 있는 포트엘리자베스는 'Friendly Eco-City'의 면모가 고스란히 느껴지는 포근한 분위기다. 🌳

REPUBLIC OF SOUTH AFRICA

여행정보

포트엘리자베스 가이드

마켓 광장 주변은 서민들의 천국이다. 고반 음베키 메인 도로를 따라 쇼핑몰, 부티크, 은행, 터미널, 레스토랑 등 포트엘리자베스 주민들의 일상생활이 펼쳐지는 곳이다. 화려한 분위기는 아니지만 서민들의 일상을 엿볼 수 있는 곳이어서 편안히 산책하며 여유롭게 거닐어도 좋다. Absa 은행에서 달러와 유로 등의 환전이 가능하며 마켓 광장 주변 시청 건물 뒤편에는 남아프리카 전 지역을 커버하는 인터내셔널 장거리 버스노선인 인터케이프 사무실과 미니버스, 장거리 버스들이 출발하므로 다음 목적지 티켓을 미리 구해 두면 좋다.

아도 엘리펀트 국립공원 렌터카 여행

포트엘리자베스에서 당일치기 여행으로 인기가 높은 곳이다. 여행사와 호텔, 게스트 하우스 등지에서 1,000랜드(한화 약 95,000원)에 1일 투어를 다녀올 수 있다. 전날 미리 예약해야 한다. 함께 동행할 동료가 있다면 렌터카로 다녀오는 것도 가능하다. 도시에서 10분 거리에 위치한 공항에서 소형차는 하루 40,000원대에 렌트가 가능하다. 2인인 경우, 아도 엘리펀트 공원 입장료까지 포함하여 100,000원 안팎으로 다녀올 수 있어 경제적이다. 직접 운전하며 거대한 코끼리와 사자 등 동물들을 가까이서 볼 수 있다는 것이 최고의 장점이다.

277

11TH REPUBLIC OF SOUTH AFRICA
ESHOWE

전통의 땅, 용맹한 줄루족의 고향

나무를 스치는 바람 소리가 들려온다.
녹음 짙은 열대 우림의 삼림과 사탕수수밭이 지천에
넘실거리는 구릉이 온 도시를 감싸고 있다.
더반에서 북쪽으로 약 170km 지점에 위치한 에쇼웨는
샤카와 줄루 왕국의 고향이다.

　　남아공 제3의 도시 더반을 출발하여 M4 하이웨이를 달려 다시 N2로 갈아타고 북쪽으로 1시간 30분 정도를 달려가면 스탱거를 지나 깅깅드로부(Gingindlovu)로 접어든다. 이곳에서 다시 루트 66 도로를 타고 정북 방향으로 달리면 작고 아담한, 녹음으로 우거진 타운 에쇼웨가 나타난다. 나무들을 스치는 바람 소리를 줄루어로 이쇼자라 한다. 에쇼웨는 바람 소리에서 온 것이다.

　　에쇼웨는 줄루 왕국의 역대 왕들이 태어나고 자란 곳으로 줄루 전쟁과 샤카 왕국의 거점이었다. 문화와 자연 경관이 풍부한 더반 북부 줄루랜드는 남아공 북동 해안에 자리하고 있다. 북쪽으로 모잠비크와 스와질란드까지 이어지는 광대한 영토가 과거 강대한 군사 왕국을 거느렸던 줄루족의 터전이다.

　　콰줄루나탈 지방의 중심 도시인 에쇼웨에는 흑인과 백인이 분리하여 발전해야 한다는 아파르트헤이트 정책이 있었다. 때문에 이곳에서 생활하는 줄루족은 줄루어를 쓰며 전통을 지키면서 살아가고 있다. 차량을 타고 진입하면 동서로 도시를 가르는 오즈본 로드(Osborn Rd.)와 마주한다. 작은 타운에 은행, 슈퍼마켓, 피자 전문점, 쇼핑 상가들이 줄지어 있다.

SOUTH AFRICA | 남아공 · 에쇼웨

들린자 숲과 오즈본 로드를 중심으로 한 생활 터전이 에쇼웨 타운의 전부이다. 에쇼웨를 찾는 주된 이유는 샤카줄루족의 일상생활을 체험하는 줄루랜드의 명소가 있기 때문이다. 1980년대 남아공 TV에 방영되어 인기를 끌었던 샤카줄루의 촬영 세트장에 프로테아 그룹이 호텔을 건설하고 테마공원까지 만들어 개장했다.

에쇼웨에서 북쪽 울룬디 방면으로 뻗은 도로를 따라 30여 분 달려가면 좌측으로 호수와 샤카줄루의 이정표가 나타난다. 산길을 10여 분 달리면 비포장도로가 나타나고 이 길을 5분 정도 달리면 샤카랜드의 진입로로 접어든다. 사탕수수밭과 소를 방목하는 목장이 있는 탓에 도로 위로 어린 목동들이 소를 몰고 가는 정겨운 풍경을 마주하게 된다.

줄루족의 위대한 왕이 샤카다. 샤카줄루, 줄루족 왕의 생애가 영화로 방영되어 큰 인기를 모았고, 단순히 왕이 아니라 아프리카 부족의 영웅으로 그 이름이 널리 알려지게 되었다. 현재 줄루족은 남아프리카 최대 세력의 부족이지만 샤카가 탄생하기 전에는 일개 부족에 지나지 않았다고 한다.

공연의 시작을 알리는 북소리와 함께 안내자가 영어로 공연에 대한 전반적인 설명을 전해준다. 줄루댄스의 전통 공연은 30여 명 가까운 부족 사람들이 교대로 무대에 나와 격렬하고 박진감 넘치는 군무를 펼치거나 개인 공연을 시연한다. 다양한 스토리로 이어지는 줄루 전통 공연은 전통 곡주 시음과 생활 문화 공연, 군무로 이어지며 40여 분가량 긴박하게 펼쳐진다.

레오파드, 스프링 복스, 치타의 가죽으로 치장한 전통 복장은 줄루 전사들의 용맹성과 당당함을 잘 표현해 주고 있다. 줄루족 여성들은 비즈로 장식한 모자와 가슴 가리개, 치마로 구성된 옷을 입고 남성들과 함께 박진감 넘치는 춤을 선보인다. 보어인과 영국군과의 전쟁에서 싸우고 왕국을 지켜오며 세력을 이끌어 온 줄루족의 명성은 사라졌지만 그 후손들이 조상의 명예를 기리고, 자신들의 정체성을 살려 나가고 있다.

REPUBLIC OF SOUTH AFRICA

여행정보

찾아가는 길

더반 북쪽 루트 66 도로를 달려 샤카랜드 간판을 따라 좌측으로 진입해 도로 끝에 도착하면 버펄로 뿔과 두개골 아래로 샤카랜드라는 간판이 보인다. 용맹한 줄루족의 전통 문화가 느껴지는 집단 촌락을 지나 리셉션으로 이어진다. 이곳에서 숙소 체크인이나, 난디 프로그램을 예약한다. 가이드 투어와 줄루족 전통 공연, 점심 식사까지 포함하여 350랜드. 줄루족 전통 공연만 보는 것은 120랜드다. 12시 30분이 되면 줄루족 전사의 아내자가 실내 공연장 안으로 안내한다. 남아공에서 가장 아프리카다운 전통 공연이며, 원주민들과 기념촬영도 가능하다.

11TH REPUBLIC OF SOUTH AFRICA
STELLENBOSCH

아프리카 와인의 고향,
빅토리아풍의 전원 도시

케이프타운에서 1시간 거리에 하얀 천국과도 같은 전원도시가 있다.
도시 생활에 지친 케이프타운 사람들은 누구나 스텔렌보스를 평화로운 마음의 고향으로 기억할 것이다.
N1 하이웨이를 타고 동쪽 요하네스버그 방면으로 달리다 보면, 그림 같은 푸른 자연이 펼쳐진다.
와인랜드 중심부에 위치한 스텔렌보스는 지중해성 기후로 따사로운 햇살 아래
완만한 구릉이 끝없이 펼쳐진다.

화이트 타운의 매력, 푸른 전원의 추억

　오래된 것은 아름답다. 화이트 톤의 케이프 더치와 빅토리아풍의 각 시대의 건물들이 거리를 아름답게 채우고 있다. 1679년 시몬 반 데르 스텔에 의해 시작된 도시로 케이프타운에 이어 남아프리카에서 두 번째로 오래된 도시다. 고도의 우아함과 고즈넉한 와이너리의 조합으로 평화로운 이 도시는 찾는 이에게 휴식과 기쁨을 선물하고 있다.

　케이프타운을 출발하기 전까진 이곳 분위기를 상상할 수 없다. 자동차로 1시간 거리의 스텔렌보스는 N1 하이웨이를 타고 동쪽으로 시원하게 뚫린 길을 달린다. 거대한 녹색의 산맥 아래로 하얀 전원도시가 홀연히 나타난다. 1971년 창설된 스텔렌보스의 와인 루트는 남아프리카에서 가장 오래된 곳이다. 20여 개의 와이너리가 도시를 중심으로 목가적인 풍경을 연출한다.

　도시 중심은 파란 잔디가 인상적인 브라크(Braak) 광장이다. 도시에 진입하는 순간, 마음을 빼앗기고 만다. 빅토리아풍의 하얀 교회 건축물들과 케이프 더치, 조지 스타일의 고풍스럽고 우아한 건물들이 방문자에게 평화로운 안정감을 전해주

기 때문이다. 하얗게 빛나는 도시 때문에 마음은 들뜨기 시작한다. 브라크 광장과 메인 도로인 도르프 스트리트(Dorp St.) 코너의 멋진 카페에 앉아 이 사랑스러운 도시에 온 것을 자축한다.

일요일 오전, 햇살이 부서지는 초여름의 스텔렌보스는 빅토리아풍의 하얀 마을 풍경 덕에 차분하고 낭만적인 모습이다. 파란 잔디로 치장한 도심 한복판 광장을 중심으로 잘 정돈된 도로는 걷기에도 그만이다. 와인랜드의 중심지답게 포도주 저장고인 오크통을 이용한 인테리어도 돋보이고, 유러피언들의 살아 숨 쉬는 디자인 감각과 수준 높은 일상도 마주하게 된다.

한가하고 고요한 이 도시의 상업 중심지는 버드 스트리트(Bird St.)다. 플레인 스트리트(Plein St.)에는 아기자기한 카페와 수준 높은 작품들이 전시된 갤러리가 연이어 있다. 거리를 걷는 것만으로도 이곳의 매력을 자연스레 알아간다. 아프리카 전통 토산품들도 정교한 아름다움과 수준 높은 품질을 자랑하고, 길가의 야외 테라스 카페들은 하나같이 사랑스럽다. 과연 이곳이 아프리카일까 하는 의구심마저 들게 하는 빅토리아풍의 도시 모습에 누구나 사랑에 빠질 것이다.

　도르프 스트리트에는 5성급의 스텔렌보스 호텔 등 명성이 자자한 호텔들이 우아하게 자리하고 있다. 또한 플레인 스트리트와 안드링가 스트리트(Andringa St.)가 교차하는 지역을 중심으로 자리한 갤러리들이 시선을 잡아끌고, 앤티크 상점과 유러피언 스타일의 부티크들도 현지 멋쟁이들과 여행자들의 메카로 인기가 높다.

　아프리카 최초의 와인은 케이프타운의 창설자 얀반 리벡(Jan van Riebeeck)에 의해 1659년 만들어졌다. 프랑스에서 추방당한 위그노파 신도들에 의해 기술이 전수되었으며, 최근 30년 동안 남아프리카 와인은 각종 대회에서 우승하며 세계적으로 인정받고 있다. 케이프 지방에는 13개의 와인 산지가 분포되어 있으며 그중 스텔렌보스, 팔, 프랑슈후크, 서머셋 웨스트, 웰링턴을 통칭해 와인랜드라 부른다.

　시야 가득 파랗게 펼쳐진 포도밭은 1,000~1,500m 급의 산들과 패스라 불리는 굽이진 언덕길 위로 장쾌한 스케일의 풍경이 파노라마처럼 펼쳐진다. 각각의 와이너리에는 17세기에 지은 하얀 벽에 곡선이 아름다운 케이프 더치 양식의 와이너리 시음장과 주조장들이 근사한 전망과 함께 자리하고 있어서 각 와이너리는 부부와 연인들의 다정한 데이트 코스로 사랑 받고 있다.

　스텔렌보스 시가지를 빠져나와 N1과 N2를 연결하는 R304 · R306 · R310 주변의 도로를 중심으로 수많은 품종의 포도를 키우고 있는 와이너리를 만날 수 있다. 가벼운 마음으로 마음 닿는 대로 와이너리 산길로 접어들어 보자. 비포장의 오르막길을 오르다 보면 상상치 못한 풍경에 입을 다물 수 없다. 어디를 들어가든 근사한 와인 테스팅을 할 수 있다. 시음은 한 잔만 할 수 있으며 두 잔 이상은 비용을 지불하고 즐겨야 한다.

　초록의 구릉이 펼쳐지는 와인 양조장에서 마시는 와인은 색다른 느낌이다. 탐스럽게 익어가는 포도밭과 야트막한 구릉

의 푸름을 바라보며 맑고 투명한 와인을 음미하면 누구나 마음에 분홍색 추억이 떠오를 것이다. 양조장에는 화이트, 레드 로제와 스파클링 와인, 브랜디, 세리 등 다양하게 준비되어 있어서 느긋하게 스텔렌보스의 풍미 넘치는 와인 체험이 가능하다.

일요일이면 마을 주민들끼리 모여 MTB 바이크로 레이스를 하며 레포츠를 즐기거나 벼룩시장을 열기도 한다. 와인에 관심이 없다고 해도 와이너리를 방문하여 끝없이 이어진 포도밭의 평화롭고 낭만적인 전원을 감상하는 것도 좋을 것이다. 11월부터 1월까지 포도가 싱그럽게 익어가고, 2월이면 탐스러운 포도를 수확하기 시작한다.

아스라이 굽어진 길을 따라 거대한 산악이 병풍처럼 펼쳐진 스텔렌보스의 포도밭은 그 자체로 낭만적인 풍경이다. 케이프타운에서 당일치기로 충분히 다녀올 수 있는 곳이지만 팔과 프랑슈후크, 보센달, 웰링턴 등 주변의 와인 생산지들을 둘러보며 1박 혹은 2박 이상 머무는 것도 좋다. 녹음으로 우거진, 싱그럽게 영글어 가는 포도밭 능선의 아름다운 풍광을 감상하며 영원히 잊을 수 없는 멋진 추억을 간직하게 될 것이다.

REPUBLIC OF SOUTH AFRICA

여행정보

✈ 찾아가는 길

스텔렌보스는 케이프타운에서 주로 출발하게 된다. 버스도 있지만 편수가 많지 않으며 스텔렌보스 내에서도 차로 이동할 일이 많으므로 2명 이상이라면 렌터카를 추천한다. 이코노미 스타일의 차량은 24시간 대여에 보험료 포함 3~4만원 수준이다. 케이프타운 영 스트리트 주변에 렌터카 오피스가 많으므로 걱정 없다. 12월과 1월 성수기에는 예약이 쉽지 않으니 서둘러야 한다. 케이프타운이 슬며시 지루해질 즈음 렌터카를 이용하여 스텔렌보스로 드라이브를 떠나보자. 스텔렌보스의 아름다움을 한껏 즐기는 방법은 와이너리에서 1박을 하면서 전원의 복가적인 풍경을 감상하는 것이다. 또한 스텔렌보스의 호텔과 게스트 하우스에 짐을 풀고 도시의 골목골목을 거닐며 갤러리 투어와 카페 탐방을 하는 것도 추천할 만하다. 이곳에서는 서두를 필요가 없다. 타운은 반나절만 둘러보아도 충분하므로 기프트 숍과 갤러리를 중심으로 주요 골목들을 산책해보자.

신이 허락한 잠베지 강의
레인보우 축복

일상에 지친 육신을 축제 같은 물보라에 적셔보자.
야성의 아프리카는 지친 영혼에 위로가 될 것이며, 빅토리아 폭포는 카타르시스의 수원이 될 것이다.
이제 그곳으로 떠나 신이 내리는 레인보우의 축복을 만끽해보자.
빅폴 공항에 비행기가 안착하기도 전에 영혼은 이미 춤추고 있을 것이다.

잠베지 강의 화려한 변신, 빅토리아 폭포

저 멀리 무지개가 보이더니 하얀 포말의 물보라가 하늘을 뒤덮는다. 메인 폭포에 다가가는 순간 온몸은 축복의 폭포수에 젖어 거부할 수 없는 거대한 자연의 품에 안긴다. 잠베지 강의 강물이 계곡으로 떨어지며 탄생시킨 물들의 축제, 빅토리아 폭포는 유네스코가 지정한 세계자연유산의 하나이며 아프리카를 찾아가야 할 이유이기도 하다.

잠베지는 '큰 수로', '위대한 강'이란 뜻이며 아프리카 대륙에서 인도양으로 흘러드는 아프리카 남부 최대의 강이다. 잠베지 강은 유유한 흐름으로 보츠와나 국경을 지난 후 짐바브웨에 이르러 칼로 벤 듯 갈라지며 대지 아래로 뚝 떨어진다. 이곳에 바로 세계 3대 폭포로 일컬어지는 빅토리아 폭포가 있다.

나이아가라 폭포, 이구아수 폭포와 함께 세계 3대 폭포인 빅토리아 폭포는 짐바브웨와 잠비아공화국 국경에 위치하고 있다. 아프리카 여행객 중 가장 많은 관광객들이 방문하는 곳으로 '데블스 폭포', '메인 폭포', '호스슈 폭포', '레인보우 폭포', '이스턴 폭포'의 5개 폭포로 이루어져 장관을 연출한다.

아프리카 원주민들이 "천둥소리가 나는 연기"라고 부르던 이곳은 1855년 영국의 탐험가 데이비드 리빙스턴이 첫 발을 디뎠다. 그 축복의 물을 만난 감동에 겨워 그는 영국 여왕의 이름을 따서 빅토리아 폭포라 이름 지었다. 폭포가 걸린 협곡 맞은편 절벽으로 폭포를 감상할 수 있는 1.5km의 산책로가 있다. 폭포가 잘 보이는 지점마다 특징을 살려 '레인보우 폭포', '메인 폭포', '데블스 폭포' 등의 이름을 붙여놓았다.

데블스 폭포에 다가가자 그 이름값을 하며 삼킬 듯이 물을 뿜는다. 짐바브웨 쪽 마지막 전망대인 '데인저 포인트'에서는 최대 절경인 이스턴 폭포를 바라볼 수 있다. 주변이 늘 물기로 젖어 있는 데다가 난간조차 없는 이끼 낀 바닥은 미끄럽기 그지없다. 두어 발치 앞은 천지를 삼켜버릴 듯 요동치는 폭포수가 쏟아져 내리는 곳. 가슴 졸이며 조심스럽게 다가가 내려다보면 폭포수와 협곡 아래는 아찔하기만 하다.

빅폴 마을은 관광산업 목적으로 세워져 현재도 관광객을 끌어들이는 장소로 개발되고 있다. 하지만 이 스타급 관광지는 다행히도 이 마을이 만들어낸 진짜 정글 덕에 안전하게 보호되고 있다. 골짜기 옆, 물안개가 이는 열대 우림 숲에 난 오솔길을 홀로 걸었다. 흠뻑 젖게 만드는 엄청난 폭포 외에는 다른 어떤 존재도 알아차리지 못할 정도로 고요하다.

빅폴 마을에서 그리 멀지 않은 곳에서부터 폭포의 굉음은 들려온다. 게다가 하늘에는 이미 관광 헬기의 프로펠러 소리가 온 마을을 진동시킨다. 폭포수의 굉음과 헬기의 프로펠러 소리가 마치 진군가 같다. 전율이 몰려오며 궁금증이 증폭되는 순간이다. 다큐멘터리, 혹은 TV, CF를 통해 익히 보아 온 빅토리아를 직접 만나러 가는 순간은 긴장감 그리고 설렘이 교차한다.

영내로 들어서면 물보라 세례로 온몸에 이슬이 맺힌다. 그냥 폭포수에 나를 맡겨보자. 물보라 세례도 온몸으로 마주해보자. 하늘이 허락하는 물세례, 그 자연의 축복에 나의 육신을 맡긴다. 굉음을 따라 처음 마주하는 데블스 폭포는 말 그대로 물의 축복, 쌍 무지개의 출현으로 시작된다. 쌍 무지개를 바라

SOUTH AFRICA | 짐바브웨 · 빅토리아 폭포

보는 순간은 경이롭다. 펄쩍 펄쩍 뛰고 싶어진다. 이미 자연과 하나 되어 몸과 영혼은 하얗게 젖어 든다.

사자의 포효 같은 묘한 굉음이 물안개로 뒤덮인 수풀의 지축을 흔들어 댄다. 밀림에 드리워진 물보라의 베일을 헤치고 열대 우림의 수풀 속에 느닷없이 펼쳐지는 천 길 낭떠러지. 거침없이 쏟아져 내리는 거대한 물줄기를 마주한다. 숨 막히는 순간을 추스를 길이 없다. 하늘에서 만나는 빅토리아 폭포와 잠베지 강, 그리고 지그재그로 뻗어나가는 협곡은 지상에서와는 다른 경이로운 세상을 탄생시켰다.

헬기를 타고 야생동물이 뛰어다니는 숲 위로 날아오른다. 유유히 흐르는 잠베지 강 상류의 짙푸른 물줄기를 바라보며 상념에 잠긴다. 고요한 감동의 순간. 이곳이 바로 야성의 대자연 아프리카다. 헬기가 기수를 잠베지 강 하류로 돌리자 강폭이 급격히 넓어지고 잠베지 강이 사라진 자리에선 폭포의 거대한 물안개와 검은 대륙의 태양이 만나 선명한 무지개를 그려낸다. 순간 가슴엔 탄성이 밀물처럼 몰려온다. 아, 이곳이 진정 아프리카란 말인가?

축복의 물보라, 빅토리아 폭포. 그토록 꿈꾸어 오던 아프리카! 초자연과 야성, 그리고 검은 얼굴들. 낯설고 두려웠지만 그들은 그 누구보다도 순수했다. 그 순수가 아프리카에 여전히 살아 있어 다행이다. 삶의 무게를 털고 과감하게 이 아프리카 대자연의 품에 안긴 걸 감사하게 될 것이다. 아프리카 대자연의 물보라 유혹, 내 영혼에 희망을 건네준 그 물은 어디에서 시작되었는지 어떤 형체인지 알 수 없지만 나는 아프리카의 축복, 빅토리아 폭포수 앞에 서서 그 생명수를 만난 기쁨에 거침없이 울고 웃었다. 세계 3대 폭포 빅토리아가 아니라 내 삶의 빅토리를 만난 그 짜릿한 감동 때문에. 🌳

여행정보

✈ 찾아가는 길

인천에서 직항은 없다. 홍콩에서 남아공행 비행기로 갈아탄다. 인천~홍콩 3시간 40분, 홍콩~요하네스버그 13시간 30분, 요하네스버그~케이프타운 2시간, 요하네스버그~짐바브웨 빅토리아 폴스 1시간 40분이 걸린다. 빅토리아 폭포 헬기투어는 15분에 70달러. 보츠와나 초베 국립공원은 빅토리아 폴스에서 차로 1시간 달려 국경을 통과한 뒤 20~30분이면 닿는다. 여권은 유효기간이 3개월 이상 남아 있어야 하며, 비자는 현지 공항 입국장에서 발급 받는다.
빅토리아 폭포 공항에서 폭포로 가는 길은 시내버스가 비행기 시간에 맞추어 운행되고 있다. 공항에는 택시와 불법으로 영업하는 자가용 택시도 많아 흥정만 잘 하면 5달러 정도에 숙소까지 갈 수 있다. 택시로 이동 시 약 30분이 걸린다.

📷 더 킹덤(The Kingdom at Victoria Falls)

빅토리아 폭포와 가장 가까운 곳에 위치한 호텔이다. 세계문화유산으로 지정된 그레이트 짐바브웨 유적지를 건축적인 요소로 형상화한 독특한 외관 디자인으로 유명하다. 넓고 안락한 스위트 룸, 아이들을 위한 2단 침대를 갖춘 300개의 객실을 갖추고 있어 가족 단위로 이용하기에 좋다. 370석의 대형 레스토랑에서는 아메리칸식, 이태리식 정통 요리도 맛볼 수 있고 호텔에서 가장 인기 있는 카지노와 액션 바도 이용할 수 있다.

📷 잠베지 강 선셋 크루즈

20~30명이 탑승할 수 있는 유람선으로 잠베지 강의 선셋 크루즈(일명 샴페인 크루즈)를 할 수 있는 여행코스가 있다. 3~4시간 정도 소요되고 강물 속에는 악어와 하마가 있으며 가끔 코끼리도 볼 수 있다. 강에 사는 동물들을 보호하기 위해 조용히 이동을 해 악어나 하마들의 자연스런 모습을 보게 된다. 배 안에 준비되어 있는 음료(샴페인, 와인, 맥주, 생수, 음료수 등)는 무료이다. 잠베지 강 선셋은 영원히 뇌리에 박힐 것이다.

13TH BOTSWANA
OKAVANGO DELTA

SOUTH AFRICA | 보츠와나 · 오카방고 델타

생명의 땅, 오카방고 델타
지구상 마지막 에덴, 순수의 땅을 찾아 가다

지구상에서 가장 완벽한 대륙이 있다면 그곳은 명백코 아프리카일 것이다. 어떤 시인의 말처럼 아프리카는 원초성을 지니고 있는 땅이다. 어떤 이들에겐 황폐하고 가난하고 야생동물들과 득실대는 곳일 수도 있지만 사실 아프리카는 끊임없이 진화하면서 굳어지기 없는 꿈과 영혼을 가진 땅이 되었다.

SOUTH AFRICA | 보츠와나 · 오카방고 델타

칼라하리의 보석, 오카방고 델타

한낮의 태양은 여전히 뜨거웠다. 오후 3시 헬기투어를 위해 공항으로 향했다. 공항 입구에는 수많은 가이드들이 세계 각지에서 오는 투어리스트들을 기다리며 카페에서 진을 치고 있었다. 긴장감을 늦추기 위해 카페에 앉아 냉커피를 마셨다. 파일럿은 Anne Fine이라는 여류 조종사였다. 멋진 파일럿 복장에 당당한 모습으로 오카방고 헬리콥터 사무실로 들어선다.

믿음직스러운 모습이었다. 그 여인의 카리스마와 당당함에 우리 일행은 눈짓으로 OK 사인을 보내고 있었다. 검색대를 거쳐 공항 활주로를 지나 헬기 앞에 모였다. 파일럿이 헬기에 오르자 프로펠러가 푸드득거리며 꿈틀거린다. 두두두두, 드디어 오카방고의 창공을 향해 헬기가 오르기 시작한다.

공항을 벗어나자마자 저 멀리로 거대한 오카방고 델타의 장관이 펼쳐지고, 마운 다운타운의 세세한 부분까지 한눈에 들어온다. 묵던 숙소, 공항, 지나온 길, 오카방고의 지류인 강물 줄기, 아프리카 원주민 부락 등 삶의 다양한 풍경이 이곳 하늘 위에선 모두 하나의 점으로 혹은 그림처럼 평화롭게 펼쳐진다.

대지와 인간, 동물과 식물이 가장 조화로이 존재하는 곳. 특히 하늘에서 바라본 오카방고는 더더욱 그러하다. 아프리카에서도 가장 그리워하던 곳, 10여 년 동안 꿈꾸어 오던 생명의 땅, 드디어 보츠와나의 심장 오카방고를 하늘과 땅에서 만나고 돌아온 것이다. 꿈꾸면 그곳에 선다는 믿음이 이루어지

SOUTH AFRICA | 보츠와나 · 오카방고 델타

는 순간이었다.

　칼라하리의 보석으로 표현되는 오카방고 델타는 보츠와나의 거칠고 메마른 사막 속 오아시스 같은 존재다. 모래사막 한가운데 있는 습지대로 거대호수가 증발하면서 지금의 형태를 간직하고 있다. 면적은 1800㎢이고, 벤구엘라 고원과 오카방고 강에 의해서 형성된 습지로 수많은 식물과 동물들이 서식하고 있어 생태학적으로도 중요한 비중을 차지하는 곳이다.

　주요 거점인 마운에서 헬기를 타고 20여 분을 날아가면 오카방고 델타의 뱀처럼 굽어 흐르는 강물 줄기를 관찰할 수 있다. 하늘에서는 헬기나 세스나기를 이용해 오카방고를 감상하지만 땅 아래에서는 주위가 호수와 늪지대이기 때문에 모코로(MOKORO)라고 하는 카누를 이용하여 이동하기도 한다. 목이 긴 기린, 코뿔소, 얼룩말, 코끼리는 물론 하마, 악어 등의 습지에서 서식하는 수많은 종의 야생동물들까지. 게다가 조류와 각종 식물, 곤충 등이 서식하는 곳으로 아프리카의 야생을 고스란히 체험할 수 있는 곳이다.

　아프리카는 항상 인류의 위대한 선생님이었다. 뛰어난 스승은 자신의 가르침을 세상에 퍼뜨리지 않는다. 그저 자신의 가르침이 우리 몸속으로 시나브로 스며들게 하고, 점차 새로운 것을 덧붙여 그 가르침을 심화시킬 뿐이다. 야생의 오카방고는 도심의 스트레스와 일상의 반복으로부터 지친 사람들이 잠시나마 원시의 세계로 벗어날 수 있는 축복의 장소가 된다.

SOUTH AFRICA | 보츠와나 · 오카방고 델타

검은 영혼의 땅 아프리카를 항공사진으로 담아온 로버트 B. 하스(Robert B. Haas)의 사진들을 보면 처음에는 숨이 멎고 그 다음에는 우습게도 〈갈매기의 꿈〉이라는 책의 한 구절이 생각난다. 또래 청춘들의 가슴에 표어처럼 담긴 어구, '높이 나는 새가 멀리 본다'. 그리하여 하늘에서 오카방고의 참 얼굴을 고스란히 만날 수 있었다. 오카방고에 간다면 세스나기나 헬기로 하늘에서만 가져다주는 스펙터클한 자연의 감동을 느껴보자.

헬기에서 내려다본 세상은 경이롭고 마치 한 마리 새가 되어 자연과 동화되는 느낌이다. 초가지붕과 돌담집, 가난에 찌든 도시의 마을조차 그림처럼 아름답고 활기차 보이는 그 기만적인 풍경들이 사랑스럽다.

헬기 측면에 아슬아슬하게 매달린 채 세찬 바람을 맞아가며 셔터를 누른다. 아프리카의 생명수, 오카방고의 맨 얼굴을 바라보는 것은 황홀함 그 자체다. 거대하고 세밀한 풍경의 압도감에 한낱 인간에 불과한 나는 위대한 자연 앞에 '항복'하고 만다.

누구에게도 길들여지지 않고 고귀한 야성을 지켜온 것에 안심하고, 한편으로 그리 오래 지속될 수 없을지도 모를 이 땅의 미래에 불안해진다. 그러나 하늘에서 바라본 아프리카의 초상은 생명의 강인함과 이 땅을 지배하는 신의 섭리를 느낄 수 있다.

오카방고에서는 목적지가 없다. 그 드넓은 자연이 바로 우리의 목적지다. 그저 하늘에서나 대지 위 수로에서나 경이로운 자연을 만끽하고 가슴에 담으면 그만인 것이다. 어딘가에 있을 목적지에 도달하지 않아도 좋다. 오카방고 강이 바다에 이르지 못하고 모래 속으로 스미거나 수증기로 변해 공기 속으로 사라진다 해도, 누군가는 태초의 모습 그대로 강물이 있었다는 걸 기억할 테니까 말이다. 🌳

BOTSWANA

여행정보

✈ 찾아가는 길

여러 아프리카 항공사와 영국항공의 국제항공편이 가보로네에 직접 도착하지만 하라레(짐바브웨), 빈트후크(나미비아), 요하네스버그(남아공)까지 장거리 비행기를 타고 가서 육로로 여행하는 것이 더 저렴하다. 남아프리카항공에 요하네스버그에서 마운까지 직항이 있으므로 시간 여유가 없는 사람은 남아공에서 직접 마운으로 날아가는 것이 좋다. 보츠와나의 이웃국가 어디에서나 육로로 입국할 수 있지만 입국하기 전에 자동차의 타이어와 신발을 소독해야(음식과 입을 통해 병이 퍼지는 것을 방지하기 위해) 한다. 나미브 횡단 버스가 간지(Ghanzi)와 고바비스(Gobabis) 간에 운행된다. 미니버스가 가보로네와 요하네스버그 간에 운행되므로 시간 여유가 있는 여행자는 이용해보자. 보츠와나 국내에서는 대부분의 도시 간에 비행기가 정기적으로 운항하지만 요금이 비싸다. 보츠와나에는 6개의 주요 버스노선이 있으며 프란시스 타운, 가보로네, 로바체(Lobatse)를 연결하는 믿을 만하고 저렴한 기차도 운행된다.

🏠 오카방고 델타로 가는 길목, 마운

마운은 오카방고 델타로 가는 길목에 위치한 마을로 수많은 사파리와 전세기 관련 사무소가 있다. 그래서 항상 마운의 공항 주변에는 사람들의 움직임으로 분주하다. 방문하기 가장 좋은 시기는 5월부터 10월에 이르는 겨울로 비가 오지 않고 날씨가 따뜻하다. 하지만 밤에는 많이 추워지기 때문에 재킷을 준비하는 것이 좋다. 11월부터 4월까지는 매우 뜨겁다. 특히 이 기간은 우기이기 때문에 가급적 피하는 것이 좋다. 마운은 전원개척마을로 타말라카네(Thamalakane) 강을 따라 펼쳐져 있으며 최근 자동차와 사륜 구동 지프의 대여를 비롯하여 쇼핑센터와 호텔, 로지 등이 세워지고 있다. 그러나 지역의 부족민들이 그들의 가축을 데리고 나와 길거리에서 파는 모습이나 강둑 근처의 목초지에 말들이 돌아다니는 모습 등 원초적인 전원 풍경이 평화롭게 살아 있다.

303

14TH RESOTO MASERU

레소토의 현관, 산악국가의 자존심

높은 산악 지대의 녹색 구릉이 사방으로 끝없이 펼쳐진 분지 위에 지구상 가장 작고 소박한 도시가 존재한다. 뭉게구름 피어오르는 파란 하늘 아래 타운 같은 작은 도시가 평화롭게 자리하고 있다. 작은 나라인 탓에 주변으로부터 많은 침략을 받았지만 끝까지 주권을 지켜온 대단히 긍지 높은 국가의 수도임이 느껴진다.

왕국의 자존심을 간직한 산악국가의 베이스캠프

　They call it Africa, We call it Home. 남아공 국경을 넘어 레소토의 국경이 되고 있는 카레돈 강의 마세루 브리지를 넘자마자 처음 마주하는 대형 광고판에 써진 글이다. 이 글귀 하나만으로도 자국에 대한 자긍심과 애정을 느낄 수 있다. 국경 통과는 그저 의례일 뿐, 전 세계 어느 나라에서도 느껴볼 수 없는 부담 없고 여유로운 절차다. 단 몇 분이면 국경을 통과하여 일국의 수도로 입성한다.

　동서남북 남아공에 둘러싸인 작은 나라로, 수도 마세루는 목가적인 전원도시 같다. 레소토 서쪽 외곽, 칼레돈 강가의 저지대에 위치한 녹색의 산으로 둘러싸인 평화로운 행정타운이다. 아프리카 대부분의 국경에서 흔히 볼 수 있는 바가지요금이나 택시 흥정도 없다. 누구나 차례대로 기다리는 택시에 올라타면 일인당 6.5랜드(약 700원)를 동일하게 낸다.

　통화는 남아공에서 사용하던 랜드를 그대로 사용해도 무방하다. 자국 화폐인 로티가 랜드와 같은 가치로 통용되고 있기 때문이다. 수도 마세루는 도심의 주요 도로인 킹스웨이를 따라 진입한다. 완만한 기복이 있는 도로를 따라 처음 마주하

게 되는 가장 큰 건물은 도로 왼편에 위치한 빅토리아 호텔이다. 그 맞은편에 바소토 모자 모양을 한 관광안내소 건물이 있다. 이곳에서 레소토 여행을 위한 필요한 정보를 습득하고 숙소로 향한다.

마세루는 1869년 레소토의 수도가 되었다. 보어인의 침략을 받은 레소토는 한때 영국의 빅토리아 여왕에게 보호를 요청하여 보호령으로 지내던 시절이 있었다. 마세루란 붉은 암벽의 장소란 뜻인데, 영국 통치 시대에 세운 석조건물에서 유래한 이름이다. 현재의 마세루는 메인 도로인 킹스웨이를 중심으로 은행, 쇼핑센터, 관공서, 오피스 빌딩 등 현대적인 감각의 신축 건물들이 하나둘 생겨나고 있다.

시장 안쪽은 매우 복잡하다. 특히 주말이 되면 버스 터미널 바로 옆의 시장으로 인근 마을 주민들이 장을 보러 나오는 탓에 발 디딜 틈 없이 붐비는 모습이다. 치안은 괜찮은 편이나, 시장 주변과 버스 승차장 주변으로 눈빛이 이상한 사람들을 목격할 수 있다. 주로 동남아시아에서 온 사람이나 귀중품을 지닌 사람들이 표적이 되곤 하는데, 거리를 걸으면서 자주 주변을 살피는 조심성이 필요하다.

일요일이면 로터리 앞의 붉은 암석으로 지어진 대성당 주변으로 인파가 넘쳐난다. 가톨릭 국가며 주민의 80%가 기독교도이다. 때문에 주일 미사를 보기 위해 대부분의 사람들이 성당과 교회를 찾아 미사를 드린다. 남아공의 지방 소도시 규모에도 못 미치는 위상을 가진 탓에 도시의 모든 풍경은 소박하고 다소 낙후된 느낌마저 든다.

거리에서 마주치는 사람들의 표정은 그리 행복해 보이지 않는다. 가난에 찌든 탓도 있을 테고, 주변국 남아공에 비해 여러가지로 열악한 환경 탓도 있을 것이다. 도시를 둘러보면 주민들이 할 만한 특별한 일거리도 없어 보이는 실정이다. 은행, 관공서, 슈퍼마켓 이외에 주민들이 사업을 하기에는 인구도 너무 부족하다. 장터의 노점이 넘쳐나고, 판매하고 있는 물품들이 대부분 중국산인 것을 보면 이 나라의 미래도 암울해 보인다.

도시가 그다지 넓지는 않다. 하지만 걸어서도 다닐 수 있을 만큼 좁은 편도 아니다. 적당히 걷다가 피로를 느끼면 지나가는 택시를 타면 된다. 합승인 경우 6랜드를 내면 되고, 혼자 탈 경우에만 요금을 교섭한다. 거리에는 피자 가게와 치킨 전문점이 여럿 있으며 인터넷 카페도 몇 군데 보인다. 킹스웨이 주변으로 ATM 기기와 주요 은행들이 있어서 랜드와 마로티를 인출하는 일은 어렵지 않다.

남아공에 둘러싸인 작지만 자존심 강한 왕국, 레소토. 좁고 험난한 산악 지대에 자신들만의 고유한 정체성을 지닌 채 왕실의 전통을 이어가며 평화롭게 살아간다. 작은 규모로도 국가의 기반을 갖추고 세계 각처의 젊은이들과 교류할 수 있는 한적한 분위기가 매력적이다. 도시를 1km만 벗어나도 전원이 펼쳐지는 마세루는 레소토의 깊은 매력을 재발견하게 되는 희망의 베이스캠프다. 🌳

| 여행정보 |

✈ **찾아가는 길**

국경에서 오는 미니버스와 레소토의 지방 도시로 향하는 모든 버스는 유일한 로터리인 RC 대성당 주변의 동부 외곽에 위치한 터미널로 집결한다. 말레아레아, 세몬콩, 로마, 타바체가 등 전국의 중소 도시로 연결된다. 5거리 주변은 시장과 상업지구로 가장 번잡한 곳이며 택시, 미니버스 승강장과 장거리 버스 터미널이 시장 안쪽에 자리하고 있다. 이 주변은 전국에서 몰려온 시민들의 생활터전이며, 비즈니스를 위한 왕래가 잦은 중심상권으로 노점과 시장의 좌판이 늘어선 마세루 시민들의 삶의 터전이다.

14TH RESOTO
MALEALEA

천국의 문,
평화의 동산에서 누리는 영혼의 휴식

거리와 공간을 가늠할 수 없는 광대한 대자연의 파노라마가 펼쳐지는 곳.
Gate of Paradise, 천국의 문이라 스스로 칭할 만큼 원초적인 자연의 품으로 인도하는 곳.
깊고 높은 산속에 한여름에도 모포를 두르고 살아가는 사람들이 있다.
해발 3,000여 미터의 멀고 먼 그곳에선 원주민들의 소박한 삶이 위로를 건네준다.

피안의 세계, 자연과 인간이 공존을 선택한 천국의 마을

지구상에서 쉽게 마주할 수 없는 믿을 수 없는 공간이 펼쳐진다. 이곳에 와서야 다시금 느낀다. 지구는 참으로 경이로운 곳이라고. 수천 미터의 산맥들은 능선과 골짜기를 이루며 평화로운 마을들이 흩어져 있는 평원 저 너머로 아스라이 이어지고 있다. 남아공에서 레소토의 수도 마세루를 거쳐 이틀을 달려 온 이곳, 하늘과 맞닿은 듯한 산골 동네의 포근함이 마치 휴식과 같다.

하늘 아래 첫 동네라는 이름에 걸맞게 거대한 위용을 자랑하는 드라켄즈버그의 웅장한 산자락이 끝없이 이어진다. 수도 마세루를 출발한 버스는 도심을 벗어나 웅장한 산자락 아래를 쉼 없이 달린다. 주변은 온통 울퉁불퉁한 바위와 산골짜기들이다. 사람들은 그 골짜기의 산비탈에 달라붙듯 의지해 생활하고 있다.

마세루 버스 정류장에서 출발한 20인승 미니버스는 좌석을 꽉 채우고도 도중에 차를 세워 사람을 싣는다. 차는 여러 차례 정차를 반복한다. 중간 어느 마을에서는 엄마와 어린 아이 셋이 그 좁은 미니버스 안으로

또 들어온다. 아이 셋 중 가장 어린 아이 하나를 내 무릎에 앉히고 아이의 까만 두 손을 꼭 잡은 채로 먼 산을 바라본다. 레소토의 평화로운 국토가 가슴 안으로 들어온 그 순간, 나도 모르게 눈물이 맺힌다.

마세루에서 약 84km 떨어져 있는 말레아레아는 레소토 남서부 깊은 산자락에 위치한 골짜기 마을이다. 마페텡(Mafeteng)으로 향하는 버스를 타고 가다가 1시간 정도 달린 후 작은 상점들이 늘어선 삼거리 모체쿠아(Motsekuoa)에서 하차한다. 다시 미니버스를 타고 1시간가량 달리면, 말레아레아 로지 간판이 나타난다. 다시 그곳에서 7km의 비포장도로를 달려야 말레아레아 로지에 닿는다.

비포장도로의 산길을 10여 분 달렸다. 작은 골짜기 능선을 넘자마자 'Gate of Paradise'라는 작은 팻말이 보인다. 이후로 그 팻말의 진가를 실감할 수 있는 장엄하고 평화로운 전원 풍경이 광활한 산 능선 아래로 끝없이 펼쳐진다. 누구라도 이 능선을 넘던 그 찰나의 순간을 영원히 기억할 것이다. 하늘 아래 천국 같은 산골 마을의 풍경이란 바로 이런 것이 아닐까? 감동에 겨운 가슴을 부여잡고 시선 둘 곳을 모르는 사이, 미니버스

SOUTH AFRICA | 레소토 · 말레아레아

는 비탈진 산길을 부지런히 내려간다.

　길의 끝자락에 당도하자 말레아레아 로지 간판이 보인다. 모든 차량은 이곳에서 멈추어 휴식을 취한다. 마을에 도착하자, 산비탈 마구간 풍경이 시선을 끈다. 조랑말들이 한가로이 먹이를 먹는 모습이 정겹다. 큰 대문을 밀고 들어서자 너른 정원에 고깔모자 지붕을 쓴 방갈로들의 풍경이 운치 있다. 포니 트레킹을 전문으로 하는 코티지가 유명한 곳으로, 남아공에서 온 주인이 오랫동안 운영해 왔다.

　동네 주민과 함께 마을 산책을 나선다. 조수아라는 이름의 청년과 거닐며 마을 주민들과 인사를 나누기도 하고, 말레아레아 이곳저곳의 신비를 파헤쳐 본다. 암반으로 지어진 전통 가옥들은 돌로 토대를 쌓고 벽을 올린 후 지붕엔 마른 풀잎을 엮어 올렸다. 넓게 펼쳐진 구릉과 능선 아래로 동네 꼬마 아이들은 조랑말을 몰며 놀기에 바쁘고, 초원을 누비는 모습은 마치 피안의 세계와도 같다.

　마을 어린 아이들은 외지에서 온 손님을 자연스레 반긴다. 두 손을 크게 흔들기도 하고, 손을 내밀며 악수를 청하기도 한다. 내 손을 붙잡고 오래도록 정을 나누는 모습을 보니 사람이 무척 그리웠던 모양이다. 푸른 초원 위에는 염소, 말, 흑돼지, 송아지들이 평화로이 풀을 뜯고 있고, 지천에 흐드러진 이름 모를 꽃들과 거대한 선인장 군락이 산 능선 위로 그득히 펼쳐져 있다.

　산이 높은 탓일까, 하늘이 낮은 탓일까? 산과 하늘은 서로 맞닿아 있으며 거대하게 이어지는 산자락 아래로 계곡은 깊고 아찔하다. 웅대한 대자연의 파노라마라는 표현이 무색하지 않을 풍경이 사방으로 이어지고 있다. 사뿐히 초원 위 산길

을 거닐다가 잠시 커다란 나무 그늘 아래에 앉아 호흡을 가다듬는다.

초원 위로 펼쳐진 노란 들꽃과 보랏빛 제비꽃들은 잠시 자기를 보고 가라며 손짓한다. 나무 위에서 지저귀는 새소리와 초원 위 흐드러진 꽃들을 바라보며 생각에 잠긴다. 지상의 낙원이라 부를 만한 평화로운 곳이란 이토록 소박하고 꾸밈없는 자연 그대로의 모습인 것이다. 산책을 마치고 로지로 돌아와 마을 청년 조수아와 작별 인사를 나눈다.

정원의 카페에 앉아 차 한 잔을 주문한다. 저 멀리 웅장하게 펼쳐지는 산자락을 바라보며 마음도 가다듬는다. 영혼의 휴식이란 무엇일까? 자연의 품속에서 자연의 원시 향기에 눈과 마음을 기울이고, 고요한 휴식과 평화로운 마음을 얻을 수 있다면 그것이 온전한 휴식은 아닐까? 산자락 위로 검은 먹구름이 하나둘 몰려온다. 비가 올 모양이다. 내 마음에도 비가 내린다.

이른 아침, 로지를 나선다. 마을 사람들의 정겨운 표정이 눈에 들어온다. 아무런 부탁도 없었는데, 카메라를 든 나를 바라보고는 멈추어 선다. 그냥, 바라보며 미소만 짓는다. 무공해 청정 하늘 아래 따사로운 햇살을 받아 그을린 얼굴들은 그 자체로 아름답다. 레소토에서도 깊고 깊은 산속, 문명이 먼 원시의 세계다. 말이 통하지 않아도 미소로, 눈빛으로 마음을 나눈다. 내 마음이 가면, 네 마음도 오는 곳. 천국이란 이런 곳이다.

순박한 마부들과 함께 산속 마을을 둘러보기로 했다. 말 몇 마리를 이끌고 산길을 나선다. 오래되어 멋진, 낡은 말안장에 앉아 말과 한 몸이 되어 대자연 속으로 길을 나선다. 이리얏! 고삐를 당겨본다. 유순한 말은 힘차게 길을 나선다. 말과 하나가 되니, 높고 깊은 자연 속에서 내 몸도 온전히 자연이 된다. 끝없이 이어지던 천국의 풍경들. 3,096m의 타바푸초아 산을 향하여 마칼렝 강을 가로지른다.

마을에 들러 쉬어가기도 하고, 도중에 만난 아이들과 잠시 놀이도 즐긴다. 힘겨워하는 말에게 풀을 먹이고, 말에서 내려 깊고 고요한 자연을 마신다. 여기는 하늘나라, 레소토의 말레아레아. 깊은 산중에서 지나온 내 삶의 시간들을 회상해 본다. 해맑은 미소를 건네주던 곳, 싱그러운 들꽃이 살포시 반겨주던 곳. 인공은 없으며 오로지 자연스러움과 태초의 자연만 있는 곳. 자연에서 나서 고스란히 자연으로 돌아가는 곳.

욕심이 필요 없고, 욕망을 배우지 못하는 곳. 말레아레아에서 내 생애 한 번도 경험치 못한 온전한 마음의 휴식을 찾았다. 자연과 자연스러움만 있는 천국의 문, 말레아레아. 말없이 미소를 건네주고, 웅대한 자연이 인간의 마음을 위로해 주던 그 날을 잊을 수 없을 것이다. 그 공간 또한 잊을 수 없을 것이다. 인간과 자연이 허락한 위로의 힘. 깊고 고요한 자연 속에서 내 영혼은 안식과 평안을 얻었다. 🌳

RESOTO

여행정보

✈ 찾아가는 길

레소토의 말레아레아로 가는 길은 다양하다. 하지만 주로 남아공의 블룸폰테인으로 들어가 아침 6시에 출발하는 첫차를 타고 레소토의 수도 마세루로 향한다. 마세루에 특별한 볼거리는 없지만 하루 정도 쉬어갈 만하다. 대성당 뒤편 장거리 버스 터미널에서 마페텡으로 향하는 버스를 타고 가다가 중간에 모체쿠아에서 하차한다. 잠시 기다리면 말레아레아로 향하는 미니버스가 출발한다. 말레아레아 로지까지는 1시간가량 소요된다. 운전사에게 말레아레아 로지에 데려다 달라고 말하면 7km 산길을 달려 로지 앞에 내려준다.

📷 조랑말 트레킹

산악 지대에 사는 레소토 사람들에게 조랑말은 생활의 일부이자 중요한 노동력과 교통수단이기도 하다. 말레아레아 로지에서도 동네 주민들과 공동체를 형성하여 포니 트레킹 사업을 운영하고 있다. 인근 마을의 강과 산자락을 둘러보는 코스로 1시간, 2시간, 5시간, 1박 2일 코스 등 다양하다. 주로 초보자가 선택하는 코스는 2시간 투어다. 비용은 200랜드. 말은 성질이 온순하여 타기 쉽다. 조랑말 등에 앉아 산과 골짜기를 따라 끝없이 이어지는 대자연을 만끽할 수 있는 여정은 평생 잊을 수 없는 추억이 될 것이다.

14TH RESOTO DRAKENSBERG

아프리카의 지붕, 사니패스를 가다

별이 쏟아진다. 하늘과 땅이 맞닿은 칠흑 같은 어둠 속으로 별무리들이 반짝이고 있다.
드라켄즈버그의 사니패스를 향해 달리고 있다. 해발 3,000m의 산악지대. 갈 길이 멀다.
오늘은 타바체카에서 하루를 머물러야 할 것 같다. 아침에 눈을 떠 숙소를 나서니
이곳도 하늘 아래 첫 동네. 산자락 아래 집들이 옹기종기 달라붙어 있다.

구름도 쉬어가는 드라켄즈버그의 산허리에 서다

　아침 6시에 숙소를 나섰으나, 버스는 11시나 되어야 중간 지점인 모코틀롱으로 출발한다고 한다. 하는 수 없이 히치하이킹을 하기로 했다. 처음 얻어 탄 차는 1시간 거리를 달려 8시 30분에 내려주었다. 강줄기 옆으로 중국인들이 거대한 교량을 건설하고 있었다. 그곳에서 다시 1시간 기다리니, 이번엔 경찰차가 온다. 무조건 세운다. 찬밥 더운밥 가릴 곳이 아니다. 다시 차에 올라 또 1시간을 달려 3,000m 산 정상의 이름도 알 수 없는 마을 삼거리에 도착했다.

　어떤 말로 표현할 수 있을까? 아프리카의 하늘 아래 이렇게 웅대하고 척박한 땅이 존재한다는 사실을. 이제야 알았으니 살아가는 일이 경이로울 따름이다. 레소토 북동부 지역과 남아프리카의 힘찬 산악 지역이 만나는 곳으로 용의 형상을 한 산이란 뜻의 이곳은 'Roof of Africa'라 불린다. 과연 그 이름값을 실감케 하는 장쾌한 산악들이 그 끝을 알 수 없는 형상으로 뻗어 있다. 차량들은 더러 오가지만 내가 가야 할 길로 가는 차량은 쉬이 오지 않는다.

따가운 태양 아래 어느 허름한 돌담 기둥에 기대어 앉아 뭉게구름 떠가는 먼 하늘을 바라본다. 아직도 갈 길은 멀다. 타바체카에서 만난 프랑스 청년 프랑수아와 동행하니 한결 마음이 편안하다. 2시간 가까이 기다리면 버스가 온다고 한다. 한없이 높고 깊은 산속에서도 실낱같은 희망이 있으니 다행이다. 사니패스를 지나 사니 로지에서 간만에 편안한 잠을 청하고 싶어진다.

다른 방향으로 향하는 차량을 여러 대 보내고 나자 모코틀롱 방향으로 향하는 택시가 온다. 이미 20여 명이 꽉 들어찬 승합 택시 안에 덩치 큰 성인 2명이 종이 꾸겨지듯 안착했다. 비포장 산길을 2시간 가까이 달렸다. 길이 끝나는 곳, 깊은 산중의 작은 마을에 도착했다. 이곳에서 다시 1시간가량 기다려 드디어 모코틀롱으로 향하는 택시에 몸을 실었다.

20여 년 간 지구의 깊고 높은 곳을 두루 가 보았다. 그러나 이곳은 평생 본 적도 없고, 내 평생 다시는 볼 수 없을 산속의 비포장 돌길이다. 차량이 겁도 없이 그 길을 달린다. 이따금 진흙길도 지나고 강을 건너기도 한다. 이 지구상의 땅이라고는 상상치 못할 그런 풍광들에 그저 멍하니 창밖의 하늘만 바라보며 바람에 몸을 의지한다. "이곳에서라면 죽어도 좋다." 동행하던 프랑수아가 한마디 내뱉는다.

    산 정상을 향해 달리다가 다시 깊은 계곡 속을 달린다. 굽이치는 산길은 문자 그대로 용의 형상을 한 호쾌한 산자락이다. 그 높고 깊은 산 속에 사람들은 수백 년 동안 옹기종기 돌집을 짓고 살아가고 있다. 밭을 경작하고, 소와 양을 키우며 모포를 두른 채 말을 타고 다닌다. 빠르게 변해가는 21세기를 무시라도 하듯 그렇게 초연히 살아가고 있다.

    아침 6시에 출발한 여정은 저녁 6시가 돼서야 마무리되었다. 지친다. 프랑수아와 함께 게스트 하우스에 여장을 풀고 샤워를 한 후 진한 커피 한잔을 마신다. 피로가 시나브로 물러간다. 오늘은 내 평생 잊을 수 없는 밤이다. 과연 이곳을 안전하게 지나갈 수 있을까 고민했으나, 우리는 무사히 이 거친 산길을 지나왔다. 내일 아침이면 드디어 마지막 관문인 사니패스를 지나게 될 것이다.

SOUTH AFRICA | 레소토 · 드라켄즈버그

스산한 밤공기를 가르며 거리로 나선다. 별이 쏟아진다. 칠흑 같은 밤은 또 다시 찾아왔다. 행복한 밤이다. 살아 있다는 것이, 오감으로 하늘과 공기, 그리고 밤의 고요한 적막을 고스란히 느낄 수 있다는 것이. 우주와 같은 이 땅을 지나간다는 것이 꿈만 같다. 내일은 또 어떤 풍광이 나의 영혼을 흔들어 깨울까? 기대를 안고 잠자리에 든다. 지나온 하루는 마치 한 편의 영화를 본 듯 아련하다. 오늘은 다시 돌아오지 않을 것이다. 고단한 추억은 아름답다.

아침이 밝았다. 모코틀롱 강이 이어지는 산자락에 자리한 모코틀롱이라는 작은 도시다. 아침 햇살이 맑고 투명하다. 청량한 공기, 높고 파란 하늘을 바라보니 오늘은 또 어떤 장관이 펼쳐질지 기대된다. 프랑수아와 커피를 한잔 마시고 다시 길을 나섰다. 다행히 7시에 출발하는 사니패스행 택시가 곧 출발할 모양이다.

3,482m의 타바나 누트레냐나 산을 좌측으로 끼고 험준한 산자락을 오르고 또 달린다. 모코틀롱과 사니

패스를 연결하는 포장 산악 도로를 중국인이 건설하는 중이다. 신작로가 잘 닦인 몇 년 후에는 어떤 모습으로 변해 있을까? 산악 도로가 완공되면 좀 더 많은 사람들이 이곳의 아름다운 자연과 풍광을 편하게 마주볼 수 있을 것이다.

산 정상을 넘어 내리막길을 내려가는 순간, 회색 구름이 산 정상의 평야 지대를 휘몰고 온다. 안개가 아니라 구름이다. 해발 3,000m가 넘는 곳이니 구름도 산 언덕에서 잠시 쉬어 가는 것이다. 구름은 산자락에 걸려 그 움직임이 더디고 지체되어 있다. 촉촉한 습기가 대지 위에 흥건하다. 새소리, 물소리, 바람 소리가 들려오는 곳. 이곳은 아프리카의 지붕, 드라켄즈버그의 사니패스 정상이다.

레소토 국경의 출국 심사를 마치자 차량은 절벽 같은 산자락의 좁고 험한 돌길을 미끄러지듯 내려간다. 레소토 사이드와는 다른 세련되고 드라마틱한 기암절벽들이 새로운 풍광을 창조하고 있다. 아침의 레소토는 파란 하늘이었는데, 드라켄즈버그 산자락을 넘자 짙은 안개와 구름들이 온 산을 휘어 감고 있다.

인간의 어떠한 힘으로도 창조할 수 없는 자연. 거칠고도 장엄한, 말 그대로 환상의 절경이 펼쳐지는 드라켄즈버그의 웅장한 산허리를 내려가고 있다. 이젠 카메라도 내버려 둔 채 그저 영험한 자연의 자태에 넋을 놓고 바라볼 뿐이다. 앵글 안에 무엇을 담을 수 있단 말인가? 카메라에 담은들 그것이 드라켄즈버그의 티끌이라도 보여줄 수 있을까. 모든 것을 내려놓고 조용히 눈을 감는다.

LESOTHO

남아공 영토에 도착했다. 국경을 넘으니 세상은 또 달라져 있다. 거대한 드라켄즈버그 산자락 위에 독수리 한 마리가 창공을 유영하고 있다. 구름은 여전히 산자락에 걸려 넘어가지 못하고 작은 계곡의 졸졸 흐르는 물소리와 또 다른 세상의 새들이 여행자를 환영한다. 촉촉한 대지 위 초록으로 넘실거리는 사니패스 로지의 테라스. 커피 한잔 곁에 두고 먼 산을 바라본다.

지나온 길이 꿈만 같다. 수억 년의 세월을 바람처럼, 구름처럼 지나온 것만 같다. 자연 앞에 서면 늘 그렇듯 아무런 말도 할 수 없다. 신이 창조한 경이로운 세상의 한 자락을 또 한 번 가슴에 담았으니 그저 감동하고 열심히 살아갈 일이다. 오늘은 행복한 날이다. 눈앞에 하늘거리는 나무와 풀들이 그저 사랑스럽기만 하다. 산다는 것은 이렇게 느끼고 호흡하는 것만으로도 온전히 축복이다.

여행정보

✈ 찾아가는 길

레소토 동남쪽 국경과 남아공 크와줄루 나탈 지역의 경계가 되고 있는 드라켄즈버그 산맥은 그 자체로 경이로운 대상이다. 남아공의 더반에서 접근하는 방법과 블룸폰테인과 레소토의 수도 마세루를 거쳐 접근하는 두 가지 방법이 가장 일반적이다. 피터마리츠버그에서 언더버그를 거쳐 사니패스 로지로 접근할 수 있다.

렌터카나 대중교통수단으로 충분히 접근 가능하다. 레소토 국경에 접근하기 전 4륜 구동 지프를 렌트해야만 가파른 사니패스를 오를 수 있다. 블룸폰테인에서 접근하면 레소토의 수도 마세루를 거쳐 사니패스 정상까지 이동만 최소 3~4일이 소요된다. 그 말은 워낙 거친 산악지형이라 교통이 불편하고 차량도 빈번하지 않다는 방증이다. 마세루를 거쳐 말레아레아 로지에서 하루나 이틀 쉬고 드라켄즈버그의 사니패스를 넘는 코스를 적극 추천하고 싶다.

거친 자연과 장대한 산맥이 압도하는 매력에 푹 빠져들 것이다. 남아공 사이드와 레소토 어느 쪽으로 접근하든 접근로 인근에 지럼하고 매력적인 숙소들이 있으니 걱정은 말자. 드라켄즈버그를 가슴에 품어보려는 의지와 열망만 가슴에 안고 길을 떠나보자. 영원히 잊지 못할 아프리카 최고의 여정이 될 것이다.

15TH SWAZILAND
MBABANE

여유롭고 느긋한,
초록의 고대왕국에 숨어들다

녹음이 우거진 깊은 계곡, 빗줄기가 차분하게 내린다. 아프리카의 가장 작은 왕국, 킹덤 오브 스와질란드의 수도 음바바네다. 남아공에 둘러싸인 스와질란드는 녹색 고원과 계곡이 우거진 아프리카의 마지막 고 왕국이다. 남아공에 스와질란드 서부 지역으로 진입하면 장쾌하게 뻗은 산악지형 위로 유칼리나무와 소나무삼림이 숲의 향기를 뿜어내며 넓게 펼쳐져 있다.

SOUTH AFRICA | 스와질란드 · 음바바네

행복한 아침이다. 남아공의 대도시에 조금 식상해진 나는 이 작고 사랑스런 나라에 진입하면서 평화로운 자연과 너그러운 풍광에 마음을 빼앗기고 말았다. 촉촉이 내리는 비로 더욱 상쾌하게 다가오는 녹음의 향기는 진하고 맛깔스럽다. 녹음 우거진 도시는 작은 타운 같지만 고 왕국다운 여유로움과 차분한 분위기가 매혹적으로 다가온다.

국민의 90% 이상이 스와지족으로 아프리카 여러 나라 중에서도 단일민족 비율이 높은 나라다. 세습 군주제로 전통적인 정치를 하는 나라인데, 자기들만의 정치로 인해 경제 발전은 더디고, 국가 주요 산업은 사탕수수와 펄프가 전부다. 약 6만 명의 주민이 거주하는 행정부 수도로 현대적인 건물도 눈에 띈다. 한눈에 보아도 도시 자체는 이렇다 할 볼거리가 없다. 하지만 구릉지의 전원 마을 풍경이 여전히 매력적이어서 며칠 차분하게 휴식하기에 그만인 도시다.

남아공에서 서부 스와질란드로 입국하면 대부분의 차량은 음바바네 중심에 위치한 스와지 플라자 앞 버스 터미널에서 하차한다. 터미널 맞은편에는 현대적으로 신축된 '더 몰'이 눈에 띄고, 이곳만 붐비는 분위기다. 주요 호텔과 은행, 쇼핑센터 등이 시내 중심에 모여 있지만 도시보단 타운 같은 분위기다.

수도 음바바네는 스와지 왕국 왕가가 위치한 로밤바나 스와지 민족의 전통 마을이 있는 만텡가를 방문하기 전 잠시 거쳐 가는 베이스캠프라 할 수 있다. 음바바네 시내는 그냥 가볍게 산책하듯 한 바퀴 둘러보는 것으로 충분하다. 도심 한쪽의 코로네이션 공원은 오랜 거목들이 숲을 이룬 자연 녹지공원으로 꾸며져 있어 음바바네 시내를 더욱 풍요롭게 한다.

도시 주변은 유칼리나무와 소나무가 무성한 계곡과 산으로 둘러싸여 온화한 풍경을 자랑한다. 도시를 조금만 벗어나도 짙은 녹음이 우거져 아프리카의 스위스를 연상시키는 데 부족함이 없다. 도심 서쪽 지역의 파인 밸리를 지나자 호주의 에어즈 록 다음으로 큰 거대한 바위산이 도로 인접한 곳에 자리하고 있다. 시내에서 불과 8km 떨어진 곳에 있어 가벼운 마음으로 다녀오기에 좋다.

향기 나는 숲과 구릉, 차분하고 고요한 공기, 지저귀는 새소리. 음바바네는 긴 여행의 긴장을 풀고 하루 정도 휴식을 취하기에 그만인 곳이다. 좀 더 편안한 휴식을 위해 시내에서 지척인 음바바네 백패커스를 찾아가 보는 것도 좋겠다. 산장 스타일의 아담한 건물인 이곳은 올 웨이스 음바바네 백패커스(All ways Mbabane Backpackers)이다. 음바바네 시내에서 걸어서 10분 거리로 고급은 아니지만, 도미토리와 프라이빗 등 다양한 룸이 있으며 너른 8각형의 거실이 매력적인 곳이다. 파란 잔디가 펼쳐진 아담한 정원엔 오랜 세월을 견딘 거대한 고목나무들이 눈길을 끈다.

시내를 벗어나 음바바네에서 30여 분 거리에 위치한 에줄위니 계곡(Ezulwini Valley)으로 가보자. 만지니 방면으로 가다가 음릴와네 야생보호구역이 있는 만텡가를 목표로 달려간다. 이곳은 특별한 지역이자 공간이다. 스와지 전통 마을을 체험할 수 있으며 규모가 큰 스와질란드 최초의 음릴와네 야생보호구역(Mlilwane Wildlife Sanctuary)에서 야생동물을 관찰하며 평화로운 풍경 속 고요한 시간을 보내기에 그만인 곳이다.

음릴와네 야생보호구역 안은 분위기가 확연하게 다르다. 사파리 초원에서나 볼 수 있는 아카시아나무들이 한눈에 들어오고, 비포장도로가 끝없이 이어진 구릉 저 아래로는 맑은 계곡물이 졸졸 흐르고 있다. 초록의 초원이 끝없이 이어진 들판에는 얼룩말들이 가족끼리 옮겨 다니며 평화롭게 풀을 뜯고 있다. 초원에서 쉽게 볼 수 있는 야생의 동물들은 모두 이곳에 있다.

임팔라, 누, 얼룩말, 워터혹 등은 인간들이 바라보는 환경 안에서 자유롭게 살아가고 있다. 사람을 크게 경계하지 않는 것을 보면 많이 익숙해진 탓도 있을 것이다. 이 지역에는 로지와 백패커스도 있어 다양한 계층의 사람들이 자유롭게 취향을 선택하여 야생의 세계를 즐길 수 있다.

이른 아침 창을 활짝 열면 야생동물들은 코티지 주변에 다가와 풀을 뜯는다. 안개가 걷히고 초록이 더욱 짙은 색을 띠어갈 무렵이면 온갖 새소리와 동물들의 울음소리가 함께 들려온다. 그저 멍하니 바라보게 되는 곳. 스와지 언어로 천국이란 뜻의 음릴와네는 말 그대로 천국의 모습을 연상시킨다.

공원 안쪽 작은 강을 건너 승마 캠프에 가면 말을 타고 초원을 산책할 수 있다. 손젤라 백패커스에서 흙길을 따라 걸어서 천천히 내려가면 작은 개울을 건넌다. 주변엔 얼룩말, 임팔라, 톰슨가젤 등 평화롭고 온순한 동물들이 풀을 뜯거나 한가롭게 쉬고 있다. 참으로 경이로운 순간이다. 가만히 다가서면 빤히 쳐다보는 눈빛이 사랑스럽다.

승마 체험은 2시간에 170랜드. 캠프 뒤쪽의 숲길을 따라 말을 타고 여유롭게 산책하는 코스다. 늘씬하고 잘생긴 말들은 보기만 해도 멋스럽다. 한국에서도 가능하지만 야생동물들을 지척에서 바라보며 느긋한 승마를 체험하는 기분은 말로 표현하기 힘들다. 지나가다보면 워터혹, 임팔라, 얼룩말들이 조용히 풀을 뜯고 있다.

고요한 하늘 저편으로 노을이 진다. 서쪽으로 해가 기울면서 하늘은 붉은빛으로 변해간다. 야트막한 구릉 너머로 석양의 매혹적인 빛이 번져온다. 아, 이곳은 평화로운 야성의 천국, 음릴와네 국립공원이다. 말없이 하늘만 쳐다본다. 평화로움이란 이런 것일까? 나도 자연의 일부라는 느낌은 이런 것일까? 아카시아 나무 너머로 발갛게 물드는 노을을 바라보며 한없이 차오르는 벅찬 가슴에 감동이 밀려온다. 그 순간 두 눈을 고요히 감는다. 아프리카가 전해주는 가장 큰 선물은 바로 자연이 건네주는 그 자체이다. 🌳

SWAZILAND

여행정보

✈ 찾아가는 길

남아공의 요하네스버그, 프리토리아, 스와질란드 북쪽 가장 지척인 도시 넬스푸르트에서 하루에 몇 편씩 버스와 승합 차량이 출발한다. 어디에서 출발하여도 반나절이면 음바바네에 도착한다. 국경 심사 없이 음바바네로 바로 진입한다. 주변 풍경 덕분에 소박한 왕국에 도착했음을 실감하게 된다. 차를 타고 달리며 마주치는 주변 풍경은 소박하고 경이로우며 사랑스럽다.

📖 음바바네 백패커스

향기 나는 숲과 구릉, 차분하고 고요한 공기, 지저귀는 새소리. 음바바네는 하루 정도 긴 여행의 긴장을 풀고 릴렉스 하기에 그만인 곳이다. 배낭 여행자들은 편안한 휴식을 위해 시내에서 지척인 음바바네 백패커스를 찾아가 보는 것도 좋겠다. 이곳은 엄마의 집 같은 편안함과 아름다운 정원이 특징이다. 수년 전 잠시 국가대표 축구 선수들의 단체 숙소로 사용되기도 했으나, 최근 새롭게 단장하여 재오픈하였다. 스코틀랜드풍의 정원이 아름다운 숙소로 마치 편안한 내집 같은 곳이다. 산장 스타일의 아담한 건물로 예전에 이곳은 올 웨이스 음바바네 백패커스(All ways Mbabane Backpackers)였다. 음바바네 시내에서 걸어서 10분 거리의 이곳은 고급은 아니지만, 도미토리와 프라이빗 룸 등 다양한 룸이 있으며, 특히 너른 8각형의 거실이 매력적인 곳이다. 파란 잔디가 펼쳐진 아담한 정원엔 오랜 세월을 견뎌낸 거대한 고목 나무들이 유독 눈길을 끈다. 1박에 도미토리 15,000원, 2인실 트윈베드는 25,000원 선이다.

15TH SWAZILAND
EZULWINI VALLEY

**에줄위니 계곡, 스와질란드
원시의 초록세상, 태초의 품에 안기다**

아프리카가 고마운 것은 원시 그대로의 모습으로 존재하고 있기 때문이다.
수도 음바바네에서 가장 쉽게 닿을 수 있는 곳이 야생보호구역이 있는 에줄위니 계곡이다.
깊고 고매한 초록이 평온한 휴식을 전해주고, 태초의 자연에 다가서서 지나온 인생을 돌아보며
삶을 재충전하기에 최적의 장소로 기억되는 곳이다.

웅장한 초록의 자연에서 야성의 삶을 마주하다

나라 전체가 숲이며 자연국립공원인 스와질란드는 대도시가 없기에 소박하고 여유로운 여행이 가능하다. 수도 음바바네에서 여유로운 시간을 보내고 나면 중부 제2의 도시 만지니나 모잠비크 국경 인근의 음라울라 국립공원 방향으로 이동을 하게 된다. 마파차 공항도 지척인 에줄위니 계곡은 만지니로 가는 길에 반드시 들러야 할 곳 중 하나다.

수도 음바바네를 떠난 버스는 작은 마을에 몇 차례 정차하고는 광활한 초원이 펼쳐지는 에줄위니 계곡을 지나간다. 초록의 초원과 울창한 수림이 우거진 자연의 품을 지나다 보면, 하나둘 고급 리조트와 호텔들이 심상치 않은 자태로 시선을 끈다. 인근 남아공과 모잠비크, 멀게는 케냐, 탄자니아에서도 사람들이 찾아오는 카지노와 리조트로 유명한 휴양지다.

음바바네 강이 동서로 흐르는 에줄위니 계곡은 왕가의 휴양지로 이름난 곳으로 스와지 왕가의 수도 로밤바(Robamba)가 자리한 곳이다. 이 나라 왕은 현재 로밤바에서 10km 떨어진 로지타 스테이트 하우스(Lozitha State House)에서 살고 있으며, 이곳에선 1년에 한 번 매년 12월에 왕가의 전통 풍습과 문화를 엿볼 수 있는 인크라와 움란가 댄스 등을 관람할 수도 있다. 이때는 왕가의 전통 문화를 보존한 로열 크랄(Royal Kraal)을 일반에 공개하기도 한다.

에줄위니 계곡의 하이라이트는 음릴와네 야생보호구역이다. 자연보호구역으로 지정된 만텡가(Mantenga)를 중심으로 고급 호텔들과 젊은이나 자유여행자를 위한 게스트 하우스 등이 지속적으로 생겨나고 있다. 스와지 온천과 로열 스와지 스파를 지나면서 우측으로 만텡가 지역이 드넓은 초원을 펼쳐 보인다. 그 중심이 음릴와네 야생보호구역이다. 로밤바 남쪽, 뇨야네 마운트(Nyoyane Mt.)를 중심으로 전 세계의 동물 애호가들이 사파리를 즐기러 찾아온다.

비포장 길로 어렵게 찾아 도착한 곳은 손젤라 로지(Sondzela Lodge)의 넘실거리는 초원과 계곡의 품 안이었다. 전 세계에서 찾아드는 젊은이들을 위한 이코노믹 숙소를 지어 쉽게 찾아들고 머물게 하라는 왕가의 지시에 따라 부담 없는 요금으로 아름다운 자연을 만끽할 수 있으니 다행스러운 일이다. 일반 아프리카 사파리에 적용되는 요금의 절반 정도 비용으로 야성의 숲 속, 잘 구비된 로지에서 동물과 교감하며 붉게 물든 노을을 바라보는 호사를 누릴 수 있다.

화려하고 풍요로운 대지는 아니지만, 하늘이 선물해준 자연을 고스란히 간직하고 있는 음릴와네 야생보호구역은 그 공간 자체로 휴식이다. 햇빛이 비추면 찬란하게 빛나는 초록의 화려함으로, 비가 오면 촉촉해진 대지의 싱그러운 기운으로 더욱 생명력을 더해가는 계곡의 풍요로움은 낯선 여행자에게, 머나먼 세상을 찾아 나선 이방인에게 위안과 평화가 되어 준다.

공원 역내는 비포장 길로 이따금 랜드로버가 지나치거나 산책을 나서는 여행자, 승마를 즐기는 사람들의 한가로운 풍경을 목격할 수 있다. 코티지 방갈로 스타일의 숙소를 중심으로 완만한 구릉을 형성한 음릴와네 야생보호구역은 병풍처럼 아름다운 풍광을 눈앞에 품고 있어 어디서든 평화롭고 경이로운 자연의 음성을 느낄 수 있다. 숙소를 나서면 대지는 온통 붉다. 흙은 맨발로 걸어도 좋을 만큼 보드랍다.

　단체로 방문한 호주 레이디들과 음릴와네 야생보호구역의 숲 속을 산책하기로 했다. 숙소에서 2km 가량 떨어진 승마 캠프장에는 잘 숙련된 멋진 말들이 숲 속 산책을 위한 고객들을 위해 대기 중이다. 캠프 주변으로는 워터호그, 임팔라, 톰슨가젤, 얼룩말들이 숲 속 이곳저곳에서 평화로이 풀을 뜯고 있다. 이따금 인간의 발걸음과 인기척에 도망가는 놈들도 있지만, 전혀 신경 쓰지 않는 동물들도 많아 오히려 당혹스럽기도 하다. 청정한 공기, 순도 높은 기운으로 그득한 음릴와네 야생보호구역 안. 말 잔등에 앉아 깊은 숲 속 바람을 가르는 일은 평화로운 순간이다. 누구의 방해도 없이 동물과 교감하며 대자연의 품 안에 안겨보는 일, 그것이 진짜 휴식이며 온전한 치유는 아닐까 생각해 본다. 말에서 내리는 순간, 소중한 선물을 받은 듯한 감동이 차오른다.

　방갈로의 손님들도 다양한 풍경이 된다. 어느 노부부가 나란히 방갈로 앞 의자에 앉아 한가로이 독서에

열중하는 모습이 평화롭다. 친구들과 단체로 휴가를 온 듯한 청년들은 바비큐를 준비하고, 음식을 마련하느라 행복한 표정들이다. 승마 체험을 마친 호주 레이디들과 다시 음릴와네 계곡의 비포장 길을 걸어 손젤라 로지로 향한다. 갈 때와는 달리 계곡의 작은 시내는 물이 불어 무릎까지 차올랐다. 고민할 것도 없이 신발을 벗고 맨발로 강을 가로지른다.

강 옆에는 얼룩말 가족이 한가로이 풀을 뜯고 있다. 푸른 하늘 아래로 하얀 왜가리 새들이 선경을 비상한다. 풀냄새, 물소리, 동물들의 한가로운 몸짓, 맨발로 거닐며 야성의 대지에서 느껴지는 보드라운 촉감들. 이곳에선 이 모두가 감사하다. 살아 있다는 것 그 자체로 감동적인 선물이다. 평화로운 자연 속에서 자연의 동물들만 숨 쉬고 호흡하는 곳. 인간들은 그저 그 자연의 평화 속에 머물다 떠날 뿐이다.

자연 그대로의 평화로운 풍경들. 아름답고 신비한 자연의 품 안에 머문다는 건 그런 자연을 닮아가는 여정이다. 아득히 먼 들판 위 하늘에는 지다만 노을빛이 아스라이 남아 있다. 노을을 물끄러미 바라보며 지난 세월, 쉼 없이 걸어온 내 인생을 돌아본다. 참으로 먼 곳에 와 있구나 생각하며 잠시 내 삶의 자리를 두고 떠나온 용기에 박수를 보내본다.

삶이란 가끔 내 일상의 공간을 떠나보는 용기도 필요하다. 이른 아침, 부스럭거리는 소리에 창문을 열어젖힌다. 창밖에는 촉촉이 젖은 풀잎 위로 새들과 임팔라 가족이 모여 아침 식사를 하느라 분주하다. 커피 잔을 들고 창을 열어 새로운 하루와 마주한다. 새로운 세상, 새로운 공간은 살아 있음을 확인하게 하는 묘한 매력이 있다. 그런 아침과 마주하며, 나에게 주어진 또 하루 분의 생명을 마신다.

아침은 생명이다. 아프리카, 초원의 생명은 죽어가던 나를 깨운다. 어제를 살던 동물도 오늘을 다시 마주하고, 어제를 살던 나도 오늘의 새로운 공간에서 힘을 얻는다. 계획하지 않았던 그곳, 선물 같은 에줄위니 계곡에서 내 삶의 쉼표를 찾았다. 인생길 긴 여정 위에서 자신에게 주는 가장 큰 선물, 그것은 스스로에게 기회를 주는 것이다. 모든 것 내려놓은 채. 🌿

여행정보

✈️ **찾아가는 길**

수도 음바바네에서 에줄위니 계곡으로 가는 미니버스(콤비)는 음바바네 버스 터미널에서 수시로 출발한다. 차량에 손님이 가득 차면 미니버스는 출발한다. 버스는 에줄위니 계곡의 만텡가 로지 초입과 로열 크랄 입구에서 몇 차례 정착한다. 본인이 원하는 곳에 세워준다. 음릴와네로 가는 정규 버스는 없다. 손젤라 로지의 셔틀버스를 기다리거나 전화로 픽업을 부탁할 수 있다. 택시를 타면 십여 분이면 도착한다. 주변의 볼거리로는 만텡가 폭포와 스와지 문화촌을 둘러볼 만하다.

📍 **손젤라 로지(Sondzela Lodge)**

손젤라 로지에 묵는 것 자체가 휴가이며 휴식이 된다. 셔틀버스가 손젤라 로지로 데려다 준다. 숙소는 다양하다. 캠핑 텐트만 치는 경우는 80E(릴랑게니, 남아공 랜드와 가치는 동일). 젊은 여행자의 경우 백패커스 로지도 훌륭하다. 1인 105E. 초원 로지는 1인 210E이며, 싱글인 경우 250E이다. 왕가가 운영하는 야생보호구역 리조트 중 가장 저렴하며, 자유롭고 편안한 분위기가 장점이다. 스와질란드의 다른 게임 파크 중 가장 전망이 뛰어나고, 위치와 접근성이 좋아 단체 손님들도 많이 찾는다. 식사도 취향에 맞게 주문할 수 있으며 승마 체험은 전날 미리 예약하는 게 좋다.

HLANE ROYAL NATIONAL PARK
15TH SWAZILAND

흘라네 국립공원, 스와질란드
야성의 대지에서 자연의 축복을 누리다

새소리 지저귀는 야생의 땅, 스와질란드 동북부에 왕족의 수렵지였던 흘라네 국립공원(Hlane Royal National Park)이 있다. 흘라네 국립공원은 스와질란드 최대의 자연보호구역이다. 모잠비크와 국경을 이루는 레봄보(Lebombo) 산맥 기슭에 야생동물이 서식하는 건조한 들판이 바로 그곳이다. 가족과 로지에서 1박을 하며 사파리를 하기에 최적의 장소로 손꼽히는 곳이다.

국토 중앙부 스와질란드 상업 중심도시, 만지니에서 택시로 1시간 30분 거리를 달리면 흘라레 국립공원 게임 드라이브 입구에 정착한다. 국도에서 국립공원 입구가 지척이므로 접근하기도 편리하다. 스와질란드 최대의 국립공원답게 시설도 고급스럽다. 이곳의 매력은 케냐, 탄자니아, 혹은 남아공의 크루거 국립공원과 달리 여유롭고, 상대적으로 저비용의 로지와 게임 드라이브를 즐길 수 있다는 점이다.

남반구에서 가장 작은 나라인 스와질란드는 1960년대 한때 밀렵으로 인해 야생동물들이 멸종 위기에 이르기도 했지만 국내외 레인저들의 적극적인 보호 활동을 통해 야생의 왕국으로 부활하고 있다. 흘라네 국립공원을 부활시킨 현 국왕 음스와티 3세는 사자왕이라는 이름을 갖고 있지만 아이러니하게도 1970년대의 스와질란드에선 사자가 멸종위기에 처하기도 했다.

남아프리카 동물 사파리를 떠올리면 크루거 국립공원이 가장 먼저 떠오른다. 그러나 최근에는 심각할 정도의 관광지로 변해 버려 느긋하고 여유로운 사파리를 기대하기는 힘든 상황이다. 게다가 입장 제한도 잦아지고 있는 데다, 사파리 로지의 가격은 스와질란드의 두 배 이상이다. 흘라네 국립공원은 크루거 국립공원 남쪽으로 불과 200km 지점에 위치하여 같은 동물들을 좀 더 여유롭게 볼 수 있다는 장점이 있다.

리셉션에서 로지 체크인을 한 후 따가운 태양이 내리쬐는 정오, 캠프장 내의 여러 휴식 장소에서 느긋하게 휴식을 취하며 저 멀리 코끼리의 움직임도 볼 수 있다. 하루에 4번 운영하는 게임 사파리가 있으니 한 번쯤 참여하는 것도 좋다. 본격적인 사파리는 해의 열기가 식어가는 마지막 선셋 사파리가 적합하다.

여름 피크 시즌인 12월에는 한낮 날씨가 27도 이상 올라가므로 정오에는 햇살이 따갑다. 조금씩 서늘해지는 오후 마지막 사파리가 동물들의 저녁 움직임을 포착하기에도 제격이다. 정통 랜드로버 지프를 개조한 10인승 사파리 차량에 탑승하면 레인저와 함께 흘라네 게임 사파리가 출발한다. 다양한 동물들이 풍부하게 포진하고 있어 야생의 동물을 접하는 즐거움이 큰 곳이다.

가장 흔하지만 가장 사랑스러운 임팔라를 시작으로, 코끼리, 누, 톰슨가젤들이 보이기 시작한다. 특이한 것은 이곳 나무들이 거의 말라 죽어 가고 있다는 것이다. 코끼리들이 나무의 이파리와 가지를 다 먹어 치워 고사목이 된 모습들은 생경하지만 멋진 풍경으로 다가오기도 한다. 다양한 종류의 새들이 하늘을 날고, 아름답게 합창하는 평화의 동산이다.

레인저가 무언가를 열심히 찾는다. 저 멀리 사자의 움직임이 포착되었다. 가까이 다가가니 위엄 넘치는 수사자가 암사자들을 거느리고 나무 그늘 아래에서 쉬고 있다. 암사자들은 커다란 입을 크게 벌려 날카로운 이빨을 드러내며 위협하기도 한다. 하지만 대부분의 사자들은 사파리 관람객들의 호기심이 일상이 되었는지 크게 동요하지 않는 눈치다.

레인저는 다양한 동물들을 보여주기 위해 부지런히 움직인다. 숲길을 달리다 보면 커다란 도마뱀이 숲 속을 기어 나와 길을 가로질러 건너고 있다. 의외로 도마뱀이 많은 지역이다. 물웅덩이에는 거북이 가족이 한가롭게 수영을 하고 있고, 하마도 물속에서 휴식을 취하고 있다. 물가 언저리에 앙증맞은 임팔라 떼가 팔짝거리며 눈치를 보기도 하고, 풀을 뜯는 모습이 평화롭다.

가장 많은 개체 수를 가지고 있다는 흰 코뿔소가 궁금하다. 언제쯤 볼 수 있을까 궁금해 하던 차에 진입로 위로 세 마리의 코뿔소가 나타났다. 모두 일제히 카메라를 들이대며 촬영에 여념이 없다. 잠시 나타났다 숲 속으로 사라진 코뿔소가 진한 아쉬움을 전해준다. 그러나 곧이어 한가로이 풀을 뜯고 있는 코뿔소 가족을 만난다. 차량을 가까이 접근해도 코뿔소들은 크게 동요하지 않는다.

코뿔소의 긴 뿔을 망원으로 줌 인하여 포착한다. 지척에 있는 터라 코뿔소의 몸체 각 부위를 이곳저곳 앵글에 담아본다. 코뿔소는 덩치와는 어울리지 않게 짧은 다리를 실룩거리며 걷는 모습이 귀엽고 사랑스럽다. 2톤에 가까운 육중한 몸매를 가진 코뿔소가 풀만 먹고 산다니 이해하기 힘들다. 성정도 온순하여 거대한 덩치의 코뿔소 가족은 평화롭게만 보인다.

SOUTH AFRICA | 스와질란드 · 흘라네 국립공원

어린 코뿔소가 엄마와 함께 풀을 뜯고 있는 곳에 도착했다. 레인저는 시동을 끈 채 코뿔소의 동태를 살핀다. 서로 안정을 찾았는지 코뿔소도 도망가지 않고 그곳에서 평화로이 풀을 뜯는다. 1톤이 넘는 육중한 덩치의 어린 코뿔소는 엄마 코뿔소를 따라다니며 열심히 풀을 뜯는다. 경이롭고 아름다울 따름이다.

야성의 동물들과 평화로운 순간을 보내는 찰나, 해는 뉘엿뉘엿 서편하늘에 붉은 노을을 드리운다. 레인저가 적당한 곳에 차를 세운다. 아이스박스에 준비해 온 시원한 맥주를 한 병씩 나누어 마신다. 서늘해진 공기, 불덩이 같은 태양이 저물고 있다. 투명한 공기 속에 저물어 가는 붉은 해는 장관을 펼쳐낸다. 셔터 소리가 요란하다.

잠시 노을을 바라보다 출발하려 했으나 이 찬란한 순간을 그냥 떠나보낼 수가 없었다. 모두들 흥겨운 기분에 건배를 외치며 행복한 순간을 함께하는 기쁨을 나눈다. 이탈리아 베네치아에서 온 가족, 2년간 아프리카를 여행 중인 향수 전문가 프랑스인 쟝 루이, 남아공에서 온 두 명의 청년과 커플 부부. 우리 모두는 서로를 배려하며 행복한 시간을 함께 보냈다.

붉은 해는 서산에 지고 숙소로 돌아오자 리셉션 물웅덩이 근처에서 코뿔소들이 평화롭게 식사를 하고 있다. 좀 전에 마주쳤던 코뿔소 가족이 이곳까지 온 것이다. 코뿔소를 바라보며 신기해하는 아이들의 모습조차도 평화로운 풍경이 되었다. 야성의 자연을 자연의 품 안에서 바라볼 수 있다는 것, 동물과 인간이 공존하며 평화로운 기운을 만끽하는 순간들. 이렇게 아프리카의 대자연에 말없이 다가서면 가슴 뭉클한 감동을 선사받게 된다. 캄캄한 밤하늘에 별이 쏟아진다. 여기는 아프리카다. 🌳

SWAZILAND

여행정보

✈ 찾아가는 길

남아공, 모잠비크에서 하루에 두 차례 이상 수도 음바바네로 버스가 출발한다. 음바바네에서 가장 큰 도시 만지니를 거쳐 흘라네 국립공원을 향하면 된다. 음바바네에서 우선 만지니행 버스를 타고, 만지니 버스 터미널에서 다시 흘라네행 버스를 타면 된다. 기사에게 말해두면 흘라네 국립공원 바로 앞에 세워준다. 모잠비크의 수도 마푸투에서도 렌터카로 2시간 반 30분만에 국경을 넘어 흘라네 국립공원에 도착할 수 있다.

📷 흘라네 로열 사파리

남아프리카 동물 사파리를 떠올리면 유명한 크루거 국립공원이 가장 먼저 떠오른다. 그러나 최근에는 심각할 정도의 관광지로 변해 버려 느긋하고 여유로운 사파리를 기대하기는 힘든 상황이다. 게다가 입장 제한도 잦아지고 있는 데다, 사파리 로지의 가격은 스와질란드의 두 배 이상이다. 흘라네 스와질란드 국립공원은 크루거 국립공원 남쪽에서 불과 200km 지점에 위치하여 같은 동물들을 좀 더 여유롭게 볼 수 있다는 장점이 있다. 접근성도 좋고 사파리 요금도 상당히 저렴하다. 사파리 코티지는 1박(Room Only)에는 485랜드(45,000원) 식사 포함은 545랜드, 게임 사파리는 2시간 30분(Mid Day) 코스가 280랜드, 선라이즈(Sun Rise). 선셋(Sun Set) 드라이브가 310랜드다. 동물들의 움직임과 석양을 볼 수 있는 선셋 드라이브를 권하고 싶다.

16TH MOZAMBIQUE
MAPUTO

모잠비크 만의
자유와 평화의 물결

아프리카 동쪽, 남북으로 길게 이어진 거대한 나라의 수도 마푸투.
공산 혁명의 실패로 인한 정치·경제의 피로감이 도시 곳곳에서 확연히 느껴지는 곳.
부패와 가난이 온 도시에 슬픈 그림자를 드리우고 있지만,
푸른 바다와 역동하는 도시의 활력은 이 도시의 희망이다.

혁명의 도시, 변화를 꿈꾸는 도시 마푸투

국경은 늘 드라마틱한 변화를 선물한다. 변화는 두렵지만 그 극심한 변화가 인간에게 또 다른 도전을 선물한다. 남아공, 레소토, 스와질란드 여정을 마치고 국경을 넘어 모잠비크로 입국했다. 유사한 지형, 동일한 기후대, 같은 대륙이지만 언어가 다르고 문화가 달라지니 다른 세상이 펼쳐진다. 이곳은 사회주의 분위기가 물씬 풍긴다.

푸르른 초원이 넘실거리고, 평화롭고 아담하던 스와질란드는 천국이었다. 국경을 넘어서자 다른 세상이다. 모잠비크의 첫인상은 주변 국가와 달리 도시 규모가 크고, 무질서와 부정부패가 쉬이 느껴진다. 아프리카의 거칠고 황량함도 고스란히 느껴진다. 스와질란드 음바바네에서 모잠비크 비자 수수료는 20달러, 기간은 3일이 소요된다. 국경은 82달러, 20분 만에 비자가 나왔다. 싱겁게 국경을 넘었고 마푸투 시가지가 보이는 시내로 진입하는 데 1시간 30분도 채 걸리지 않았다.

도시는 바둑판처럼 잘 구획되어 있었다. 시가지를 동서로 가르는 마오쩌둥 대로에 위치한 숙소에 여장을 풀고 시가지를 나선다. 일요일 거리는 한산하다. 일반 상점은 대부분 문을 닫은 상태고, 레스토랑과 작은 상점만 간헐적으로 영업을 한다. 포르투갈 식민지를 경험한 모잠비크는 영어보다는 포르투갈어를 더 많이 사용하고 있다. 거리에는 영어 간판과 포르투갈어가 함께 사용되고 있다.

마푸투 베이로 진입하자 멀리 대도시를 실감케 하는 빌딩 숲이 잠시 보이다가 시가지로 들어간다. 일요일 한낮의 거리는 차량들로 붐비고 있다. 도시를 동서로 가르는 9월 25일 거리(25 de Setembro Ave.)와 7월 24일 거리(24 de Julho Ave.)를 사이에 두고 시가지의 중심 상권과 볼거리들이 몰려 있다. 그 위로 마오쩌둥 거리(Mao Tse Tung Ave.)가 있으며, 시가지 서편에 칼 막스 거리(Karl Marx Ave.)가 있다. 한때 공산주의 이념을 신봉했던 시절이 있었음을 반증하는 것이다.

시가지 분위기는 평양과 베트남의 호치민, 20여 년 전 북경, 모스크바를 연상시킨다. 예전 공산주의 국가에 온 듯한 묘한 기분이 든다. 수도가 한 나라의 모든 것을 보여주는 것은 아니지만 마푸투 시가지의 첫인상은 식민지 역사의 경험, 가난한 국가 현실, 혼돈과 고단한 역사 속에 공산 체험의 흔적들이 곳곳에 상흔처럼 남아 있다.

동서남북 시원시원하게 뻗은 대로를 지나 도시 남부 페리 터미널이 있는 부둣가로 나선다. 부두 인근에는 포르투갈 식민지 시대의 오랜 성채와 100년 된 바로크 양식의 중앙역이 눈길을 끈다. 고기잡이를 생업으로 삼는 어부들의 낡은 어선과 현대적인 크루즈, 요트들이 구분 없이 섞인 채 접안되어 있어 묘한 느낌을 준다. 바다를 바라보는 항구는 마냥 기분을 좋게 한다.

항구도시의 비릿한 냄새와 함께 해풍을 견뎌온 도시의 스

카이라인은 시원스럽다. 마푸투 만 내항의 건너편 해안선에는 주민들이 이용하는 아담한 비치들이 있어서 주말을 즐기러 나온 시민들의 풍경이 한가롭다. 길고 거대한 나라 모잠비크의 수도가 국토의 최남단에 자리 잡고 있다는 것도 신기한 일이다.

국경을 넘어 모잠비크로 진입하며 몇 차례 경험했지만 경찰들의 검문검색이 지나치게 잦다. 당연한 듯 몸에 밴 뇌물 요구도 불쾌하게 느껴진다. 그러나 이러한 경험은 도시에서도 이어진다. 시가지에서도 총을 든 사설 경호원들이 여권을 보자며 구석진 곳으로 유인한다. 공공연하게 돈을 요구하는 풍경은 이 나라의 어두운 단면이자 암울한 정치 현실을 이야기한다.

거리 분위기는 공산주의 실험의 실패로 인한 피로감이 느껴지고 구시가지 중심지의 시장과 터미널 인근 상업지역은 낡은 건물이 즐비하며 쾌적하지 못하다. 주요 도로의 건물과 상점들은 오랜 세월의 역사성과 중후함보다는 낡았다는 느낌뿐이다. 반면 시청을 중심으로 한 관공서와 국가 기관들은 나름대로 잘 정돈되어 있어 공산주의 이후 도시 기능을 회복하고 있는 듯하다.

아프리카 빈국 중의 하나라고는 하나, 이 나라의 전부를 둘러보기 전에 속단은 금물이다. 도시 외곽은 모던한 빌딩들과 새로운 도시가 출현하고 있으며 고급 주택들과 서민 주택들의 외관 차이는 빈부의 격차를 실감할 만큼 확연하다. 고급 주택과 주요 건물들에는 경호원들이 총을 들고 경호하는 모습으로 긴장감을 자극하기도 한다.

수도 마푸투를 떠나 모잠비크 북부 해안 도시에는 아름다운 비치와 다양한 해양 생물의 기이한 체험들이 기다리고 있다. 모잠비크 해안은 남아공 사람들과 젊은 유럽인들에게 인기 만점이다. 지방의 각 도시에는 순박하고 아름다운 자연이 존재하며, 인도양과 모잠비크 해를 끼고 남북으로 길게 뻗은 이 나라의 매력은 단연 해안가 작은 마을들의 소소한 풍경에 존재한다.

도시의 주요 건축물들과 볼거리는 7월 24일 거리 이남의 칼 막스 거리와 블라디미르 레닌 거리 사이에 모여 있다. 이 도시의 가장 상징적인 건물은 독립 광장 앞의 사모라 마첼 동상과 중앙역이다. 혁명의 분위기가 물씬 풍기는 동상 주변 건물들은 크고 웅장하다. 바다와 면한 중앙역 주변은 로컬 버스 정류장 덕분에 늘 인산인해를 이룬다. 광장에서 역 앞으로 좀 더 가까이 다가서면 웅장하고, 세월의 흔적이 느껴지는 고풍스러운 역사 건물이 매력적으로 다가온다.

역 주변 페리 터미널 인근에는 카탐베(Catambe) 지역을 건너가려는 사람들과 차량들이 30분 간격으로 오가는 연락선을 기다리고 서 있다. 서민들의 고단한 삶의 풍경이 고스란히 느껴지는 배 안으로 들어선다. 배 안의 눅눅한 느낌과 표정 없는 사람들 사이로 적막감이 감돈다. 그 사이 육지를 떠난 배는 내항의 마푸투 만을 가르고 해안가에 접안한다.

고기잡이 어선들이 해안가에 늘어선 카탐베 지역은 작은 어촌과 비치에서 물장구를 치고 노는 소박한 풍경이 그림처럼 펼쳐진다. 배에 걸터앉은 소년과 이야기를 나누기도 하고, 비치를 산책하고 있으면 어김없이 과일 파는 청년이 다가와 물건을 사라며 추근거린다.

마푸투 시가지를 벗어나 한가하게 데이트를 즐기는 커플들도 눈에 띈다. 이제 막 사랑에 빠진 젊은 연인들은 카메라를 들고 있는 내게 자신들의 사진을 찍어 달라며 포즈를 취하기도 한다. 사진을 찍는 일, 혹은 사진에 찍히는 일은 생계조차 힘든 아프리카에선 좀처럼 쉽게 다가서기 힘든 여가생활이자 취미활동인 것이 분명해 보인다.

다시 배를 타고 도시로 돌아간다. 비린내가 온몸을 휘감는다. 바다를 생의 터전으로 삼고 살아가는 사람들, 도시의 필요를 충족시키기 위해 바다에 온몸을 던진 사람들은 도시의 항구 어시장에서 그 땀의 대가를 당당히 요구할 것이다. 바다로 열린 도시 마푸투는 앞바다의 수많은 섬들과 교류하며 오래도록 지켜온 자신들만의 삶의 흔적을 도시 위에 남기고 있다. 🌳

MOZAMBIQUE

여행정보

✈ 찾아가는 길

수도 마푸투로 가는 방법은 다양하다. 이웃 나라 남아공의 수도 요하네스버그나 케이프타운에서 매일 두 편씩 정기편이 있다. 육로로 접근하기 위해서는 더반에서 출발하거나 스와질란드에서 접근하여 국경을 넘어간다. 남아공과의 교류가 빈번한 탓에 국경은 쉽게 넘을 수 있다. 비자도 20여 분 만에 내어준다. 요하네스버그나 프리토리아에서 인터케이프가 마푸투로 연결한다. 요금은 450랜드 안팎이다. 마푸투 시내에는 소문난 게스트 하우스가 두 군데 있다. 호텔은 해안가를 따라 다양하게 포진하고 있으니 숙소는 염려하지 않아도 된다.

17TH MADAGASCAR
MORONDAVA

모잠비크 해안,
바오밥나무의 동산

동화의 나라, 평화로운 동산. 하늘에서 바라본 땅 위의 모론다바는 에덴동산과 다르지 않았다.
뭉게구름 아래 파란 하늘을 캔버스로 초록이 넘실거린다. 원주민들의 표정은 소박한 미소를 머금고 있어
사랑스럽다. 말없이 충만한 사랑을 전해주고, 미소로 마음을 나누어 주던 곳. 해변의 동산 모론다바.
천년을 기다려온 지혜의 나무 그 은밀한 음성에 귀 기울여 본다.

SOUTH AFRICA | 마다가스카르 · 모론다바

바오밥나무와의 사랑 이야기

　모잠비크 해 동쪽, 평화의 어촌 마을에 다다랐다. 비행기를 타고 12시간 넘게 날아와 또 다시 비행기를 타고 가야 하는 곳. 아프리카 본토 우측 아래, 외로운 섬나라 마다가스카르다. 모잠비크 해를 사이에 두고 아프리카 본토를 바라보는 외로운 바다의 노래, 매혹의 항구도시 모론다바는 천년 세월의 시공이다. 따가운 태양 아래 열대의 기운이 넘실거린다. 해풍이 불어오는 야자나무 아래에 서면 서늘한 공기가 다가와 입가에 미소를 번지게 한다.

　밀려오는 파도를 가르며 바다로 나갔다. 무릎 아래로 찰랑거리는 해변, 끝없이 이어진 바다. 그 바다 위에서 개구쟁이 아이들은 지칠 줄도 모르고 파도를 즐긴다. 서핑 보드를 대신하여 오랜 나무거죽을 들고 파도 위를 미끄러진다. 눈망울 고운 아이들과의 재잘거리던 시간, 생소한 자연이지만 포근하기만 한 모론다바의 바다는 생명력 넘치는 천국의 바다이다.

　모론다바는 아프리카 동남쪽 마다가스카르의 서해안 모론다바 강 삼각주 자락에 위치한 해변도시다. 마다가스카르에서도 바오밥나무 군락지로 유명하여, 바오밥나무를 사랑하는 사람들의 걸음이 이어지고 있다. 마다가스카르의 상징인 여우 원숭이와 더불어 독특하게 생긴 바오밥나무는 마다가스카르의 상징과도 같은 존재가 되었다.

　신선한 아침을 마주하며 바다를 품을 수 있고, 이름난 바오밥나무 군락이 모든 이를 기다리는 곳. 아프리카의 오지 마다가스카르에서도 깊고 먼 구석에 자리한 작은 어촌마을이다. 지구상에 존재하는 생명체 중 오직 이 땅에서만 발견되는 특이 생명들이 많아 생태계의 보고로 불리는 생명의 섬. 오랜 격리와 외딴 섬나라

의 특성으로 인해 어린왕자의 혹성으로까지 표현되기도 한다.

　태양의 열기가 수그러들 즈음 바오밥 마을로 향했다. 사륜 구동 지프에 올라타 먼지가 피어오르는 바오밥 애비뉴를 달린다. 바오밥나무가 하나둘 나타난다. 그 생경한 첫 만남에 모두들 탄성을 지른다. "와, 바오밥이다, 정말 신기하게 생겼네!" 나무를 거꾸로 심어 놓은 듯 특이하게 생긴 나무를 바라보며 한 마디씩 던진다. 정말이지 그 우람하면서도 매끈한 체구가 놀라울 따름이다.

　500년도 족히 넘은 거대한 나무들이 〈걸리버 여행기〉의 주인공처럼 거대한 평원 위에 꼿꼿이 서 있다. 아무 말도 할 수 없다. 천년 가까이 말없이 살아온 거대한 나무를 바라보며 무슨 말을 건넬 수 있을까? 셔터를 누르다 말고 그 거리 바오밥나무 아래를 서성거린다. 옥잠화 무성하게 피어 있던 연못가를 거닐며 바오밥나무의 전설과 천년 인내의 시간을 돌아본다. 곧고 강직한 나무로부터 여행자는 위로를 얻는다.

　생업을 위해 바오밥 거리를 오가는 원주민들, 멀고 먼 나라에서 온 여행자들의 설레는 발걸음, 두리번거리며 바오밥나무의 생김새에 신기함과 경외감을 표현하는 사람들. 이 지구상의 어느 한 곳이라고는 상상치 못할 진기한 풍경에 모두들 말을 잇지 못한다. 나무 아래에 서서 그렇게 말없이 거닐고 또 서성인다.

　하루하루가 평화로운 일상인 모론다바. 좌판 위에선 바오밥나무의 씨앗을 팔고, 수탉 한 마리를 자전거에 묶어 장터로 가시는 늙은 아버지, 가난에 못 이겨 아이를 안고 배회하는 초췌한 여인도 눈에 띈다. 그 풍경 속으로 여행자들의 발걸음이 이어진다. 가난과 남루한 행색은 아프리카의 일반적인 모습이다. 하지만 결핍, 그 모습이 마다가스카르의 전부는 아니다.

　바다로 난 숲 속을 달려 원주민들의 소박한 마을에 다다랐다. 바닷가 마을은 바닷가재와 꽃게, 물고기를 잡아 생업을 유지한다. 아낙들은 나뭇가지를 엮어 만든 바구니를 짜서 시장에 내다 팔기도 한다. 아이들은 배꼽을 내어 놓고 맨발로 흙을 밟으며 산다. 운동장에서 아이들의 공놀이가 한창이다. 축구는 마다가스카르에서도 인기종목이다. 먼지가 피어오르는 운동장 너머로 까르르 함박웃음이 퍼져간다.

피로그라는 작은 배를 타고 개펄을 지난다. 바닷물 깊숙이 들어오는 지류로 고기잡이에 나선다. 어부들은 강물을 헤치고 맹그로브 숲을 헤쳐 간다. 따가운 태양이 등에 닿으면 땀도 주르륵 흘러내린다. 하지만 시원한 강줄기 위를 나룻배로 달리면 모론다바 개펄의 뜨거운 더위도 싹 잊힌다. 하늘이 내린 자연 위에 하늘이 허락한 생명으로 하루하루 삶을 유지해 나가는 사람들. 모론다바는 욕심 없이 현실에 만족하며 무욕의 삶을 살아가는 곳이다.

하늘에서 바라보던 그 오밀조밀한 수로와 흙먼지 길이 땅 위에서는 거대한 인간의 발자취로 남는다. 숲을 헤치고, 바오밥나무 무성하던 옥잠화 늪을 지나 바오밥나무 거리로 향한다. 해는 서쪽 하늘 아래로 스러진다. 푸른 하늘빛은 불그스레한 기운으로 갈아타고 이내 실루엣으로 바오밥 그림자를 드리운다. 낮의 풍경과는 또 다른 모습이다. 어둠의 장막이 처지자 마치 영화처럼 바오밥나무가 대지 위 스크린을 장식한다. 감동의 순간이다.

하늘 위로 하얀 달, 둥그러니 떴다. 동편 하늘에 걸린 달과 홀로 떨어진 바오밥나무는 외로운 풍경을 자아낸다. 황토 흙먼지길 내달리며 그 묘한 풍경에 취하고 또 취한다. 달리던 차에서 내려 나무 아래 다시 섰다. 그냥 두고 떠나갈 수 없는 마음, 거대한 바오밥나무 아래에서 나무를 매만지며 서성인다. 천년 세월을 기다려 온 거대한 바오밥나무의 인내와 고독, 그 외로움과 희망을 마주한다.

나무는 말이 없다. 하늘로 곧게 뻗은 바오밥나무의 거대한 줄기에 기대어 나무의 속삭임에 귀 기울여 본다. 견고한 나무 줄기의 표피를 어루만지며 천년 세월의 풍상을 더듬어 본다. 거대한 나무는 미동도 없다. 말없는 그 나무가 사랑스럽다. 외딴 바닷가 모잠비크 해에서 바오밥나무와의 무언의 대화는 영원히 가슴에 간직할 비밀스런 사랑의 노래가 되었다. 🌳

여행정보

✈ 찾아가는 길

한국에서 마다가스카르로 가는 직항은 없다. 에어마다가스카르가 홍콩 혹은 방콕에서 환승하여 마다가스카르로 간다. 환승을 포함하여 15시간 이상 날아와서도 다시 비행기를 타거나 버스를 타고 마다가스카르 서해안으로 가야 한다. 버스는 13시간 이상 걸리므로, 시간 안배를 잘 해야 한다. 수도 안타나나리보에서 하루 이틀 현지 적응을 한 후에 모론다바로 가자. 비행기로 갈 경우, 한국에서 미리 예약을 하거나 도착 즉시 항공편을 예약해 두자. 모론다바 공항에 도착하면 시내 중심가까지는 20분도 채 안 걸린다. 모론다바 시장을 지나면 이내 바닷가 해풍이 불어온다.

📷 모론다바의 다양한 투어

아프리카에서도 오지에 속하는 마다가스카르. 하지만 모론다바의 바오밥나무 거리는 전 세계인들의 꿈의 목적지다. 그만큼 다양한 투어 프로그램도 준비되어 있다. 우선 4X4 차량으로 바오밥나무 거리를 찾아가는 기본 투어가 있다. 모론다바 시내에서 40분 거리에 위치한 이곳은 비포장 길을 한참 달리면 바오밥나무들이 하나둘 나타난다. 궁금증이 증폭되지만 인내심을 갖고 조금 더 기다리자. 10분 더 달리면 연꽃 군락지에 거대한 바오밥나무들이 즐비하게 서 있는 곳을 만나게 된다. 시간이 허락된다면 체류기간 동안 두 번은 방문해보자. 변화무쌍한 자연이 경이로운 곳이다. 노을 지는 순간, 그 감동은 말로 표현할 수 없다. 피로그라는 배를 타고 참게 잡이에 나서는 맹그로브 낚시투어도 있다. 참게를 잡아 올리는 그 순간은 상상 이상으로 행복하다. 게를 잡으면 바로 집게발은 물론 도망가지 못하도록 다른 발들까지 잘라버린다. 대낮의 태양은 따가우니 조심해야 한다. 인근 원주민들이 사는 마을 투어와 모론다바 마켓투어, 모론다바 해안가를 감상할 수 있는 범선투어도 있다.

17TH MADAGASCAR
ANTANANARIVO

진한 커피 향기 같은
아프리카의 동화 마을

뭉게구름 피어오르고, 파란 하늘은 높고 넓어 멀고 먼 아프리카의 땅이라고는 떨어지지 않던 곳.
정겨움 넘치는 수도 안타나나리보는 마다가스카르의 베이스캠프다. 황톳길 먼지 날리며 달리던 그곳,
도시와 자연의 경계 없이 너른 평원 위 1,000개의 언덕마다 마을이 생겨났다.
그 마을이 모여 도시를 이루었다. 그 이름은 동화 속의 동산, 안타나나리보.

SOUTH AFRICA | 마다가스카르 · 안타나나리보

진한 삶의 향기가 마음의 위로가 되는 곳

　비행기 트랩을 내려서자 파란 하늘과 뭉게구름이 나를 반긴다. 어떻게 이토록 파란 하늘을 선물할 수 있을까? 공항에서의 첫 느낌처럼 마다가스카르의 수도 안타나나리보는 마치 동화 나라에 온 듯한 착각에 빠지게 한다. 시내로 들어가는 길 옆 언덕마다 작은 마을들이 올망졸망 모여 행복한 공동체를 꾸려나간다. 도시이면서 포근한 시골 같고, 시골 마을 같지만 엄연한 한 국가의 수도인 안타나나리보. 그 그리운 풍경이 다시금 가슴에 스멀스멀 피어오른다.

　도시 외곽을 가로질러 안타나나리보로 가는 길에는 잔잔한 시골 풍경이 펼쳐진다. 달리는 차창 밖으로 펼쳐지는 먼발치의 마을 언덕들이 아스라하다. 마치 동유럽의 작은 마을 같기도 하며 프랑스 남부의 한가로운 전원풍경을 떠올리게 한다. 현지인들은 수도 안타나나리보를 줄여 타나라고 부른다. 시내로 진입하니 수도다운 면모를 보여주는 도시 전경과 언덕 아래 자리한 오랜 역사의 고풍스런 건물들이 시선을 잡아끈다.

　타나 시내를 조망할 수 있는 전망대를 향해 굽이진 골목길을 돌고 돌아 정상에 선다. 타나 시내 전경과 산 정상 기슭에 자리한 현지인들의 삶의 터전이 오랜 세월의 흔적을 노래하듯 한눈에 다가온다. 아, 정말 아름답구나. 더 이상 무슨 말로 이 사랑스런 도시를 표현할 수 있을까?

　말없이 마을을 바라본다. 고요한 가운데 행복한 기운이 밀려온다. 가장 따스하고 정겨운 풍경이 펼쳐지던 그 언덕은 내

마음에 고향처럼 다가왔다. 스쳐 지나가는 것은 아름답다. 그토록 오래 꿈꾸어 발 디딘 마다가스카르. 그러나 잠시 스쳐 지나야만 했다. 안타나나리보, 운명처럼 스쳐 지나온 그곳이 더 가슴에 남는다. 그렇게 그리워하다 언젠가 다시 갈 수 있을 테니 그것도 축복이다. 그저 감사한 일이다. 그래서 스쳐 지나온 순간은 더욱더 그리운 것이다.

진한 사람의 향기가 나는 곳. 오랜 세월의 향기로 발걸음을 더디게 만드는 곳. 그 언덕에서 잠시 안타나나리보의 골목길을 배회하며 이 도시가 가진 진정한 매력에 빠져본다. 오래되어 낡은, 그러나 후미진 골목길이 주는 편안함은 새로 단장한 도시나 길이 주는 값싼 낭만과는 차원이 다르다. 물끄러미 바라보던 언덕 위 풍경은 이 도시를 더욱 사랑하게 만들었다. 타나의 온갖 모습들은 나그네의 영혼마저 사로잡는다.

전망대를 등지고 정상을 내려가며 산자락에 자리한 골목길 사이사이 삶의 노래를 듣는다. 개구쟁이 꼬마 아이들은 길을 막고 서서 한판 놀아보자는 표정들이다. 골목을 돌면 나타나는 소박한 모습들은 가난에 찌든 이 땅의 아픔이라기보다 은은한 삶의 향기로 다가온다. 까르르 웃음소리와 골목마다의 그윽한 풍경들이

이방인에게 생기를 충전시켜 준다.

    안타나나리보는 거대한 호수와 언덕을 중심으로 도시가 형성되어 있다. 유럽이나 미국처럼 고급스러운 주택들로 자리 잡힌 도시가 아니라, 언덕 위에 하나둘 자생적으로 들어찬 흙벽돌집들이 오랜 세월의 흔적을 고스란히 끌어안은 채 타나의 정취를 풍겨내고 있다. 마치 프로방스풍의 산기슭에 자리한 집들처럼 이곳의 집은 삼각 지붕의 흙벽돌로 지어져 고풍스러움을 자아낸다.

    거대한 산을 중심으로 좁은 길들이 기슭마다 이어져 있고, 골목 사이사이 자리한 작은 집들은 달동네를 연상시킨다. 이어지는 길목마다 상점과 주택들이 번갈아 자리하고, 곳곳의 장터에는 사람들의 발걸음이 끊이질 않는다. 길거리에서 좌판을 깔고 장사하는 사람들, 리어카를 끌고 다니며 생계를 유지하는 사람들. 거리는 온통 삶의 애환으로 그득해 보이지만, 그 이면에는 희망과 삶의 간절한 소망도 고스란히 존재할 것이다. 결국 인간이 누리는 삶이란 희로애락의 연장선이 아니던가? 어떤 삶을 살아간다 해도 만족하고 감사하며 살 수 있다면 그곳이 곧 천국일 테니까 말이다.

마을의 운동장에 젊은이들이 모여 공을 찬다. 강가에 자리 잡은 빨래터에서는 온갖 빨랫감들이 아낙들의 손길을 통해 새롭게 태어난다. 그 옆으로 진흙으로 이긴 흙벽돌을 찍어내는 사람들이 있다. 공터와 강가, 마을 어귀에는 어김없이 생의 간절한 숨소리가 들려온다. 오늘의 삶에 최선을 다해가며 고단한 하루를 살아가는 사람들. 삶의 풍경들이 소중한 빛으로 다가온다.

암바나또바나라는 시골 마을로 조금만 발걸음을 옮기면 이곳은 또 다른 세상이다. 파란 하늘 아래 마치 천국을 옮겨놓은 듯 낮은 구릉 위로 작고 아담한 흙벽돌집들이 옹기종기 모여 있다. 구름은 흘러가고, 황토 대지 위 아담한 집들이 흩뿌리듯 이어져 있는 시골 마을은 남루하지만 그 자체로 평화의 동산이다.

아이들은 하루에 한 끼밖에 먹을 수 없는 형편이기에 학교를 가는 일은 생명을 유지하기 위한 생존의 현장일지 모른다. 우물도, 운동장도 없는 작고 초라한 학교에 모여 비좁은 교실에 앉아 희망의 두레박을 퍼 올리고 있다. 먼지 뽀얗게 이는 시골길을 달려 언덕에 앉는다. 잠시 자연의 풍경에 심취해 있다 보면 언제 왔는지 모를 아이들의 웃음소리가 귓가에 울린다.

황토의 대지, 파란 하늘 아래 뭉게구름 떠다니는 곳. 실개천 사이로 추억이 흐르고 언덕 아래 작고 초라해 보이는 마을은 오히려 위로와 평안을 전해준다. 위압적이지 않은 소박함, 시골스럽고 정겨운 마을은 여행자의 마음에 온전한 휴식을 준다. 그 언덕 위로 바람이 분다. 구름 흘러가는 안타나나리보의 하늘 아래서 시간과 추억은 더디게 흘러간다. 안타나나리보에선 흘러가는 그 시간마저 가슴에 파란 물감이 되고 만다.

좋은 추억을 심어 온 그곳으로 다시 갈 수 있을 것이다. 다시 바람처럼 그 언덕 위에 올라 지난 시간을 추억할 것이다. 좋은 친구들과 함께 작은 행복을 느끼던 그 언덕 위의 바람이 오늘, 다시 내 마음에 분다. 그리운 바람이다. 안타나나리보의 좋은 바람이다. 바람결에 흩어지던 그 언덕 위의 진한 냄새가 다시 또 그리워진다. 🌳

여행정보

✈ **찾아가는 길**

한국에서 마다가스카르로 가는 직항은 없다. 에어마다가스카르가 홍콩 혹은 방콕에서 환승하여 마다가스카르로 날아간다. 남아공항공도 요하네스버그를 경유하여 마다가스카르로 연결한다. 환승을 포함하여 15시간 이상 날아가야 마다가스카르에 도착한다. 공항을 빠져나오면 북에서 남쪽으로 흐르는 이코파(Ikopa) 강을 따라 4번 국도를 내려가다가 다시 1번 국도를 타고 동쪽으로 가다 보면 30여 분 거리에 수도 안타나나리보가 있다. 도시로 향하는 길은 왕복 이차선 도로인데, 러시아워 시간에는 차량의 흐름이 좋지 않다. 도심 한가운데 아노시(Anosy) 호수를 중심으로 우측 언덕 위로 대통령궁과 각국 대사관, 주요 호텔들이 평화로운 풍경을 펼쳐 보이고 있다. 좁고 굽이진 골목길을 따라 시장과 병원, 식당, 학교들이 오밀조밀 모여 있으며, 도시는 그 자체로 한 폭의 풍경화를 연상시키는 동화 속의 공간이다.

EPILOGUE

희망의 선물,
나를 사랑한 아프리카

1.
누군가에게 아프리카는 참혹한 땅이며, 또 누군가에게 꿈의 목적지이기도 하다. 아프리카, 오래도록 아득하기만 한 그 이름이 전해주는 끌림과 동경 이외에도 동시에 아프리카는 많은 슬픔과 아픔을 간직하고 있는 땅임을 부인할 수 없다.
아프리카는 우리에게 멀고도 생소한 땅이었다. 그런 아프리카가 두 가지의 모습으로 우리에게 각인되어 있다. 원시 세계와 동물들이 득실거리는 야생의 땅, 동물들의 낙원, 아프리카. 또 하나는 절대 빈곤과 기아의 아픔 속에서 헤어나질 못하며 에이즈를 비롯한 수많은 병마와 싸우고 있는 참혹한 현실의 아프리카가 오버랩 되기도 한다.
그러나 어쩌하랴, 그것이 사실인 것을. 검은 대륙 아프리카는 여전히 신음하고 있으며 배고프다. 그러한 혼돈의 아프리카를 한마디로 표현하기는 쉽지 않다. 그 이유는 유럽과 문화와 문명을 교류하며 오랜 세월 지중해 저변 문화로 성장해온 이슬람 문화권의 북아프리카와 지구상 최악의 사막지대 사하라를 배경으로 한 사헬 지구와 인근 사막지대 이남의 아프리카는 우리가 상상하던 아프리카와는 또 다른 얼굴이다.

2.
케냐, 탄자니아, 짐바브웨, 보츠와나 같은 동물의 낙원도 존재한다. 집밖을 나서면 동물들이 득실거리는 동물원과 같은 곳은 아니지만, 많은 사람들이 케냐, 탄자니아의 국립공원을 찾아 자연 그대로의 야생의 세계를 만끽하며 대초원에서 사파리를 즐길 수 있는 곳이다.

문명과 번영의 아프리카도 존재한다. 기자의 피라미드와 스핑크스, 나일 강을 따라 찬란한 문명의 기원을 간직해 온 이집트 문명과 격동의 카이로가 존재하며 유럽을 방불케 하는 풍요로운 도시의 모습을 간직한 케이프타운과 아프리카의 자존심 요하네스버그의 땅 남아공도 존재한다.

아프리카는 이처럼 다양한 얼굴을 하고 있다. 종교의 땅, 문명의 땅, 원시의 땅, 문화의 땅이 공존하며 검은 대륙 아프리카의 다양한 면모를 보여주고 있는 것이다. 오래 전부터 아프리카를 접해 왔지만 실상 그 아프리카에 발을 디뎌보지 못한 대부분의 사람들은 아프리카를 한데 엮어 "절대 빈곤의 가난한 사람들의 땅" 혹은 "야생동물들이 우글거리는 동물의 왕국" 쯤으로 생각하고 있는 것이 사실이다.

모든 삶에는 명암이 존재하듯, 모든 나라의 환경에도 밝은 면과 어두운 면이 동시에 존재한다. 최근 TV를 통해 우리가 자주 접하던 남부 수단의 열악한 환경과 케냐, 우간다 등지의 식수와 음식 부족으로 아사에 직면한 어린 생명들의 안타까운 모습은 엄연한 사실이며 아프리카의 여전한 현실이다.

3.
그러나 50여 국가가 존재하는 아프리카에는 우리가 상상치 못한 야성의 대지와 거대한 자연이 평화롭게 존재하고 있으며, 무어라 표현할 길 없는 아름답고 행복한 삶을 영위하는 소박하지만 정겨운 원주민 마을들이 숨겨져 있다.

에덴동산과도 같은 남부 에티오피아의 웅대한 자연과 거대한 물줄기의 힘, 나일 강. 하늘의 선물 빅토리아 폭포, 적도 남부의 초록의 대지를 간직한 녹색으로 우거진 나라들, 척박함을 넘어 절대적인 극한의 아름다움을 간직한 사하라 사막과 칼라하리 사막 등 아프리카는 신비의 땅이다. 아프리카가 여전히 동경의 땅이며 희망의 목적지가 되고 있는 것은 자연의 천국, 자원의 보물이 태고 모습 그대로 존재하고 있기 때문이기도 하다.

우리는 이제 이동이 자유로운 시대에 살고 있다. 예전처럼 아프리카는 우리에게 그리 먼 동경의 땅만은 아니다. 마음만 먹으면 언제든지 찾아가 사파리를 즐기며 동물들을 만나고, 나눔과 헌신의 봉사 활동을 하며 또 다른 자아를 찾아가는 보람을 느낄 수도 있다. 또는 아프리카의 유수한 대학으로 유학을 떠날 수도 있을 것이다.

이처럼 아프리카는 불신과 두려움의 장막을 한 꺼풀 걷어내고 가능성의 땅이자 새로운 기회의 땅으로 다가오고 있다. 아시아와 유럽, 북미 대륙을 자유롭게 여행하듯 아프리카도 그리 어렵지 않게 찾아갈 수 있는 보편적인 여행지의 반열에 올라있다.

4.

개인적인 선택에 따라 아프리카는 여전히 최악의 여행지가 될 수도, 혹은 최고급 호화 여행지가 될 수도 있는 극단의 양면을 가진 땅이다. 선택은 자신의 몫이다. 하지만 우리가 잊지 말아야 할 것은 내가 살던 현실의 공간을 떠나 도전과 창조의 기운을 전해주는 색다른 공간과 마주하는 기쁨의 여행지라는 관점에 보면, 아프리카의 경이로운 세상은 설렘과 기대감을 주기에 충분한 공간인 것이다.

특히 아프리카가 우리에게 다가오는 모습은 빈곤, 질병, 가난, 열사, 고통의 이미지 저편에 문명, 자연, 원시, 야성, 자원 등 미래 지향적이며 환경 친화적인 모습 또한 간직하고 있음을 잊지 말아야 한다. 부정적인 이미지와 긍정적인 이미지 모두, 오늘날 검은 대륙이라 불리는 아프리카의 현실이자 얼굴인 것이다.

부정적인 모습의 아프리카를 찾아갔다가 기대와 희망의 가능성을 안고 돌아오는 이가 있을 수 있으며, 긍정적인 모습의 아프리카를 찾아 길을 떠났다가 도난의 경험과 가난의 현실, 지옥같은 교통과 심각한 매연 등의 부정적인 아프리카의 모습에 당황하며 돌아오기도 할 것이다.

5.
아프리카는 보는 관점에 따라, 다가서는 마음에 따라 희망이 되기도 하고, 절망이 되기도 한다. 긍정과 부정이 씨줄과 날줄로 교차하는 신비한 대륙이다. 우리가 잊지 말아야 할 것은 아프리카에 공존하며 존재하는 사람들과 자연, 동물과 토속문화 속에서 눈과 귀가 아닌 마음과 가슴으로 느낄 수 있는 온전한 감동을 잃지 말아야 한다는 것이다.
아프리카는 하나의 현상으로, 생경한 문화 혹은 이질적인 대륙으로만 바라보지 말고, 순수한 가슴으로 바라보아야 할 땅이다. 신이 선물하신 하나의 거대한 생명체로, 혹은 생명력 넘치는 원시의 자연으로 받아들이고 마주할 때, 아프리카는 분명 우리 생애 최고의 선물이 될 것이다.
순수로 그득한 어린 아이의 까만 눈망울과 보드라운 피부를 어루만지며 야성의 대지 위에 번져가는 파란 하늘과 붉은 대지의 감촉을 기억하고 싶다. 순수 대자연의 청량한 공기와 부끄럼 없이 넘실거리는 자유, 인간적인 검은 얼굴 속에 빛나는 미소의 의미를 기억하고 싶다.
그 무엇으로도 설명할 수 없는 경이로운 자연 앞에 서서 감사의 눈물과 감동의 미소를 동시에 품어 안을 너그러운 나를 만나보자. 아프리카가 우리에게 꿈과 동경의 대상이 되지 않더라도 그 땅에 존재하는 대자연의 모습과 순박한 원시의 세계를 마음의 눈으로, 뜨거운 가슴으로 느낄 수 있는 감동의 여행지가 되기를 소망한다.

아프리카, 그 깊고 심원한 영원의 세계를 꿈꾸며…

사진작가, 함길수

Discover Africa with Turkish Airlines frequent flights.

터키항공과 함께 세계에서 두번째로 크고, 인구가 많은 아프리카로 여행을 떠나보세요.

낯선 곳에서의 자유, 힐링여행 아프리카
SOUL OF AFRICA

초판 1쇄 | 2014년 7월 21일

지은이 | 함길수

발행인 겸 편집인 | 유철상
책임편집 | 홍은선
교정·교열 | 홍은선, 이유나
디자인 | Luna Design
마케팅 | 조종삼, 남유니

펴낸 곳 | 상상출판
주소 | 서울시 동대문구 정릉천동로 58, 306호(용두동, 롯데캐슬피렌체)
구입·내용 문의 | 전화 070-8886-9892~3 팩스 02-963-9892
이메일 | cs@esangsang.co.kr
등록 | 2009년 9월 22일(제305-2010-02호)
찍은 곳 | 다라니

※ 가격은 뒤표지에 있습니다.

ISBN 978-89-94799-82-7(13980)

© 2014 함길수

※ 이 책은 상상출판이 저작권자와의 계약에 따라 발행한 것이므로
   본사의 서면 허락 없이는 어떠한 형태나 수단으로도 이용하지 못합니다.
※ 잘못된 책은 구입한 곳에서 바꿔드립니다.

www.esangsang.co.kr